PHILOSOPHIES CONTEMPORAINES
sous la direction de Jocelyn Benoist et Bruno Gnassounou
19

Philosophie et Demande

Ouvrage publié avec le soutien du Centre national du livre

Fausto Fraisopi

Philosophie et Demande

Sur la métaphilosophie

PARIS
CLASSIQUES GARNIER
2021

Fausto Fraisopi est professeur (apl. Prof.) à l'Albert-Ludwigs-Universität de Freiburg im Breisgau en Allemagne. Ses recherches portent sur la philosophie moderne et contemporaine (philosophie classique allemande, néokantismes, phénoménologie), sur l'ontologie et la métaphysique, et sur la philosophie et l'histoire des sciences.

ISBN 978-2-406-11525-0 (livre broché)
ISBN 978-2-406-11526-7 (livre relié)
ISSN 2426-0010

ἔστι γὰρ ἀπαιδευσία
τὸ μὴ γιγνώσκειν
τίνων δεῖ ζητεῖν ἀπόδειξιν
καὶ τίνων οὐ δεῖ
ARISTOTE

C'est déjà une grande et nécessaire preuve de sagesse et de pénétration que de savoir ce que l'on doit raisonnablement demander.
Immanuel KANT

Aucune frontière de connaissance, aucune vérité singulière ne doit être absolutisée et isolée.
Edmund HUSSERL

INTRODUCTION

> Et il s'assit ensuite à l'écart,
> sur le rivage de la mer.
> Odyssée, VI, 236.

L'humanité dépourvue de son savoir, et de sa tension d'elle-même au savoir, ne peut que se limiter à la production et à la consommation de produits scientifiques, culturels et matériels sans aucune perspective. L'homme qui a renoncé à son savoir ou qui s'en est fait priver (on ne vise ni l'ignorant, ni le primitif, mais l'humanité qui a choisi, en se l'avouant ou pas, de vivre en bonne conscience de sa barbarie), se consomme dans l'achat ou dans la jouissance grisante de ce qui lui est mis à disposition. Et il devient lui-même, de façon presque imperceptible, le produit à bon marché de son prochain. Entièrement concentré sur la performativité aveugle de ses produits, de ses outils et de ses actions, orienté à ce dont il peut jouir *au fur et à mesure*, à ce qu'il peut savoir *au fur et à mesure*, à ce qu'il peut prouver et sentir *au fur et à mesure*, l'homme se prive de tout regard à l'horizon.

La philosophie semble avoir subi, aujourd'hui, le même destin de barbarie de l'homme qui la pratique. Elle apparaît emprisonnée et captivée par la logique de l'issue *à bon marché*, uniquement parce qu'elle, expression de l'homme qui la pratique, n'est que la cristallisation de sa *théorie*, de sa vision (*theôria*). Mais peu importe qu'une certaine philosophie, soumise au destin de la simple consommation, périsse ou continue à survivre dans son vide. Ce qui est important c'est qu'elle n'emporte pas, avec elle, dans sa mort ou dans sa survie limbique, l'idée sublime de savoir dont elle s'était fait le véhicule. L'important est que la pensée pure ne périsse pas, ou qu'elle ne se limite pas à survivre avec une certaine philosophie qui n'a plus rien à dire de rien sinon d'elle-même, mais qu'elle en soit libérée[1].

Ce qui reste de la philosophie après l'effondrement des croyances dans la force de la métaphysique, peut alors se résumer dans trois tendances fondamentales, et fondamentalement déficitaires, quoique non exclusives.

La première est celle de renouveler l'idée de *théorie souveraine*, notamment comme « Ontology and Metaphysics », une tendance finalement nostalgique (*philosophia delirans*). Comme toutes les manifestations de nostalgie, celle-ci prétend pouvoir reconstituer la métaphysique sur de nouvelles bases, pour faire regagner à la philosophie l'ancien prestige de science souveraine (*regina scientiarum*). Toutefois, l'élargissement exponentiel des sciences et de leurs découvertes, ainsi que la complexité du monde, font ainsi qu'il est devenu impossible de leur donner forme (et architecture) avec le nombre limité de notions dont la métaphysique se servait pour façonner cette architecture illusoire et dont elle croit pouvoir encore se servir aujourd'hui. On assiste alors au spectacle, assez comique, des métaphysiciens qui ne pensent qu'à reconstituer un lexique autoréférentiel pour parler d'un *inventaire* et d'une *structure du monde*, en s'isolant intégralement de ce qui se passe dehors. À l'intérieur de ces cathédrales vides résonnent les litanies de prêtres sans sanctuaire ni liturgie.

La deuxième tendance est celle qui amène à imiter ou suivre la multiplication inflationnaire des problèmes scientifiques et humains, en développant plusieurs formes de « *philosophie de* » pour céder, *in fine*, à la fragmentation nécessaire de chaque forme de « *philosophie de* » dans ses spécifications ultérieures (*philosophia technica*). La devise est alors dans ce cas : *autant de spécification, autant plus de scientificité.* Dans ces ruches stériles, on n'arrive plus qu'à cerner un bruit de fond assez confus et fastidieux, comme s'il fallait multiplier les murmures (et les « rencontres », académiques ou pas peu importe) pour *dire* clairement le savoir en tant que tel. La prétention même de *dire* ce savoir représente

1 « Il me semble que maintenant la philosophie est en train de disparaitre, quand je dis qu'elle disparait, je ne veux pas dire que nous allons aboutir à une époque où tout le savoir est positif, elle se dissout ou elle se dissipe dans toute une série d'activités de pensée dont il est difficile de dire si elle sont proprement scientifiques ou proprement philosophiques. [...] Nous arrivons à un âge qui est celle peut être de la pensée pure, de la pensée en acte » (Foucault, 1966).

précisément la raison essentielle de cette stérilité. Finalement, on ne fait ici que répéter l'éloge *fordiste* de la spécification du travail au sein de la recherche philosophique comme application à un micro-domaine. Tout cela se développe en pleine ignorance de ce dont ce micro-domaine est le résultat abstractif final – non pas quelque chose, mais le mouvement spéculatif de la pensée humaine comme telle.

Enfin, la troisième et dernière tendance est celle de la maladie historique de la philosophie, qui affirme que le seul résidu de possibilité pour la philosophie est de faire son histoire et de cultiver sa narration : ou bien de façon nostalgique, dans une histoire monumentale, ou bien de façon hyperspécialisée, dans une histoire antiquaire, ou bien dans une histoire vendable, grand public (*philosophia posthuma*).

La grande multitude des formes de pensée philosophique qui ne se laissent pas ramener à ces trois tendances sont *à la recherche de quelque chose*, une recherche si l'on veut sublime et ouverte de quelque chose dont on ignore encore la forme, la portée, et dont on ne sait pas encore saisir la dimension.

L'individu qui demandait à la philosophie la constitution ou la reconstitution d'un sens, est désormais nu. Il flotte sur la surface des théories dont il espère qu'une recomposition puisse lui fournir *identité et essence.* Sa science est dispersée, sa socialité déchirée, sa spiritualité vidée de représentations qui puissent encore lui parler. Il ne lui reste alors que la *demande* (comme exigence intime) *de sens*, il demeure dans la situation de détresse qui est la sienne, depuis toujours. Entre la situation de cette *demande* et la dimension de la *scientia universalis*, dont il pense qu'elle représente la réponse, la satisfaction, a lieu la dispersion de sa vie intime et de son savoir. Il assiste, presque impuissant, à l'élargissement de cet horizon à l'intérieur duquel il pensait trouver, recevoir cette réponse, cette satisfaction. À l'intérieur de cet horizon, la philosophie semble désormais se réduire à un ensemble de propositions et de thèses sans unité, sans prise sur le réel ni possibilité de former un nouveau monde.

La tâche de la pensée pure est alors tout d'abord de reconstituer une expérience de ces théories sur la surface desquelles flotte, comme « l'écume », un individu qui n'a jamais été conforme à la signification de « homme » que toute philosophie, humaniste ou non, puisse lui attribuer. Cette situation privative de l'individu demeure toutefois le *résidu de vérité* à partir duquel il pourra démarrer ce nouveau chemin de pensée. Car une telle situation privative s'avère finalement être décisive, en lui révélant l'ouverture d'autres possibilités effectives d'interrogation. Parmi ces possibilités il y a aussi la possibilité de découvrir le « non-sens » des questions « métaphysiques » dites fondamentales et de pouvoir décrire leur dynamique intrinsèque.

Dans cette situation, la pensée se trouve mise en relation avec un savoir et un monde dont la forme est devenue incertaine : un savoir suspendu par la multiplicité des formes que cette idée de savoir peut prendre, un savoir purement « ouvert », qui révèle un monde en changement continu, complexe. Cette relation de spécularité tient ensemble la pensée en général d'un côté et ce monde devenu *multiversum* de l'autre, par le biais du regard, de l'ouverture théorique sur les formes particulières du savoir. Toutefois ces formes subsistent dans leur vie propre, non limitée par cette métaphysique qui se sentait en droit d'attribuer une forme particulière à l'idée de savoir. Le grand miroir s'est brisé[2] et l'homme se trouve perdu dans un kaléidoscope de renvois, de réfractions qui semblent révoquer toute spécularité univoque. Le fait que ce « grand miroir » se soit brisé en mille morceaux paraît exclure *a priori* la possibilité de parler d'une connaissance universelle, d'une *mathesis universalis*.

L'idée de *mathesis universalis*, comme idée d'une science et/ou connaissance universelle primitive, conçue sur le modèle des mathématiques, accompagne déjà depuis quatre siècles (pour ne pas dire, depuis sa naissance) l'évolution de la pensée spéculative[3] comme recherche d'une vision, qui sache dépasser la particularité (c'est-à-dire la concrétion empirique particulière) du connu, pour mettre en relation l'horizon même de la pensée et l'horizon du vivre humain avec les autres[4]. Aujourd'hui la recherche d'une telle *mathesis universalis* – qui ne sera plus « universalis » mais s'avèrera être, au cours des stades de la recherche, une unité

2 *Cf.* Wittgenstein (1993, p. 85).

3 *Cf.* Rabouin (2009, p. 25) : « Le problème d'une *mathesis universalis* est consubstantiel au projet d'une métaphysique tout court ».

4 Des géants de la pensée et des sciences comme Descartes, Leibniz, Bolzano, Husserl ainsi que les fondateurs du nouveau savoir qui caractérise notre époque, Norbert Wiener (1963, p. 33) et Ludwig von Bertanlaffy (1957) conçoivent la *mathesis universalis* comme le point de perspective d'une approche spéculative susceptible de donner à notre savoir une forme nouvelle.

modulaire de quatre formes de *mathesis*, dont l'unification axiomatique est impossible – correspond à et renouvelle le primat d'une *science première* [*prôte épistème*]. Mais ici, encore une fois, une telle *science première*, une telle science universelle primitive, ne sera point faite correspondre à une métaphysique.

La *science première*, *première* en tant que *toujours recherchée*, réside dans l'horizon qu'elle ouvre pour la recherche sur les formes d'une telle *mathesis*. Après la fin de la métaphysique, suite à l'ouverture de perspectives entièrement nouvelles du savoir, le but d'une *science première* ou de la pensée pure, demeure toujours la recherche des et le travail sur les formes d'une telle *mathesis* et point dans la confection d'un nouveau *Weltbild*. Toutefois, ce qui change radicalement après la fin de la métaphysique (malgré ses renouveaux nostalgiques, qui cherchent encore à nous *refiler* des discours à bon marché portant sur la structure ultime du monde) est le point de départ d'une telle recherche. Ce point de départ ne peut plus être une collection, plus ou moins complète, d'issues scientifiques philosophiquement façonnées mais l'instinct primitif lui-même de la recherche, c'est-à-dire la demande – comme demande de savoir, comme demande de sens.

La *demande* de sens, comme situation plus originaire de tout questionner, est le moment dans lequel la pensée s'ouvre à l'horizon du réel à la recherche d'une réponse. Par conséquent, cette situation de manque comme demande, comme exigence intime, doit représenter le point de départ d'une recherche sur les formes de la *mathesis*. Car dans une telle situation, dans la *demande*, se réalise la situation originaire de la pensée et de l'expérience comme mise en relation de réfléchissement de l'individu avec l'horizon du monde. Ce que nous définissons « spéculatif » est précisément cette situation invariante comme point de départ de toute recherche et de tout questionner[5].

La vision dont il s'agit ici est la vision d'une *mathesis* non métaphysique, au sens où elle vise à soustraire le savoir humain au privilège narcissique que l'homme s'attribue : être l'objet privilégié du regard et de la création d'un Dieu ou bien être pourvu d'une primauté ou d'une excellence (ontologique, éthique, spirituelle) sur ce qui l'entoure ou bien encore être le dépositaire d'un savoir qui puisse puiser la structure ultime du monde.

---

5 *Cf. infra* Chap. X, *De la pensée spéculative*, p. 219 *sqq.*

L'excédence du savoir et de la connaissance, en tant que *savoir* [*épistème*], science au sens propre du terme, réside précisément dans la *demande de sens*, et, par conséquent, n'est qu'une excédence négative, *privative*. Pour penser une *mathesis* qui se fonde *structurellement* sur une demande, sur une situation privative, et y trouve sa consistance, il a fallu opérer un bouleversement du mépris actuel pour les fils conducteurs, pour la systhématicité, en considérant le fil conducteur au pluriel, comme la trame elle-même de l'existence et du savoir à la fois. Cette trame, bien que difficile à tisser et à saisir, met la pensée à l'abri de la divination et reconduit un tel savoir à sa forme déductive et rigoureuse. Elle reconduit ou ramène la pensée, tout d'abord et premièrement, à sa dimension originaire et originairement pré-philosophique.

Il s'agit donc par là d'entreprendre le seul chemin à rebours qui nous laisserait rejoindre les autres formes de civilisations lesquelles, tout en travaillant au savoir de l'humanité, n'y ont pas un accès filtré sous la forme de la métaphysique, ou de la philosophie dans sa forme métaphysique. Cette dernière apparaît toujours davantage comme un résidu historique et culturel. Et ces civilisations, qui n'en sont pas ou n'en sont qu'indirectement les héritières, n'y peuvent par conséquent qu'accéder par le biais d'une traduction imparfaite. Se manifeste en ce sens une sorte d'inscrutabilité de son terme originaire de référence. De façon parfaitement spéculaire, par le filtre culturel de nos idoles philosophiques, nous ne pouvons qu'accéder de manière imparfaite aux autres instances que nous reconnaissons seulement, en les appauvrissant, comme traductions de la philosophie occidentale. Or, cette démarche spéculative est appelée à nous libérer de l'idole d'une forme culturellement bien déterminée de philosophie pour accéder à l'instance problématique invariante qui tient ensemble ces autres instances. Ces instances assument plusieurs formes de questionnement issues de la demande de sens, laquelle demeure justement l'invariant au-delà du caractère contingent des formes d'accès.

En fait, on n'arrivera jamais à saisir la radicalité de la recherche des formes possibles de *mathesis* si on n'arrivera pas à une saisie claire du spéculatif, qui caractérise l'ouverture de la pensée pure aux formes et aux concrétions particulières du savoir, indépendamment des idées que la philosophie s'en fait où s'en faisait. La simple prise de conscience de l'ampleur de la connaissance de nos jours, et de sa morphologie protéiforme, indique déjà l'impossibilité qu'on puisse aboutir à la forme « classique » que la métaphysique nous avait présentée et dont certaines déclinations historiques de *mathesis universalis* se faisaient porteuses[6]. Cette dernière consistait dans l'idée téléologique d'une possession et d'une maîtrise de toutes les vérités possibles énoncées (ou énonçables) sur ce qui était à penser comme le monde ou, de surcroit, comme la relation du monde à son fondement métaphysique.

L'émergence de la conscience scientifique de la complexité comme caractéristique du monde phénoménal – par l'introduction d'idées comme émergence, bifurcation, *order from the noise*, etc. – s'avère être tout d'abord, pour le regard spéculatif qui s'est défait de l'idée sclérotique de « système du savoir », une libération. Il s'agit de la libération des phénomènes eux-mêmes d'une idée qui était directement correspondante à (parce que fondatrice de) l'idée de système, de *corpus*, c'est à dire l'idée de l'objet *pur et simple.*

Qu'en est-il d'une idée de l'unité de savoir si ce savoir a perdu toute objecti(vi)té ou si la phénoménalité ne se laisse plus ramener dans le cadre de l'objet ? Cette idée d'un savoir universel demeurerait-elle valide si la perte d'objecti(vi)té était uniquement locale ? La perte d'objecti(vi)té advient lorsqu'on fonde l'idée de savoir sur une idée bornée d'objectivité, c'est-à-dire si on fonde le savoir sur l'*être objet* du *connu.* S'il est impossible d'attribuer au connu (ou à quelque connu) sa forme d'objet, car la forme d'objet a nécessairement ses limites (elle n'est pas un passe-partout), on se trouve dans une situation très particulière, dont on parle souvent dans les vieilles ruines des cathédrales philosophiques mais dont on ne sait, à proprement parler, presque « rien ». Qu'est-ce que signifie avoir une connaissance de quelque chose dépourvu du caractère d'objet comme son fondement ultime ? Et, si l'on remonte encore plus loin, qu'est-ce qu'un savoir de quelque chose qui n'est pas un objet [*Gegenstand*] ou une chose [*Ding*] ? Qu'y a-t-il de vrai dans un pratique épistémique qui n'a plus d'ancrage (explicite ou implicite) dans la *nature* des choses ?

Lorsqu'on parle de science positive sans avoir posé au préalable ce genre de questions, on ne fait que répéter des vieilles litanies d'un paradigme désormais désuet, d'un paradigme qui toutefois, dans toutes ses limites, donnait à l'homme une image bien définie de lui-même,

6 *Cf.* De Buzon (1998) et Mittelstrass (1979).

l'homme comme *sujet*, maitre et possesseur de la nature. Non seulement l'individu avait à disposition la croyance (illusoire) d'avoir *une* essence, d'être quelque chose pourvu d'un primat sur ce qui était difforme de lui-même, mais il avait de surcroit la croyance d'être le dépositaire de l'évidence de son savoir et le moteur d'une nouvelle civilisation.

L'effondrement de cette croyance, cette situation de *manque*, cette situation privative dans laquelle nous nous trouvons aujourd'hui, n'affecte pas uniquement la disposition de la pensée pure face à ce qui étaient les savoirs positifs. Elle atteint l'horizon de l'humain en tant que tel. Si cette situation de *manque* atteint l'horizon de l'humain en tant que tel, c'est parce qu'elle est déterminée par une situation plus intime, l'impossibilité constitutive de fournir une structuration définitive à la multiplicité de relations qui interviennent à l'intérieur de cet horizon. Dans cette situation qui est la situation privative d'une *épistème* orpheline de la métaphysique et d'une existence orpheline d'une image anthropologique bien définie, l'*épistémique* et l'*existentiel* (pour utiliser deux termes qui seront à clarifier) ne sont que les deux faces du même spéculatif. C'est uniquement ce spéculatif, pour mieux dire, la relation de spécularité entre les formes de l'*épistémique* et celles de l'*existentiel*, qui peut précisément montrer la tâche de la pensée dans sa situation privative.

Esquisser et définir la forme ou l'horizon des formes possibles de *mathesis* représente *ipso facto* la tâche ultime de la pensée pure qui se trouve (ou qui veut se reconnaître) dans cette situation. En ce sens, la philosophie n'est pas le présupposé ultime ou premier de la réalisation de cette tâche. La philosophie appartient (ou appartenait) au mouvement du savoir comme la figure spirituelle elle-même de la perspective du connaître, à savoir comme le moyen par lequel traduire, en *eidos*, l'organisation dynamique du savoir dans l'espace de la vision et en faire un monde. Bien loin d'être la reine de toutes les sciences, comme figure immuable au centre d'un palais, elle représente aujourd'hui justement quelque chose de marginal.

Cette marginalité n'est cependant pas à considérer comme une dégradation mais comme le fait tout simple que, désintoxiquée de ses manies de grandeur métaphysique, la pensée pure opère aux marges extrêmes du savoir. En vertu de son « non-sens » ou du défaut constitutif de l'objet de son savoir, elle doit d'explorer l'horizon du savoir et l'horizon de l'humain, dans leur spécularité, sans se soucier des étiquettes.

Quando in tua domo nigri corvi parturient albas columbas tunc vocaberis sapiens[7] ! Cette *formule* alchimique est en soi révélatrice. Toutefois elle ne dit pas qu'il faut recourir à des formules alchimiques, à des expressions obscures, à des banalités formelles extrêmes ou encore à des nouvelles formes de métaphysique pour atteindre la vérité. Elle révèle en revanche un *oxymoron.* Car elle montre que s'appeler savant, donc vouloir atteindre au concept cosmique [*Weltbegriff*] de *sophia* ou de *mathesis universalis*, représente en soi un parcours *initiatique* par l'exercice du questionner. Et ce parcours se déroule sans pouvoir faire appel à des formules douteuses, à des structures suprasensibles, à des escamotages ontologiques.

À quoi bon la philosophie, pourrait-on demander à l'ère de la post-vérité, si la *Sophia* est un mirage, ou si la *mathesis universalis*, n'est plus pensable comme un acquis ? Au contraire, ce sont justement le « non-sens » de la philosophie (malgré sa légitimation institutionnelle), son défaut constitutif d'objet, et la situation métaphilosophique qui en ressort, qui s'avèrent le corrélat spéculaire nécessaire de la recherche sur les formes (ou des formes possibles) de *mathesis.* Car uniquement une fois saisi ce non-sens, une fois fixé ce défaut constitutif d'objet, on peut penser d'entreprendre une telle recherche.

Mais en quoi consiste plus précisément cette corrélation spéculaire, et essentiellement spéculative, entre la recherche sur les formes possibles de la *mathesis* et la situation métaphilosophique ? Il nous faut éclaircir, à présent, la connexion entre la situation privative de la demande (de sens), la situation métaphilosophique et les recherches sur les formes de la *mathesis* qui en découlent. Ces recherches présupposent nécessairement un passage métaphilosophique, c'est-à-dire une suspension de validité de la philosophie pour laisser émerger des structures et des champs thématiques nouveaux et, parfois, inaperçus. Toutefois, ce passage n'est pas ni doit être le commencement, dans la mesure où adopter la métaphilosophie comme commencement arriverait à occulter la situation privative de la demande de sens, donc aussi le point de départ de tout questionner à l'intérieur duquel le passage métaphilosophique trouve sa

7 « Quand dans ta demeure les noirs corbeaux engendreront de blanches colombes, tu seras appelé sage » [nous traduisons].

raison d'être. Autrement dit : le fait de commencer par poser la question sur la philosophie, ce ne serait pas un acte de radicalité mais une façon d'occulter la dimension originaire, et essentiellement pré-philosophique, à l'intérieur de laquelle aussi bien la philosophie (avec ses déclinations et acceptions toujours croissantes) que le questionner lui-même autour de la philosophie peuvent faire sens. L'ouverture de ces champs à l'intérieur desquels mener les recherches sur les formes de la *mathesis* serait donc nécessairement occultée par l'asphyxie qui affecte la manière philosophique de procéder à la pensée elle-même d'une *mathesis*, en essayant de ramener tout à l'intérieur d'un champ qui a perdu désormais ses contours et sa légitimité.

Il est clair, et presque superflu de le répéter, que par « méta-philosophie » il ne faut pas entendre une doctrine qu'on prétendrait pouvoir faire venir après ou qui puisse être sur-ordonnée à la philosophie elle-même, c'est-à-dire, dans les deux cas, comme son dépassement temporel ou structurel. D'un côté, la situation du « *méta-* » structurel de la philosophie n'est point à penser au sens d'une méta-mathématique ou d'une méta-logique[8] : ici le « méta- » s'annule par lui-même, car il ne dispose pas de l'horizon à l'intérieur duquel installer sa syntaxe d'ordre supérieur. De l'autre, il serait impossible de penser la métaphilosophie comme un dépassement de la philosophie elle-même (pour des raisons qui ont été bien reconnues et argumentées contre les fossoyeurs de la philosophie). On ne peut affirmer un dépassement de la philosophie qu'à l'intérieur d'une démarche philosophique, ce qui rend le dépassement toujours imparfait, et le caractérise d'une eschatologie paradoxale ou d'une équivoque « grammaticale[9] ».

La *métaphilosophie n'est rien de substantif*, rien de stable. Ce qui est « métaphilosophique » est une *situation*, si l'on veut, un *seuil critique*. Elle est, si l'on veut, une situation de ressaisie, la situation du *nec plus ultra* qui se manifeste lorsque l'on pratique la philosophie en conférant à sa démarche une orientation qui n'est pas nécessairement contenue dans son concept, dans l'expression elle-même. En ce sens, les objections anti-méta-philosophiques sont déjà mises à l'écart. Tout d'abord parce

8 *Cf.* par exemple, Moser (2008, 561-562). Comme Russell le fait très justement remarquer, la situation d'une métaphilosophie n'est en effet pas la même que celle qu'on trouve dans les (méta)-mathématiques, (Russell, 1959, p. 7).

9 *Cf.* à ce sujet Wittgenstein (1969, § 121, p. 344).

que la métaphilosophie n'est pas prise, dogmatiquement, comme une théorie d'ordre supérieur ou ultérieur. Ensuite, parce que la métaphilosophie comme *situation* est à l'œuvre dans toute démarche philosophique qui articule, d'une façon ou d'une autre, peu importe laquelle, l'idée elle-même de la philosophie comme pratique rationnelle.

Ce qui est métaphilosophique n'est que l'espace d'un voir (d'un *theôrein*) libéré d'une idée sclérotique et néfaste, d'après laquelle toutes les demandes fondamentales de l'habiter humain au sein de l'expérience sont concentrées « au cœur de la raison », où se trouverait une doctrine quelconque appelée de telle ou telle autre façon. En revanche la demande, tout d'abord la demande de sens comme situation privative d'où surgissent toute quête et toute forme de questionner, est quelque chose qui se tient à l'écart et est souvent occultée par cet « idole » de la philosophie comme horizon ultime.

On ne posera pas, par conséquent, la question métaphilosophique « qu'est-ce que la philosophie ? » pour y répondre. Cela pourrait paraître paradoxale. On ne la posera point, justement, pour ne pas lui donner *notre* réponse, pour éviter cette chute de style. Car on en a toujours plus…de réponses, présentées par des livres ou dans des conférences, dans lesquels des auteurs, des conférenciers ou des *tedtalkers* nous disent qu'est-ce que la philosophie…pour eux[10]. Si l'on veut réellement ressaisir la philosophie par le mouvement du questionnement métaphilosophique, il faut tout d'abord reconnaître qu'il entraine un mouvement plus complexe. Car plus complexe est l'entremêlement des plans sur lesquels une telle ressaisie est contrainte de se placer. Si par métaphilosophique il faut tout d'abord entendre une situation, un seuil critique, il nous faudra alors faire l'expérience de cette situation, habiter ce seuil, *y persister*. Uniquement par cette persistance on pourra ensuite reconnaître que ce seuil n'est que l'espace d'un voir (*theôrein*) qui nous laisse découvrir la connexion fondamentale entre la forme de demande (d'où ressortent

10 Il en va de soi que l'ouvrage magistral de Gilles Deleuze (1991) est à excepter de cette forme ou genre philosophico-littéraire ou performance audio/vidéo très à la mode aujourd'hui (avec une biblio-audio-graphie qui n'est plus mince du tout !). Il s'agit et il s'agissait pour nous, en revanche, avec Deleuze, de saisir la question plus profonde qui travaille les personnages de la métaphilosophie, une question dont on ne sait bien exprimer la forme mais qui représente un problème plus urgent (comme chez Dostoïevski et Kurosawa), la question qui est digne de l'idiot. *Cf.* à ce sujet G. Deleuze, *Qu'est-ce que l'acte de création ?*, Conférence donnée dans le cadre des mardis de la fondation Femis, le 17.05.1987 (http://www.arpla.fr/canal20/adnm/?p=3103 consulté le 3.01.2020).

les questions « fondamentales ») et le savoir humain pensé à nouveau à l'intérieur de l'horizon d'une *mathesis*. La connexion essentielle entre le seuil métaphilosophique – à partir duquel on peut regarder de façon nouvelle, avec des nouveaux yeux –, la situation originaire et privative de la demande de sens, d'où surgit tout questionner, et les recherches sur les formes de la *mathesis*, indique par conséquent un chemin, bien qu'inusuel à l'apparence. Elle indique, plus précisément, un complexe thématique qui exige de développer un acheminement de la pensée à l'intérieur d'un horizon encore inexploré, dont on connaît uniquement ce que l'on s'est laissés derrière.

Les recherches, exposées de façon synthétique dans ce livre, suivent un mouvement double et fondamentalement spéculatif. Elles se placent tout d'abord au niveau élémentaire de la réflexion, de la méditation, *ab interiore mathesi* (Leibniz, 1966, p. 345) sur celles qui sont ou étaient à considérer des « questions fondamentales ». Elles se placent à ce niveau, et elles doivent s'y placer, pour expliquer de quelle façon leur *équivocité* et leur *dynamique intrinsèque* ouvre des horizons thématiques, des champs d'immanence entièrement nouveaux. À l'intérieur de ces horizons thématiques, la pensée pure procède dans son exploration et dans sa recherche des formes (ou de la forme) de la *mathesis*.

Le premier chapitre, à partir de l'expérience de perte de sens du philosopher, fixe tout d'abord la relation essentielle entre demande de sens (où, si l'on veut, la quête de sens) et questionner, en expliquant comment et de quelle façon la *question* (même la question théorique plus abstraite ou la question supposée être « fondamentale »), comme *acte*[11], est tout d'abord et premièrement à considérer comme *demande*.

Les chapitres restants de la première partie (II-V) prennent en considération chacune des quatre demandes/questions fondamentales pour nos recherches :

– « Que/qui suis-je ? » comme question essentiellement pré-philosophique, comme demande existentielle de sens par excellence.

– « Qu'est-ce que la philosophie ? » comme question métaphilosophique ressaisie à partir de l'horizon ouvert et du regard neutre développé par l'analyse de la première question.

11 *Cf.* Apostel (1981, 22 *sqq.*).

– « τί τὸ ὄν;[12] » comme demande de sens (de stabilité) déclinée au sens ontologique du terme et ressaisie à partir de l'horizon ouvert et du regard métathéorique neutre développé par l'analyse de la deuxième question.

– « Qu'est-ce que (le) réel ? », comme question métaphysique par excellence[13], mais cette fois aussi ressaisie à partir de l'horizon ouvert et du regard métaontologique neutre développé par l'analyse de la troisième question.

Par leur assomption et par l'analyse de leur dynamique interne, chacune d'elle amène à une situation qui, à partir de son développement et de son exploration, ouvre une dimension.

À partir de la saisie de l'équivocité et de la dynamique intrinsèques de la première question, « Que/qui suis-je ? », on parvient à la situation spéculative, dont l'articulation déploie la dimension méta-égologique. À l'intérieur de cette dimension et seul à l'intérieur de cette dimension, on fait justement expérience des formes de subjectivation selon la relativité égologique des formes de la référence à soi-même. C'est au sein de cette multiplicité de formes de subjectivation que l'on peut retrouver quelque chose comme un « sujet philosophique » qui pose la question sur l'essence de la philosophie (et donc en demande le sens).

Cette ressaisie de la situation métaphilosophique de départ avec un nouveau regard rend possible la saisie de l'équivocité et de la dynamique intrinsèques de la deuxième question. La question « qu'est-ce que la philosophie ? », question faite objet d'un regard, d'un *theôrein*, ouvre l'horizon et déploie la dimension métathéorique. À l'intérieur et uniquement à l'intérieur de cette dimension, on fait justement l'expérience des formes de savoir (comme théories) selon leur relativité épistémique intrinsèque, selon cette dynamique ouverte qui est la leur, au-delà de toute normativité métaphysique ou architectonique.

12 La demande/question peut être traduite, de façon grammaticalement correcte « Qu'est-ce que l'étant ? ». Nous utiliserons toutefois la forme grecque originaire de la demande « τί τὸ ὄν; » pour marquer et maintenir l'obscurité et la polysémie intrinsèque de la demande elle-même. Pour l'explication de la nécessité intrinsèque de cette polysémie et pour sa traduction en trois formes différentes de question, *Cf. infra* Chap. v, p. 87 *sqq.* et Chap. viii, p. 190-191.

13 *Cf.* à ce sujet Chalmers – Manley – Wasserman, (2010, p. 1) : « Metaphysics is concerned with the foundations of reality ».

C'est uniquement à partir de cette dimension, et du regard, du *theôrein* qui lui est propre, que l'on peut « parler d'ontologie » sans subir les présuppositions ou les concrétions historiques de la métaphysique, qu'en faisait et qu'en voudrait encore faire le fondement d'un système normé du savoir. À partir de l'analyse et de la saisie de l'équivocité, de la dynamique intrinsèques de la troisième question, « τί τὸ ὄν; », on parvient à la situation méta-ontologique, dont l'articulation déploie la dimension *méta-ontologique*. Seul à l'intérieur de cette dimension on peut faire justement expérience de formes d'ontologie selon la relativité des formes de fixation de l'objectité propre aux formes épistémiques (et non épistémiques) d'approche à la phénoménalité.

Mais en même temps, à l'intérieur de cette dimension, qui fixe une situation indépassable de relativité ontologique, on peut arriver à comprendre la perte (théorique) de sens du réel dont on questionne la consistance et dont on demande, pour ainsi dire, une *restitution*. À partir de la saisie de l'équivocité de la quatrième et dernière question, question métaphysique par excellence, « Qu'est-ce que (le) réel ? », on parvient à la situation *méta-métaphysique*, dans laquelle on fait expérience des modèles méta-ontologiques (et de leurs interactions) possibles pour fixer le réel dans sa complexité sans toutefois aboutir à une nouvelle métaphysique des « choses en soi ».

Les quatre premiers chapitres de la seconde partie (*per exteriorem mathesim*) prennent en considération le mouvement spéculatif qui émerge des cinq premiers moments de réflexion et montrent les formes de *mathesis* qui en ressortent. Leur articulation déploie la dimension spéculative à l'intérieur de laquelle on fait justement expérience des formes de *mathesis* selon la relativité typique du spéculatif lui-même :

- la *mathesis* méta-égologique ;
- la *mathesis* méta-théorique ;
- la *mathesis* méta-ontologique ;
- la *mathesis* méta-métaphysique[14].

---

14 On ne s'étonnera pas de retrouver dans ces quatre formes de *mathesis* des catégories largement répandues dans les débats contemporains, notamment anglo-saxons, qu'il s'agisse de la théorie (ou méta-théorie) de la subjectivité (*Metaegology*), de l'épistémologie (*Metascience, Metatheory* ou encore *Metatheory of science*) ou de la "métaphysique" (*Metaontology and Metametaphysics*). Ces catégories, qui font recours à une application de la fonction "méta-" dont très souvent on ne saisit pas l'aspérité conceptuelle, apparaissent toujours déliées

Ces formes de *mathesis*, et les analyses détaillées ultérieures (*ad ulteriorem mathesim*) qu'elles ont demandé et qu'elles demandent pour acquérir une forme systématique, nous amèneront à présenter une idée de spéculatif (plastique, modulaire) qui caractérise le noyau d'une *prôte épistème*, d'une science première et toujours recherchée, en dehors de la métaphysique. Le dernier chapitre, « De la pensée spéculative », pourra être lu comme le passage entre ces dimensions de la recherche et une fondation analytique.

La finalité de ce mouvement, et de cette stratification, est de montrer que et de quelle façon le caractère spéculatif de la pensée ne trouve pas sa dissolution par la complexification des savoirs. Dans l'impossibilité d'affirmer une « structure du monde » ou une « réponse » ultime à la demande de sens sans par-là céder à l'irrationnel ou au relativisme herméneutique, ce mouvement spéculatif y gagne en revanche sa valeur plus intime et se fixe dans une autre physionomie de la pensée. Autrement dit : le spéculatif subsiste aussi en deçà et en dehors de toute disposition métaphysique. Une telle disposition, dans ce contexte, consisterait à penser que les horizons et les dimensions, tels qu'ils s'ouvrent et se déploient au cours des analyses, pourraient être absorbés, relevés (*aufgehoben*) dans ceux qui suivent, dans une sorte de *construction progressive.* En revanche, ils ne s'unifient pas, ils ne se laissent pas absorber par une macro-vision du monde. Ils se tiennent justement à l'écart l'un de l'autre, dans ce jeu de spécularité qui atteste l'impossibilité constitutive, pour l'intelligence humaine, de parvenir à un état d'accomplissement ultime de sa recherche.

En ce sens il serait plus approprié de penser la coexistence des horizons plutôt que leur synthèse : l'horizon de l'expérience (ou de l'*existentiel*) de la situation spéculative n'est pas absorbé et résolu dans l'horizon des formes de savoir. Ces deux horizons ne sont pas synthétisés, à leur tour,

---

l'une de l'autre. Le but de la ressaisie d'un tel mouvement spéculatif est justement de le penser dans des formes (ou des plans d'immanence) d'un discours et/ou d'une dimension unitaire. Ces formes de *mathesis* « méta- » sont plutôt à entendre au sens que leur donne Gilles-Gaston Granger : « Définir consisterait alors à élucider la fonction d'un concept philosophique dans l'organisation du second degré qu'il impose à un domaine de concepts naturels ; lesquels, bien entendu, sont, actuellement ou virtuellement, définis à l'intérieur d'un réseau déterminant des objets constituant une *Mathesis*. Et une telle organisation ne serait rien d'autre qu'une *Mathesis* au second degré, offrant une connaissance du même genre que la *Mathesis* primitive » (Granger, 1988, 179).

par l'horizon méta-ontologique tout comme ce dernier n'arrive pas à être réduit à une forme de *mathesis* synthétique omni-compréhensive ou architectonique du réel.

La complexité de la chose nous a forcé d'adopter tout d'abord une disposition proche de cette forme de méditations philosophiques orientées à renouveler l'idée d'une philosophie première (*ab intus*). Mais l'issue de ce parcours demandait un mouvement de retour pour saisir de façon plus claire le mouvement spéculatif intrinsèque qui constituait la topologie structurelle du parcours lui-même. Pour ces raisons on a eu recours à la méthode phénoménologico-descriptive, mais élargie à d'autres structures et à leur mouvement spéculatif intrinsèque[15].

Dans et pas les deux parties du livre nous avons développé une forme de la réflexion concise pour des raisons qui relèvent de la « chose », simplement *parce qu'il le fallait*, parce que c'était nécessaire. Si l'on veut dépasser la forme de la pensée naïve – dans laquelle nous nous trouvons tous jusqu'au moment radical de la décision définitive à la philosophie – si l'on veut se frayer un chemin à travers la complexité dépaysante du savoir qu'on nous présente, si l'on veut, en somme, acquérir une forme méthodique et par là rationnelle de la pensée et trouver une orientation pour notre demande de sens, il faut faire l'expérience en première personne de la réflexion comme forme radicale de questionnement. Nous n'avons donc pas fait cela pour une sorte d'ascétisme ou d'intellectualisme mais en vertu du besoin d'une forme de *medicina mentis*. Sans vouloir par là affirmer aucune sorte d'éthique de la pensée (car autant la pensée est *moralement* dangereuse, d'autant plus elle se fraie son chemin), il faut cependant reconnaître qu'il y a une certaine corrélation entre

15 Les analyses développées ici, qui pourraient être (à juste titre) attribuées à la phénoménologie, ne se fondent pas sur le présupposé d'une validité fondationnelle absolue ou d'un primat de l'enquête phénoménologique sur d'autres approches. Si la phénoménologie a (encore) de la crédibilité, c'est justement parce qu'elle se présente comme méthode d'interrogation et de description de certaines situations. Ce propos à été formulé (p. 51) et ensuite développé de façon exemplaire par Dominique Pradelle, dans *Intution et idéalités. Phénoménologie des objets mathématiques* (Pradelle, 2020). Par conséquent, l'utilité des analyses phénoménologiques – qui ne sera pas étendue de façon homogène à toutes nos recherches – se manifeste tout d'abord localement, c'est-à-dire dans son application à certaines situations de manifestation. Le fait que la phénoménologie, ensuite, s'avère être aussi de validité universelle, ne concerne pas ce travail, qui paraitra en certaines parties phénoménologiquement hérétique à ceux qui pensent pouvoir disposer d'une orthodoxie phénoménologique.

le développement de la vie et celui de la pensée, dans une spécularité qu'on n'interrogera jamais assez radicalement. Si une vie austère sert au sauvetage de la boulimie du consumérisme contemporain, de la même façon la réflexion concise, comme recherche d'une rigueur disparue dans la boulimie culturelle et philosophique qui nous entoure, représente un moment de *katharsis*, un moment d'*hygiène mentale.*

De même qu'après un dîner où le bruit des voix affaiblissait nos oreilles et l'ambiance consommée nous soulevait d'un certain dégoût, on sent le besoin d'une saine solitude, il faut regagner un statut d'austérité et de rigueur en dehors du *chaos* du marché contemporain des idées philosophiques. La réflexion concise, austère, ne se montre alors, encore une fois, que comme un signe de l'humilité du travail plutôt que comme le signe d'une supériorité intellectuelle (qui n'a aucune raison d'être !). Pour ceux qui voudront trouver dans cette forme concise d'exposition le signe d'une absence de clarté analytique et un défaut dans la définition des structures qui y sont (peut-être trop) synthétiquement présentées, nous avons décidé d'accompagner ce premier livre d'un second, plus analytique et détaillé, où tout ce qui se trouve dans le premier trouve un rythme d'exposition et de déduction analytique qui lui est approprié[16].

Ces deux formes correspondent à deux devoirs envers les *autres*, dans la mesure où un mouvement spéculatif peut être de nos temps souvent considéré comme superficialité et comme manque de connaissance, sinon d'érudition. Toutefois, une approche analytique se préserve aussi, à l'issue de longues études et d'un long travail de réflexion et de sédimentation, d'être assimilée à la mode contemporaine de publier tout et n'importe quoi. Il n'y a rien de plus néfaste pour la recherche du savoir que la mode actuelle en philosophie (et au-delà d'elle) qui consiste à être toujours présents, à toujours s'exposer, à devenir des animaux de colloques ou de *workshops*, à publier tout ce que l'on pense et même, de penser uniquement parce qu'il faut dire ou publier quelque chose.

16 Le lecteur pourra trouver une approche analytique bien plus étendue dans le volume *Untersuchungen über die Formen der Mathesis* (Fraisopi, 2016). Ce volume paraitra en Français (*Recherches sur la forme de la mathesis*, 2 vol. – *I. De la question à la dimension métathéorique ; II. De la question ontologique à la mathesis des instabilités*) dans les *Mémoires des Annales de phénoménologie* en 2021/2. Ces recherches ont représenté le travail analytique et déductif essentiel pour ce livre, et représentent, si l'on veut, le soubassement conceptuel rigoureux pour le mouvement spéculatif qui y est présenté. Nous allons nous y renvoyer parfois, le lecteur nous en excusera, avec l'indication des sections et des paragraphes (*Untersuchungen/Recherches*, § x,y).

On assiste ainsi à la naissance de figures presque comiques, qui n'ont rien à faire avec le savoir et qui mesurent leur réussite à leur apparition constante et à leur surexposition.

Cette dégénération a toutefois des raisons intrinsèques. Elle apparaît une réaction à la perte de prise, presque physiologique, de la pensée philosophique, sur la variété des formes de savoir et d'expérience face auxquelles elle se trouve exposée dans son questionnement. Cette dégénération consiste dans un geste fondé *encore* sur la croyance que le réel tout d'abord et sa connaissance ensuite soient à la mesure d'une normativité confiée à la philosophie comme la métaphysique nous laissait (ou nous laisserait) espérer. La reconnaissance du stade pré-philosophique de l'ouverture spéculative, qui consiste à penser les formes possibles de la *mathesis*, présuppose la perte de tout système normatif (architectonique) de la connaissance philosophique. C'est uniquement en ce sens, au sens d'une exploration, d'un désir qui est toujours premier, que la pensée peut rejoindre – au-delà de toute vanité – le statut excédentaire d'une *prôte épistème*, d'une *science première*.

Ici la dimension existentielle et épistémique de ce que l'on pratique quand l'on pratique la philosophie se trouvent dans un rapport de spécularité. Cette perte d'un prototype métaphysique normatif préfiguré caractérise en même temps la perte du refuge narcissique d'identité du philosophe, qui pense ne jamais devoir questionner son vivre au sein du savoir, et le sens de ce vivre, en se réfugiant dans ses exercices purement techniques. Le fait de se cacher derrière son *narcissisme des petites différences*, qui préserve l'*ego* du philosophe de l'exploration, qui le garde « au bord de la jetée », n'est rien d'autre que le témoignage d'une faillite irrémédiable, qui ne consiste pas dans le naufrage mais dans l'horreur de s'engager dans toute exploration. Tout homme de savoir qui a fait l'expérience, un jour, de voir le regard ou tout simplement l'arrivée des migrants, ou qui a fait lui-même l'expérience de désorientation du migrant, d'avoir échappé au naufrage, sait que malgré les situations confortables, malgré les bibliothèques colossales ou les académies élégantes par lesquelles il se sent conforté et rassuré, il n'est jamais à l'abri du naufrage.

Car le naufrage n'est pas dehors, ou il ne l'est pas seulement, mais il est aussi dedans, selon une symétrie figurative plus que singulière. Le naufrage appartient à l'homme, comme possibilité – pour ainsi dire – beaucoup plus authentique que la mort. Le fait même d'être homme de pensée, *savant*, ne peut guère mettre à l'abri de cette possibilité. Le naufrage réside là où il y a une exploration, une exploration dont la planification n'a pas encore fait les comptes avec la réalité (de la mer). La pulsion à l'exploration n'est que la *situation élémentaire de l'homme*. Or, l'exploration de l'horizon du savoir (de l'*épistème*) n'est pas moins périlleuse ou moins décisive. Car, en synthétisant l'expérience de désorientation de l'homme face au vide de sa destination [*Bestimmung*], elle l'expose tout de même au naufrage. Elle est une situation pour laquelle – bien heureusement ! – ne vaut pas l'invocation célèbre : « vous qui vivez en toute quiétude, bien au chaud dans vos maisons... ». L'homme de pensée ne doit jamais oublier que, en tant qu'homme, ce qu'il fait, ce qu'il est, reste *exposé à la possibilité du naufrage*. C'est cette conscience qui rend ce qu'il fait « vrai » au-delà de tout vérificateur [*Truthmaker*], le fait d'être au même niveau d'humanité des *derniers*, puisque il n'y a tout simplement aucun niveau d'humanité.

Une telle exploration n'est pas facile, nous en sommes bien conscients. C'est pour cette raison que nous demandons au lecteur un petit effort de patience et de nous accompagner, comme un ami, dans ce voyage (ce n'était pas entre amis que l'on pouvait poser la question sur la philosophie ?), dans la certitude qu'il ne serait en tout cas pas inutile. Cette petite invitation au voyage fait écho au sublime passage d'une « petite œuvre morale » de Leopardi, le *Dialogue de Christophe Colomb et Pierre Gutierrez* :

> GUTTIERREZ : De sorte que, eu substance, tu as posé ta vie et celle de tes compagnons sur le fondement d'une simple opinion spéculative.
>
> COLOMB : C'est ainsi ; je ne puis le nier. Mais sans compter que les hommes se mettent tous les jours en danger de mort sur des conjectures beaucoup plus faibles et pour des choses insignifiantes, ou même sans y penser, réfléchis un peu : si maintenant, toi et moi, et tous nos compagnons, nous n'étions pas sur ces navires, au milieu de cette mer, dans cette solitude inconnue, dans un état incertain, en quelle autre condition de vie nous trouverions-nous ? À quoi serions-nous occupés ? Comment passerions-nous les jours ? Peut-être plus joyeusement ou plutôt avec des plus grandes peines et des plus grandes inquiétudes, ou bien encore pleins d'ennui ? Qu'est-ce qu'un état exempt d'incertitudes et de danger ? S'il est joyeux et heureux, il est préférable à tout autre ; s'il est ennuyeux et misérable, je ne vois pas à

> quel autre soit à préférer. Je ne veux pas te rappeler la gloire et le profit que nous retirerons de notre entreprise, si elle se terminera comme nous l'espérons. Même si aucun autre résultat serait à tirer de cette navigation, il me semble qu'elle soit également très profitable, car elle nous tient pendant quelque temps libres d'ennui, elle nous faire aimer la vie, elle nous rendre agréables beaucoup de choses, dont autrement nous ne nous soucierions pas (Leopardi, 1929, p. 147/48).

Ce voyage a bénéficié, depuis 2001, de l'aide et du conseil amical de plusieurs personnes. Nous épargnons toutefois au lecteur l'ennuyeuse litanie des nombreuses personnes envers lesquelles notre dette est profonde, mais touche au personnel. Les choses contenues dans ce travail n'ont en revanche *rien de personnel* et prétendent être entièrement indépendantes de la main qui les a transcrites, comme d'ailleurs tout ce qui atteint à la science (à l'*épistème*). Le lecteur ne trouvera, par conséquent, aucune référence à la personne de l'auteur, exception faite pour cette petite note marginale et pour des renvois aux approches analytiques de l'autre livre (mais uniquement pour des raisons d'économie du discours).

On a eu chance, pendant notre recherche, à trouver les idées qu'on avait élaborées (du fait de notre ignorance) en pleine solitude, dans d'autres études très prestigieuses, qui nous ont poussé à poursuivre la recherche ou à confirmer ses débouchés.

La perspective métaphilosophique de ce livre a été ouverte par une sorte de dialectique intime, souterraine, assumée sur soi-même, entre les approches de Gilles-Gaston Granger[17] et de Gilles Deleuze[18]. Il s'agissait notamment de regagner un régime de connaissance, de *mathesis* méta-épistémique à l'intérieur de la pratique de la pensée (et aussi d'autres positions fondamentales de l'approche de Granger : absence d'objet de la philosophie, approche structurale, méta-concepts, modélisations) – tout en gardant aussi bien le mouvement général autoréflexif que des concepts fondamentaux de l'approche deleuzienne (acte de création, champs d'immanence, figures conceptuelles etc.).

Pour ce qui concerne des thématiques spécifiques, comme moments d'une « *generatio aequivoca* », il faudrait tout d'abord mentionner l'IMI (*Interrogative Model of Inquiry*) de Jaakko Hintikka[19], pour ce

17 Granger (1988), *op. cit.*
18 Deleuze (1991), *op. cit.*
19 Hintikka (1981, 1999).

qui concerne la logique phénoménologique de la demande/question, à peine esquissée dans les *Leçons sur les synthèses passives* de Husserl. Ensuite, la théorie de l'inexistence du Soi, présentée, parmi d'autres, par Thomas Metzinger[20], a confirmé et corroboré ce qu'on avait pensé phénoménologiquement comme auto-référence hybride (ARH). La seule différence, mais *absolument radicale*, est qu'ici l'« *ego* » ne sera pas pensé comme un tunnel sur la base (ou à l'appui) d'une métaphysique grossièrement réductionniste, mais comme ouverture, comme « horizon » et comme une structure modulaire sédimentée de formes d'auto-référence[21].

L'idée d'une intuition métathéorique a bénéficié du support des analyses de Gehrard Heinzmann sur l'intuition épistémique[22]. La dynamique des théories – élaborée phénoménologiquement en pleine abstraction de la littérature, en poursuivant le projet d'une théorie des formes possibles de théorie – a trouvé ensuite un précédent et des ouvertures conceptuelles dans des ouvrages de Wolfgang Stegmüller et d'autres épistémologues de l'école structuraliste[23]. Un tel travail ne pouvait pas se passer d'une confrontation continue, et intensive (presque obsessive), avec l'*Archéologie du savoir* de Michel Foucault.

L'idée de modèle méta-ontologique, présentée dans le huitième chapitre, pensé continuellement dans la crainte de tomber dans la *Schwärmerei*, avait été déjà trouvé esquissé, sans consistance ni approche spéculative mais avec une structure très perspicace, dans *Geometry and Meaning* de Dominic Widdows et dans *Conceptual Spaces* de Peter Gärdenfors[24]. La perspective d'un pluralisme ontologique feuilleté, présenté dans le livre remarquable de Stephanie Ruphy, fut d'une

20 Metzinger (2003).

21 *Cf.* à ce sujet Deleuze (1996, 18) : « En chacun de nous, il y a comme une ascèse, une partie dirigée contre nous-mêmes. Nous sommes des déserts, mais peuplés de tribus, de faunes et de flores. (…) Et toutes ces peuplades, toutes ces foules, n'empêchent pas le désert, qui est notre ascèse même, au contraire elles l'habitent, elles passent par lui, sur lui. (…) Le désert, l'expérimentation sur soi-même, est notre seule identité, notre chance unique pour toutes les combinaisons qui nous habitent ».

22 *Cf.* Heinzmann (2013).

23 *Cf.* Stegmüller (1979 ; 2008). *Cf.* également Balzer – Moulines – Sneed (1987) ; Balzer – Moulines (1996). En fait les éléments de la *mathesis* métathéorique ne diffèrent pas de ceux définis par ces auteurs, mais change le cadre d'interprétation que l'on donne aux éléments eux-mêmes et l'usage que l'on en fait.

24 *Cf.* Widdows (2004) et Gärdenfors (2000).

importance fondamentale, comme base pour penser l'interaction des modèles méta-ontologiques[25].

L'idée germinale d'une *mathesis* comme interaction dynamique de modèles méta-ontologiques – et tout son soubassement historique – vient d'une note de travail absolument géniale de Merleau-Ponty dans *Le visible et l'invisible*[26]. Plus en général, tout le travail à l'intérieur de la tradition phénoménologique (à partir de l'idée elle-même de *mathesis* comme théorie des formes possibles de théorie) et en dehors, notamment sur les modèles, a consisté à mettre la pensée pure et spéculative à la hauteur d'accepter ce défi. Ce défi s'est ensuite structuré grâce aux ouvrages et aux travaux de Giuseppe Longo (pour ce qui concerne la mise en relation catégoriale des structures modélisées du vivant[27]) et Jocelyn Benoist (pour ce qui concerne non seulement le réalisme mais tout un ensemble d'autres problèmes). La confrontation continue avec les travaux de Alexander Schnell et l'idée d'une phénoménologie qui envisage une autre approche, une approche spéculative, au réel, a inspiré nos réflexions jusqu'à présent et le fera dans l'avenir. Car il serait superflu de mentionner à quel point la confrontation réitérée et toujours plus radicale avec l'Idéalisme Allemand, et avec son idée de « pensée spéculative », ait orienté cette exploration et dicté son trajet.

L'œuvre qui a donné (justement dans sa convergence singulière mais profonde avec le spéculatif hégélien) l'orientation générale à cette recherche sur la possibilité d'une *mathesis* comme science universelle primitive, est toutefois *La nouvelle alliance* :

> notre science s'ouvrira à l'universel lorsqu'il cessera de nier, de se prétendre étrangère aux préoccupations et aux interrogations des sociétés au sein

25 Ce livre apporte aussi des critique très précises et éclairantes à la "semantic view of theories" de Sneed, Stegmuller et Moulines, du point de vue de la façon de concevoir la relativité ontologique (Ruphy, 2013, p. 133-144).

26 « Prendre pour modèle de l'être l'espace topologique. L'espace topologique, au contraire [*scil.* de l'espace euclidien et perspectiviste], milieu où se circonscrivent des rapports de voisinage, d'enveloppement etc., est l'image d'un être qui [...] est à la fois plus vieux que tout et au 'premier jour' (Hegel) sur lequel la pensée régressive bute sans pouvoir le déduire directement ou indirectement (par "choix du meilleur") de l'Être par soi, qui est un *résidu* perpétuel. Il se rencontre non seulement au niveau du monde physique, mais de nouveau il est constitutif de la vie et enfin il fonde le principe sauvage du *logos* » (Merleau-Ponty, 1964, p. 260).

27 Cette approche fût corroborée ainsi par deux travaux, qui ont été fondamentaux, de Thomas Mormann, *Cf.* Mormann (2012, 1996).

> desquelles elle se développe, au moment où elle sera capable enfin d'un dialogue avec la nature, dont elle saura apprécier les multiples enchantements, et avec les hommes de toutes cultures, dont elle saura désormais respecter les questions (Prigogine – Stengers 1979, p. 52).

Cette « ouverture » c'est justement la seule que la pensée spéculative puisse atteindre aujourd'hui : la recherche d'une science reconduite aux questions et à son réfléchissement originaire avec la nature n'étant que la tâche d'une pensée qui redevient spéculative.

Comme voyage, ce travail a été rédigé essentiellement en dehors du chantage des années qui viennent, c'est-à-dire en dehors du « chantage du lendemain », qui affecte la plupart des sentiments humains. Il a été rédigé dans l'esprit d'un voyage de découverte, au sens proustien et « hégélien » du terme[28]. Ici, l'identité entre l'au-delà du connu et l'au-delà du vu est claire, ainsi que ce qui réside au centre du chiasme entre l'ouverture de la vision et la connaissance d'un côté, et le voyage et la découverte de nouveaux paysages de l'autre.

Ce qui articule ce chiasme, son noyau, n'est que l'instinct *irréfrénable*, *radical*, *violent* et peut-être *illusoire* de transcender ce qui se manifeste tout simplement ici [*einfach da*], à la recherche de quelque chose d'éloigné et de mystérieux. Ce quelque chose, c'est la réponse aux mêmes questions que nous tous cherchons, *demandons* : « D'où viens-je ? Où vais-je ? Combien de temps me reste-t-il[29] ? ». Dépourvu de tout espoir qui puisse soulager la *vanitas* de quiconque, comme affirmation, comme reconnaissance, cet ouvrage se fonde sur le seul espoir qui demeure en dehors de la *vanitas*, l'espoir de laisser une trace. Cela marque *ipso facto* la nécessité d'humilité, car la trace n'est telle que pour quelqu'un d'autre, au *service* de quelqu'un d'autre, très probablement inconnu, qui la trouvera, peut-être, là, où et quand celui qui l'a laissée a déjà disparu dans le brouillard de l'aléatoire. Avant que cette disparition advienne, l'esprit demeure toujours celui du voyage et *de l'ouverture toujours recherchée de la vision*.

28 *Cf.* Proust (1925, p. 69) : « Le seul véritable voyage, le seul bain de Jouvence, ce ne serait pas d'aller vers de nouveaux paysages, mais d'avoir d'autres yeux, de voir l'univers avec les yeux d'un autre, de cent autres, de voir les cent univers que chacun d'eux voit, que chacun d'eux est ». Cfr. *infra* Plus ultra, n. 3, p. 235.

29 C'est le sens du petit monologue final (*voice-over*) de Deckard, le protagoniste de Blade Runner, après avoir vu mourir le répliquant qui l'avait épargné : « All he'd wanted was the same answers the rest of us want. Where do I come from ? Where am I going ? How long have I got ? ».

PREMIÈRE PARTIE

AB INTERIORE MATHESI

Τί οὖν ποιήσεις φιλοσοφίας πέρι ;
πῇ τρέψῃ ἀγνοουμένων τούτων ;
PLATON, *Parm.* 135 c.

STATUS QUAESTIONIS

« *Dic cur hic ? Respice finem*, où en sommes-nous ? Venons à propos, venons au fait[1] ! »

Au beau milieu du chemin de l'existence de chacun, il arrive parfois de se demander : « qu'est-ce qu'on est en train de faire ? À quoi bon tous ces efforts ? Nos décisions ont-elles été les bonnes ? Avons-nous pris le bon chemin ? N'avons-nous pas marché trop lentement et ne nous sommes-nous pas laissés distraire de notre but...pourvu que la vie en ait forcément un ? Ne nous sommes-nous pas trompés, finalement, sur ce qui était à faire ? » Il ne s'agit pas de questions propres à la philosophie mais de questions qui se manifestent à l'homme le plus ordinaire (parce que « *après tout, nous sommes tous des hommes ordinaires* »). Mais cela arrive, et doit arriver, d'autant plus au philosophe ou tout simplement à celui qui, dans sa jeunesse, a fait profession de rechercher la connaissance (et/ou la sagesse) et de ne laisser rien, à proprement parler, hors de question, de rien accepter qui n'ait le sceau de l'évidence et de la vérité. Qu'est-on en train de faire par-là ? Qu'est-ce l'on fait au juste en pratiquant la philosophie, en la pratiquant aujourd'hui, par ses pratiques officielles et non officielles ? En quoi consiste précisément « notre faire philosophie » aujourd'hui, avec les conditions qui sont celles de la pratique générale et diffusée du savoir ? La situation de détresse que Descartes présentait par rapport à la recherche de la vérité (dont la philosophie devait se faire porteuse) est dilatée, à l'indéfini.

---

1 Dans les *Nouveaux essays sur l'entendement humain*, Leibniz (2016, V, p. 181/2) affirme : « Il faut que l'esprit soit préparé par avance et se trouve déjà en train d'aller de pensée en pensée, pour ne se pas trop arrêter dans un pas glissant et dangereux. Il est bon pour cela de s'accoustumer généralement à ne penser que comme en passant à certaines choses, pour se mieux conserver la liberté d'esprit. Mais le meilleur est de s'accoustumer à procéder méthodiquement et à s'attacher à un train de pensées dont la raison et non le hasard (c'est-à-dire les impressions sensibles et casuelles) fassent liaison. Et pour cela il est bon de s'accoustumer à se recueillir de temps en temps, et à s'élever au-dessus du tumulte présent des impressions, à sortir pour ainsi dire de la place où l'on est, à se dire : '*dic cur hic ? Respice finem*', où en sommes-nous ? Venons à propos, venons au fait ! ».

Car si l'on cherchait à savoir aussi seulement ce qu'il faudrait lire, aujourd'hui, pour avoir tout simplement une indication sur l'état de choses de la philosophie de nos jours, sur ses problèmes, il faudrait faire face à « une masse de tant gros volumes, que pour les lire il faudrait plus de temps que » mille fois « la vie humaine ne nous en donne, et pout y reconnaître ce qui est utile, plus de talent que pour le trouver nous-mêmes » (Descartes, AT, X, p. 496). Les bibliothèques des publications se multiplient, les spécifications prolifèrent dans une inflation apparemment sans mesure. Ceci n'est pas un mal en soi. Il faudrait toutefois arriver à reconnaître où mène ce processus démesuré d'élargissement, cette dilatation exponentielle et accélérée non seulement du savoir, mais des formes d'auto-interprétation de la pratique philosophique elle-même. En fait, on à l'impression que la dilatation exponentielle relève d'une pratique essentiellement aveugle d'imitation : on pense qu'imiter la vie intime des sciences et les spécifications toujours croissantes qu'une forme de savoir subit constamment (chose bien évidemment souhaitable) soit suffisant, à la philosophie, pour s'élever au rang de savoir.

Une belle illusion, rien de plus. Car un chercheur en philosophie qui néglige ou répudie les aspirations du concept cosmique [*Weltbegriff*] (Kant, 1900, p. 867) de la philosophie trahit, ou abdique à la responsabilité centrale de sa vocation : « de s'adresser aux besoins intellectuels universels de réflexion de ses semblables ». Cette maxime, très noble, met en relief la responsabilité centrale de la vocation du philosophe en présupposant qu'elle soit une caractéristique invariante, un idéal reconnu par tous ceux qui font profession de rechercher la connaissance. Mais une philosophie non seulement scholastique, mais technique et technicisée n'a pas seulement trahi ou abdiqué à son rôle cosmique, elle l'a oublié, refoulé, ou en fait désormais presque un objet de dérision.

En fait, il ne faudrait pas penser à ces deux côtés, le devoir de précision « technique » et la disposition « cosmique » du philosopher, comme à deux faces de la même médaille, mais tout simplement comme à deux berges d'une rivière charriant beaucoup d'eau. Si l'un des deux côtés du lit de la rivière cède, le cours de la rivière perd sa physionomie, envahit les champs, en formant une vaste étendue désolante de boue. D'un coté la dérive techniciste de la philosophie apparaît néfaste parce que cette pratique de la pensée refoule sa forme cosmique, et se renferme dans la production de micro-domaines tellement hyper-exploités qu'ils arrivent même à appauvrir le terrain sur lequel ils s'installent. Toutefois, d'un autre côté, une pratique philosophique « cosmique » déliée de l'exemple de la rigueur fourni par le savoir – dans chacune de ses formes – ne fait que se présenter toujours plus comme une dérive mystique et délirante. Toute concentrée à affoler des mots profonds (poétants ou prophétisants) à l'apparence, elle n'arrive à produire qu'un son sourd, désagréable et fastidieux, une sorte de murmure.

L'essentiel, peut-être, réside ailleurs, c'est-à-dire dans l'inexistence d'un rapport substantiel et mesurable entre les deux pratiques ou tout simplement dans le fait que l'une s'avère être l'image en miroir de l'autre, dans un mécanisme ou dans un jeu extrêmement puissant mais aussi extrêmement délicat, presque imperceptible, de réfléchissement. La capacité de regarder ce jeu de spécularité entre concept cosmique et technique, de le connaître, de l'habiter, n'est pas seulement décisive pour le philosophe – qui est au fond un individu qui fait profession de l'être ne sachant, ne pouvant jamais savoir, au début, de quoi il s'agit ou s'agira. De cette capacité dépend la vie elle-même du savoir, non pas parce que cet objet mystérieux, la philosophie, représente le couronnement des sciences ou une théorie souveraine. De cette capacité dépend la vie elle-même du savoir, et de toute forme de savoir, simplement parce que le savoir s'accomplit dans l'écart qui le met en relation, comme *réponse*, aux questions fondamentales que tout individu se pose. Ce n'est que pour y répondre, qu'il s'est engagé dans une vie de savoir.

Le lieu de cet écart prend le nom de « pensée pure », parce que nue, « pensée radicale », justement, parce que indépendante de toute étiquette, de tout *referee*, de tout financement de projet, de tout *impact factor*, de toute conférence, de toute publication, de tout « prestige ». Le lieu de cet écart est, si l'on veut, la route que chaque individu que nous sommes doit prendre pour entrer en contact avec le mouvement universel du savoir, c'est-à-dire pour commencer la navigation en pleine mer. En ce sens, si chacun de nous s'est ouvert à une vie de savoir en suivant des motivations personnelles, faisant des rencontres, subissant des événements, la pensée radicale ne doit qu'aller à la recherche de ce que tient ensemble toutes ces particularités, à savoir la relation invariante qui tient ensemble le point de départ de chacun et le mouvement universel du savoir lui-même. Et cela elle ne le peut qu'en *feignant* de recomposer un chemin, en dissimulant toutefois dans ce chemin l'universalité du chemin lui-même, l'universalité de tout chemin, de toute exploration.

Paradoxalement, selon une ironie très subtile, cachée dans nos existences, ce qui est le « plus vrai », l'authentique par excellence – la science – demande, pour être pensé ou ressaisi par une nouvelle vision, une vision en profondeur, une fiction[2]. Nous nous regardons autour et, pour orchestrer cette fiction, nous choisissons le point de départ d'une expérience de vie orientée au savoir (le tout premier *point d'émergence* de l'*épistème*, du savoir). Pourquoi le savoir humain ? Pourquoi la science ? Pourquoi l'homme se donne tant de peine et de fatigue pour construire et élargir son savoir ? Parce que le savoir, conçu dans son unité, dans son mouvement, n'est que la concrétion d'un instinct et, plus précisément, l'instinct de vouloir répondre à des questions qui concernent les individus. Ces questions concernent l'humain et son être au monde, les individus et leur exposition (commune ainsi qu'individuelle) à la phénoménalité, aux événements, dont ils ne saisissent pas (plus) le sens.

Les individus demandent « sens » aux phénomènes, et aux événements, un sens qui revête ou qui puisse revêtir leur nudité cosmique. Mais à présent, ce réel auquel les individus sont (et nous-mêmes sommes tous) exposés sans pouvoir y apercevoir un sens qui ne soit pas fictif, s'est manifesté dans toute sa complexité. Bien que les sciences aient commencé à suivre et à décrypter cette complexité localement, de façon admirable, la philosophie – toute prise à se techniciser ou à se spécialiser – ne s'en est presque pas aperçue[3]. Sommes-nous certains d'arriver à articuler cette relation entre un réel et un savoir éclatés dans toute leur complexité avec les versions contemporaines (bien que rafraîchies et déguisées en nouveautés) de la querelle des universaux, ou des entités factices, ou des mondes possibles, avec les débats sur le contenu conceptuel et non conceptuel de la perception, ou encore avec les notions d'une pensée qui se prétend « profonde », « radicale », qui cherche des Archi-x tout azimuts ?

Le fait d'avoir un regard épistémiquement perspicace sur la phénoménalité ou sur certains types de phénoménalité implique-t-il d'abandonner

2 *Cf.* Descartes (AT VII, p. 22) : « illasque aliquandiu omnino falsas imaginariasque esse *fingam* » [nous soulignons].

3 En ce sens, *cf.* Hooker (2011, p. 3).

la revendication d'une *vision d'ensemble*[4] ? Pour penser de façon rigoureuse les questions « philosophiques » qui se posent à nous aujourd'hui – les écocides, les changements climatiques et les migrations qui en dépendent, l'annulation de tout sens de cohabitation de l'homme dans la nature et *avec* la nature, l'économie et les systèmes de production dans leur complexité protéiforme, les nouvelles formes d'esclavage[5] ou aussi les rapports possibles entre ces thèmes – doit-on forcément devenir *philosophe de*...., en ajoutant cinq ou six spécifications ? Ou bien, tout en reconnaissant encore un rôle à la philosophie première, faudrait-il penser si les changements climatiques, les crises économiques, les changements de modes de souveraineté et d'émancipation sont *de re* ou *de dictu*, si il y en a des universaux, etc., en professant une métaphysique vide et complétement autoréférentielle, mise à disposition par ces temps de détresse ?

Sommes-nous certains d'être en capacité d'arriver à déchirer le voile d'illusion que le système global a construit autour de nous, à soulever des instances critiques sur la barbarie quotidienne qui nous englobe, sur la perte de souveraineté et de liberté et de pouvoir le faire avec ces outils obsolètes que la philosophie sous la forme de nouvelle métaphysique nous met à disposition ? Toute concentrée comme elle apparaît à renouveler des idées vieilles ou des querelles délavées, et à le faire selon un rythme hyper-accéléré de production, sans sédimentation, sans recul, la philosophie non seulement perd son contact avec le savoir et les formes de savoir qui commencent à décrire la phénoménalité dans cette complexité, mais occulte de surcroît le contact qu'une connaissance en tant que telle entretient, de façon radicale, avec l'instinct qui lui est propre.

Quelqu'un pourrait avancer, comme remède, ce qui est considéré comme la panacée d'une ouverture a-synoptique, myope, au savoir : l'interdisciplinarité ou la transdisciplinarité (Mittelstrass, 2003). Il s'agirait alors uniquement de mettre ensemble, autour d'une table, plusieurs petites compétences, nourries par la division fordiste extrême du travail scientifique, pour donner lieu à la grande ouverture d'esprit demandée pour comprendre la complexité du réel. Malheureusement, la somme

4 Nous partageons à ce sujet la thèse de Sellars « Ce qui caractérise l'entreprise philosophique est la 'vue d'ensemble' » (Sellars, 1963, p. 3) [nous traduisons].

5 Pour ces thèmes "politiques" dans une perspective complexe, on pourrait renvoyer aux travaux de Sandro Mezzadra, Michael Hardt et Toni Negri.

de plusieurs petites visions restreintes, myopes, ne donne pas comme résultat l'ouverture à l'horizon de la pensée et de *ce qui est digne d'être pensé de façon radicale*. La situation de détresse d'une interdisciplinarité mise en œuvre de façon rhapsodique, mettant ensemble, au hasard ou presque...comme il vient, des scientifiques d'origines différentes, ressemble un peu aux blagues dans lesquelles on commence par dire : « il y a un Français, un Italien, un Allemand et un Anglais... Le Français dit...l'Allemand répond.... ». On reste par là dans une situation de détresse qui est typique de la richesse apparente, trop facile, d'une somme non harmonieuse de biens, reçue comme elle arrive par quelqu'un qui n'a aucune idée de quoi en faire. Pourquoi, toutefois, faudrait-il sortir à tout prix d'une telle situation de détresse ? C'est justement ici, dans le silence qui règne une fois que le bruit des vendeurs de réponses s'est dissipé, que la pensée pure et radicale peut enfin s'éveiller.

La tâche de la pensée – dans cette situation de détresse et dans ce silence sublime – est de retrouver et de ressaisir l'enracinement de toute forme de savoir, inscrite dans le mouvement de la science universelle, dans l'instinct primordial à la connaissance : la demande de « Sens ». Ne suffirait-il alors pas tout simplement de se mettre à questionner, à retraduire le socratisme dans la technicisation de la pensée, implémenter le questionner lui-même à une machine qui calcule la possibilité des réponses, par un algorithme, selon la théorie des jeux ? Que faudrait-il autrement interroger ?

En fait, il serait temps d'interroger les questions elles-mêmes, et ces « questions fondamentales » qui ne sont rien d'autre que la déclinaison théorique de la « demande de Sens » de l'humanité. Mais cet *interroger* doit se faire sur la base du courage pour la vérité nécessaire à toute situation de détresse absolue. Dans ce cas, le courage de la vérité est le courage de reconnaître que peut-être ces questions n'ont *aucun sens*. Il est clair que chacun est à quête de, demande le « Sens » de son existence, du monde, de son être ceci ou cela, et il est clair que cette « demande » ne trouve pas seulement sa forme comme « demande théorique », à savoir comme « question ». On demande le Sens de son propre, de notre propre « être-au-monde » tout azimut, dans et par nos formes de désir, dans et par nos pratiques sociales, politiques, dans nos formes de vie les plus diverses, et on le fait – nous le faisons – comme si ces pratiques ou formes de vie pouvaient combler le défaut de Sens qui est à la base de cet opérer.

Le questionner théorique n'est pas l'arrêt de cette forme de demande, il ne sort pas d'une pratique située dans des formes de vie, il ne sort pas de l'horizon de la demande de Sens. Il ne sort pas non plus de la croyance, peut-être illusoire, cachée ou en quelque sorte refoulée, selon laquelle – bien qu'il ne soit pas à notre disposition simplement parce que on en est *en demande* – ce Sens se trouve quelque part. On croit qu'il doit se trouver quelque part, immuable, dans l'éther de nos cosmogonies personnelles. La demande de Sens trouve sa déclinaison théorique dans les « questions fondamentales » (ou considérées comme « fondamentales ») uniquement parce que toute question est à son tour une demande, une demande de certitude, de stabilisation, une demande d'être rassurés, un *acte* qui vise à combler un vide – indépendamment de la nature du vide en question.

Omnis quaestio est petitio.

Uniquement en abordant les « questions fondamentales » – ou celles que les hommes ne peuvent pas s'empêcher de reconnaître comme fondamentales pour leur être au monde, pour avoir un Sens de leur être-au-monde, pour avoir un Sens de leur exposition aux phénomènes, pour avoir un Sens qui revête leur nudité cosmique – uniquement en abordant ces questions de façon nouvelle nous pouvons ressaisir l'enracinement du savoir universel dans la singularité nue de l'existence.

Toutefois cette « nouvelle façon » de questionnement ne s'oriente pas – ou pas nécessairement – à la recherche ou à l'élaboration d'une réponse (ou d'un système de savoir qui, finalement, puisse servir de réponse). Le simple fait de penser que le savoir, l'*épistème*, doive répondre aux questions fondamentales uniquement parce qu'elle ressort en dernière instance de la même demande qui en représente la source, représente une équivoque pernicieuse. Si la science comme telle a trouvé son origine dans la demande de Sens et si tout homme de science, de savoir, l'est devenu, d'une façon ou d'une autre, en essayant de répondre à, de satisfaire cette demande – en parcourant, à sa façon, le chemin que liait son individualité dénuée de sens au mouvement universel du savoir – cela ne signifie pas qu'une science qui s'étend, qui se perd à l'horizon du visible ait perdu l'enracinement dans cette demande parce qu'elle ne fait pas le chemin inverse. L'océan ne perd pas son sens parce qu'il ne remonte pas dans les rivières qui s'y perdent.

Si la philosophie traditionnellement conçue et pratiquée est devenue incapable de saisir cet enracinement, c'est justement parce que l'idée d'une construction du système du monde comme réponse à la demande de Sens et aux questions considérées comme fondamentales s'est avérée inadéquate et impossible. Or, la nouvelle voie pour ressaisir cet enracinement ne peut qu'être de *se situer à la limite historique et théorique d'une telle philosophie*. Il faut alors parcourir cette voie liminaire, habiter ce seuil, en se passant de toute philosophie – c'est-à-dire en faisant le vide de tout scrupule d'appartenance à la une méthode considérée comme traditionnelle de la philosophie, de tout scrupule d'adhérence à un de ses multiples critères, dont elle n'est jamais arrivée à exhiber l'unité. On ne peut y arriver uniquement qu'en se tenant à la chose elle-même du questionner (en tant que demander). Pour cette raison nous prenons la décision de développer cette approche au questionner (en tant que demander) de façon phénoménologique. Nous voulons arriver à voir comment les questions se manifestent.

La description intentionnelle du questionner (en tant que demander) n'est que le seul outil dont nous disposons dans la situation d'extrême détresse de sens de toute « philosophie ». Cette situation de détresse extrême et la possibilité d'une description intentionnelle du questionner (en tant que demander) sont le point de départ d'un chemin. Cette approche réside dans une simple analyse de notre « langage intentionnel » ou, pour mieux dire, du « langage intentionnel » des questions (en tant que demandes). Car elles ne sont pas seulement à l'œuvre dans les questionnements hyper-complexes des sciences mais aussi dans notre expérience la plus ordinaire. La couche basale de la demande et la dimension du questionner qu'y s'installe sont tellement fines qu'elles ont été complètement ignorées par la tradition métaphysique, toute concentrée à saisir la structure ultime du monde comme *reponse*[6]. Toutefois cette grande parade de la métaphysique, une fois qu'elle est passée, ne laisse qu'un silence assourdissant sur ce qui est réellement digne d'être interrogé.

Sommes-nous certains que la structure ultime du monde soit quelque chose digne d'être interrogé ? Sommes-nous certains de pouvoir arriver à prononcer le dernier mot sur la constitution du monde entre le quatre mur des ateliers de la métaphysique ? Tout cela n'apparaît-il pas

6 *Cf.* à ce sujet le livre très éclairant, paradigmatique, de Steven French (French, 2014).

comme l'héritage, un peu comique, de l'image de Faust, l'alchimiste, qui vend son âme au diable en suivant l'idole d'une réponse ultime ? Ce métaphysicien prétentieux, qui se flatte de pouvoir aboutir à toutes les réponses parce qu'il parle le langage philosophique hégémon, ne risque-t-il pas de finir comme cet alchimiste ? Dans la tragédie extrême de ses propres spéculations, n'arriverait-il pas à croire d'entendre les ouvriers partager la terre des vagues, contenir la mer, tandis qu'il ne s'agit que des lémures qui creusent sa tombe ? Ce métaphysicien prétentieux, qui nous habite peut-être, n'est-il pas en proie à l'idole de la réponse ultime à la demande de sens ?

N'avons-nous pas meilleur temps de nous tenir à cet instinct de remplissement, de plénitude, qui trouve sa première manifestation dans le demander et, par conséquent, dans le questionner *en tant que* demander ? Tenons-nous en donc au *demander* et à son état originaire d'ouverture, cherchons y un chemin qui nous amène au questionner et aux questions « fondamentales », pour y retrouver ensuite le chemin qui nous amène au mouvement du savoir universel.

Considérons alors notre expérience, considérons-la dans le sens le plus général de notre exposition intime et indépassable aux choses. Ce qu'il y a dans notre expérience, dans notre « faire l'expérience » des choses, se découpe selon des modalités différentes de présence, d'« il y a ». Il y a ce qu'il y a comme quelque chose de perçu (vu, senti, touché, gouté, entendu, singulièrement ou selon une structure plus complexe)[7]. Il y a ce qu'il y a comme remémoré, imaginé, supputé, demandé selon différentes formes de désir, de saisie. Si ce qu'il y a est ce qui fait que notre expérience soit expérience de quelque chose, cet « il y a » se donne à voir, se manifeste, toujours dans une forme d'entremêlement avec ce qu'il y a autour ou ce qu'il se donne à voir avec lui, en se mettant en relief. Cela vaut pour toute expérience de quelque chose qui est une expérience toujours ouverte à la variation, à la vibration, au changement et au clignotement de cet *il y a*.

Nous pouvons toujours faire l'expérience de ce même « ceci », qui est au foyer de l'espace de notre expérience à partir de différents points de vue, mais aussi considérer d'autres « il y a », qui se mettent en relief à partir de l'expérience qui précède, et cela dans les formes plus diverses. Jacques voit par exemple ce fauteuil et se souvient de ce même fauteuil,

7 *Cf.* Husserl (1987, Hua. 25, p. 20).

quand il était dans la chambre de son grand-père lors de son enfance ; il voit ce fauteuil et il en remarque des éraflures (nouvelles !) sur le bois ; il voit ce fauteuil et il considère le beau tapis à côté ou il s'imagine assis sur une plage, l'été, avec des mouettes qui le survolent. Ces formes de « présence de quelque chose », qui constituent, isolément ou dans des entremêlements plus complexes, notre expérience, peuvent devenir l'objet d'une description à partir de laquelle on peut apprendre plus que de toute métaphysique : « ne cherchons rien derrière les phénomènes…eux seuls sont l'enseignement[8] ! ».

La tâche de description de ce langage intentionnel, l'apprentissage de l'épiphanie des choses, s'articule alors selon deux perspectives possibles : la description de tout « quelque chose » – y compris les nombres ou le « il y a » des mathématiques et d'autres formes « abstraites » – selon ses formes, indépendamment des modalités par lesquelles nous nous y rapportons, nous y rentrons en contact, et la description ces modalités mêmes (indépendamment des formes de « il y a »). Parmi ces modalités, inaperçue, il y a aussi la demande. Le « il y a » de « quelque chose » dans la forme de demande est une des modalités essentielles de présence des choses (*Sachen*), une modalité par laquelle nous allons à la rencontre du réel (et pas seulement). Mais elle est surtout une modalité affectée par un défaut constitutif. Il ne s'agit pas, si l'on regarde de plus près, d'un défaut de présence intuitive – à moins que l'on veuille réduire le « il y a » à un fétichisme grossier. Si Jacques aime quelqu'un, ce quelqu'un lui est présent plus que tout autre personne dans l'univers. S'il désire, par exemple, de rentrer chez lui, d'être dans sa bibliothèque, parmi ses livres et ses peintures, cet espace lui est présent justement dans la modalité du désir ou de la nostalgie, c'est-à-dire selon une forme de remémoration-préfiguration d'un état connu, intime. On pourrait aussi affirmer que cet état est intuitivement plus vif et clair que plusieurs perceptions, quoique non plus (et pas encore) selon sa présence *sensible.*

L'absence du « quelque chose » dans la forme de la présence matérielle ou bien sensible est ce qui caractérise la présence, l'« il y a » du quelque chose dans le désir, dans le défaut de prise. L'être en demande de quelque chose, qui caractérise l'« il y a » dans cette modalité particulière, est un être en défaut où l'« il y a » est un « il y a » par défaut de présence en chair et en os. Mais c'est précisément ce vide qui caractérise notre vie

8 *Cf.* Goethe, (2008, p. 432). *Cf. Untersuchungen/Recherches*, § 115.

dans ses racines, et la demande – dans toutes les formes par lesquelles elle s'explicite – ne fait que donner forme à ce vide, en lui donnant une voix, une vision, une ouverture thématique.

Il ne faut pas s'étonner du fait qu'une certaine philosophie, animée par la vanité et le fétichisme, ait refoulé la demande comme expression du vide qui anime notre exposition indépassable à la manifestation. Qu'est-ce qui anime, si ce n'est pas un « vide », un défaut de prise, notre désir de faire l'expérience (du monde), de voir, de sentir, de toucher, de courir, nos demandes d'affection, de reconnaissance, toutes les revendications sociales, politiques, toutes nos expériences esthétiques, spirituelles, érotiques, etc. ? Le désir, la curiosité, le doute, la proteste, ne sont alors que des formes de demande, qui donnent forme et expression (intentionnelle) à un « vide », à un « défaut de prise », à un manque. Pourquoi une question ne devrait-elle pas être alors elle aussi une demande ? Regardons alors de plus près une question ! Quand nous posons une question, que faisons-nous ? On n'exprime pas par là un « désir de savoir » ? On n'exprime pas, on ne donne pas forme à un manque, à un défaut de prise, sur ce qu'il y a au sein de notre question comme « objet-en-question » ? Le fait que toute question soit une demande est évident par le fait même qu'on demande, parce que l'on désire savoir, on veut savoir.

Omnis quaestio est petitio : toute question est une demande. Toute question est un « acte par lequel on demande », motivé par une forme de désir, d'*appetitus* ou *conatus*, qui détermine notre nature et la nature elle-même du savoir[9]. Que l'on commence alors par saisir la question et toute question comme « demande », c'est-à-dire l'acte de questionner comme un acte de demander : « quelqu'un veut savoir quelque chose ». Que l'on neutralise alors la situation strictement personnelle de celui qui demande, qui questionne. Car nous ne nous intéressons pas aux raisons privées, psychologiques, émotives, aux occasions à partir desquelles quelqu'un demande à savoir quelque chose, ni à la nature du « quelqu'un » ou du « quelque chose » auquel cette demande est adressée : un individu, un ordinateur, un réseau, un manuel scientifique, une encyclopédie, la raison universelle, etc. Dans sa « simplicité » d'acte, le questionner en tant que demander ne représente que la tension d'un état (psychologique-intentionnel) à un autre.

9 *Cf.* de Cusa, (1982, p. 4) : « Appetitus nostrae naturae inditus ».

Le premier état est le défaut de prise, un manque. De quel manque, de quel défaut s'agit-il ? Que faut-il notamment entendre par « manque », par « défaut » dans la situation du demander théorique, du questionner ? Ce manque apparaît comme le manque de *ce qu'il y a au sein de la question* selon un ou plusieurs aspects de son mode de présence. Dans la question, par la question, on veut arriver à saisir plus précisément un aspect dans sa clarté, c'est-à-dire sa présence en chair et en os du point de vue de cette modalité « théorique » de présence : on demande à l'avoir « sous les yeux », à y voir plus clair. Nous appelons cela « évidence » – sans aucune prétention à pouvoir échapper, par l'usage de ce mot, à tous les problèmes que cet usage entraîne nécessairement. Quand Jacques demande : « où est ma montre ? » il *tend* à avoir cet « il y a » (dont il demande à savoir « où il est ») sous les yeux. Il *tend* à la percevoir pour la mettre ou tout simplement pour pouvoir la « situer », sur la base d'une réponse, avec son imagination. Quand Jacques demande : « Sur la base de quoi puis-je affirmer que la collision des protons donne lieu à l'émission du neutrinos ? », il tend à avoir également cet il y a dont il demande, le « sur la base de quoi », sous les yeux. Il demande d'aboutir à une forme de présence théorique en chair et en os, d'évidence, qui n'est ni plus ni moins légitime que la première.

L'élaboration ou la découverte de formes de présence théorique en chair et en os toujours diverses – à partir de la forme originaire du voir de la perception – a conduit le savoir humain à parler d'évidence comme forme de satisfaction du manque de l'« il y a » (ou de tout « il y a ») dans la forme du demander théorique. L'évidence, qui a ses degrés – toujours par *analogie* avec le fait de voir quelque chose en plein jour ou dans la pénombre – est devenue un idéal. Pour mesurer la capacité de saisie du savoir de tout « il y a » dans son mode « théorique » de présence, on se règle sur une forme de présence « pleine », sans aucun résidu, une présence qui ne laisse plus aucun espace au questionnement. Au but de l'activité du savoir, il y aurait donc l'évidence pleine de la connaissance, à savoir le résultat d'une sublimation – qui est typique de la pensée humaine. L'évidence pleine de la connaissance, l'évidence ultime du savoir, est la généralisation de l'évidence d'un certain « il y a », comme mode théorique de présence, à tout ce qu'il y a, ou ce qu'il peut y avoir, dans le mode de présence théorique.

Cette présence mythique, absolue, sans résidu, sans défaut, de ce qu'il y a à savoir, n'est que la sublimation extrêmement poétique, noble, de l'état dans lequel chacun de nous s'est trouvé face à l'épiphanie du réel dans toute sa luminosité et vivacité, une épiphanie qui a lieu dans certaines formes de paysage ou dans certains moments de contemplation : on l'appelle la vision de midi [*Mittagsschau*]. L'idéal de l'évidence pleine définit, comme point de fuite de la perspective du savoir humain, l'orientation de toute théorie au sens originaire de la *theôria*, de la vision. Comme *terminus ad quem* ultime de toute recherche, de tout savoir « théorique » et aussi de toute forme « théorique » du demander, il est ce à quoi tout homme de savoir s'oriente dans sa pratique, ce qu'il vise comme aboutissement de son voyage de découverte.

Cette situation est tellement puissante et tellement enracinée dans l'être lui-même du savoir humain, qu'aucune critique de type épistémologique d'un côté, ou anti-scientiste de l'autre, ne peut minimalement la déraciner. Le savoir progresse par la position de questions – ou de « demandes théoriques » – et par la reformulation plus ponctuelle ou différemment orientée des demandes théoriques, dans l'espace ouvert à l'horizon duquel il y a l'idéal de l'évidence pleine. Mais au-delà de l'édification, ce discours ne nous mènerait nulle part si nous n'arrivions pas à détourner notre regard de ce mouvement centrifuge pour esquisser un mouvement centripète.

Ce mouvement centripète va précisément de ce *terminus ad quem*, de ce « vers-quoi », vers le *terminus a quo*, le « ce-à-partir-de-quoi » de l'échelle des l'évidence mais aussi du demander. Si le but de la progression du savoir (et également de notre vie) est la saisie de la plénitude de la présence (*d'une* présence, bien qu'illusoire), si ensuite cette plénitude – pour ce qui concerne la modalité théorique – trouve son image, sa représentation sublimée dans l'évidence pleine, qu'y aurait-il donc à l'opposé, comme terme parfaitement spéculaire ?

Ce terme serait alors une sorte de présence absolument vide d'évidence. Ce serait, pour mieux dire, quelque chose d'asymptotiquement proche au vide d'évidence, une *quasi-présence*. Toutefois, ce terme serait-il alors seulement le terme spéculaire de la modalité théorique de présence, ou plutôt le terme spéculaire de toute forme de plénitude demandée ? Car, si l'on y regarde de plus près, c'est uniquement à partir d'un certain moment de sa vie que l'on commence à demander de façon théorique pour combler le vide d'évidence, ce que l'on considère être le vide d'évidence du réel du point de vue théorique. D'autres formes de vide persistent et pré-existent. En même temps, très souvent, l'individu continue à persister dans cette situation de demande selon d'autres formes, pour aboutir à d'autres formes de plénitude (ou de ce qu'il considère, peu importe si à tort ou à raison, *une* forme de plénitude).

Par conséquent, si à l'horizon de la pratique théorique d'une vie réside, comme point de fuite d'une perspective, l'idéal de l'évidence pleine de tout ce qu'il y a ou qu'il peut y avoir à connaître, à l'horizon de la vie de chacun résident également d'autres idéaux – ou trop souvent d'autres *mirages* – de plénitude. Ainsi, si l'horizon de la vie de chacun de nous est quelque chose de dilaté, d'étendu – en tout cas capable d'ôter plusieurs points de fuite de la perspective, ou projections de plénitude possible, suivant l'orientation du regard de chacun, ce « là où il se trouve » toujours et constitutivement l'individu n'est qu'un point. Il peut bien évidemment bouger, à droite, à gauche, en avant, en arrière, monter, descendre mais ce « là où il se trouve » demeure un point, sans extension, sans dimension, une *pure situation.* En nous mettant à la recherche du point qui réside à l'opposé de l'évidence nous ne cherchons pas seulement le terme spéculaire de l'évidence comme plénitude théorique mais également le terme spéculaire de toute forme de plénitude postulée et demandée. Suivons donc le demander théorique à rebours pour voir là où il nous amène.

Car il est clair, à ce point, que nous devons partir du demander dans la forme du « demander théorique », parce qu'il représente déjà, en soi, la forme de vécu, de présence d'un quelque chose, dont l'idéal (ou le mirage) de plénitude est fixé à l'horizon de la vie de celui qui demande. Si la demande théorique, la question, ne fait que décliner, traduire théoriquement un défaut de prise, un manque de présence, ce sera aussi bien dans la forme du demander que dans les objets dont on demande présence théorique pleine qu'il nous faudra chercher l'indice pour rétrocéder à ce « là où il se trouve » tout individu en tant que demandant. Nous pouvons déjà mettre de côté les questions qui concernent l'ordinaire, parce que l'ordinaire touche justement l'expérience de tous les jours, et les choses dont on demande le « où », le « de quelle couleur », le « quand », le « nom », le « prix », le « comment ça marche », ont forcément un statut de pré-connaissance. Notre expérience ordinaire est peuplée de questions, mais ces questions touchent justement l'ordinaire et donc quelque chose avec quoi on a – d'une façon ou d'une autre – une certaine intimité, dont on a une précompréhension. Allons donc au-delà des questions qui portent sur « notre » ordinaire, dans lesquelles aussi bien la forme du demander que les objets sur lesquels on veut obtenir une prise plus serrée appartiennent déjà – selon une forme de représentation (ou de préfiguration) – à la trame sédimentée de notre expérience avec toutes ses significations. Mais qu'y a-t-il de plus pauvre, du point de vue de la « présence », de l'interrogé au sein de la demande théorique ordinaire ?

Les questions scientifiques apparaissent déjà plus abstraites : en elles, l'interrogé apparaît plus diaphane, sans couleur, sans épaisseur, en tout cas plus difficile à saisir que les objets « colorés » de notre expérience ordinaire. Mais si l'on regarde de plus près, parmi ces questions, il y en a certaines qui sont encore plus abstraites, et qui demandent le « qu'est-ce que ? », ce qu'on appelle les questions essentielles, et qui se rapprochent de ces questions que certains ont considéré ou considèrent comme « fondamentales ». Toutefois, les questions essentielles ne sont pas toutes fondamentales, car plusieurs d'entre elles appartiennent tout simplement au déroulement *interne* à certaines formes de savoir, où l'on procède selon certaines formes de définition, avec des procédures tout simplement acceptées de façon pragmatique – sans que ce déroulement soit à qualifier à chaque fois de savoir « fondamental » ou de savoir « premier[10] » . Ce qui fait attribuer à ces questions – par lesquelles on demande de/à connaître le « qu'est-ce que » de quelque chose – le titre de « questions fondamentales », sont justement certains formes du « quelque chose » qui y rentre à titre d'interrogé. Ces formes du « quelque chose » ne se laissent pas reconduire à un savoir comme il est pratiqué de façon extrêmement mesurée par les hommes de science – ou *savants*. Par la saisie de l'essence de ces « quelque chose », on prétend en revanche pouvoir arriver à mesurer, à parcourir, l'horizon du visible. On *demande* par là de couvrir la distance qui sépare l'individu « là où il est » et l'horizon

10 La distinction entre questions internes et externes fût posée par Carnap dans la forme d'une opposition radicale entre science et métaphysique, sans toutefois entrevoir la possibilité d'une dynamique intrinsèque au sein de cette partition topologique (Carnap, 1947, p. 206). Il s'agirait plutôt de se demander : qu'est-ce qu'il arrive lorsque un questionner s'*externalise*, sort d'une pratique ou d'un domaine de définition, en en croisant d'autres ? Pourquoi une telle dynamique a-t-elle lieu ? Qu'est ce que qui porte le questionner à briser les limites de la consistance sémantique d'une question ?

de Sens de son être-au-monde : la vie, le destin, l'homme lui-même, le monde, l'histoire, la nature, le beau, Dieu etc.

Des questions comme « qu'est-ce que la vie ? », « qu'est-ce que l'homme ? », « qu'est-ce que le monde ? », « qu'est-ce que Dieu ? » sont considérées comme des questions fondamentales parce qu'elles demandent de saisir l'essence de « quelque chose » que les hommes croient être décisif. Ils le considèrent décisif pour embrasser, d'un seul regard, sans se disperser dans les chemins tortueux et trop difficiles de la science, ce qu'il croient être fondamental pour saisir le Sens de leur existence. Qui pourra mettre en doute le contenu de ces questions ou leur être *en demande* d'un moyen pour rassembler, dans une vue d'ensemble, une vie extrêmement dispersée, qui ne se laisse pas, très et trop souvent, ramener à une unité compréhensible ? Qui pourra nier que c'est justement pour toucher par le regard la limite extrême de leur vie sensible que les individus demandent à savoir « qu'est-ce que Dieu » ? Qui pourra nier que c'est pour tenir ensemble leur petite, microscopique existence quotidienne et cette limite extrême d'un Sens des phénomènes, de ce qui arrive, que les hommes demandent à connaitre l'essence du monde ? Qui pourra nier que c'est pour se reconnaître comme tels, comme pourvus d'un noyau connu comme intouchable que les hommes demandent de savoir « qu'est-ce que l'homme ? »... un homme peut-être aussi défini par rapport à l'essence de Dieu ou à l'essence du monde ou à toutes les deux ?

Bien évidemment, si nous procédons en utilisant le style cynique du savoir, avec ses pas patients et mesurés, nous arriverons à reconnaître que, justement, ces types de « quelque chose » dont on demande à saisir l'essence, n'ont finalement *aucune évidence, aucune structure transparente*, mais ils ressemblent plutôt à des cristaux irréguliers, à des formations salines qui ont une longue histoire de sédimentation et non pas une nécessité invariante, ou une nature pour ainsi dire « céleste », métaphysique. Ces formations ont et ont eu en revanche un devenir extrêmement terrestre – humain, trop humain – et si l'on essaie d'y projeter un rayon de lumière ou d'y regarder à travers, produisent la magie ou l'émerveillement des kaléidoscopes.

Si, par conséquent, les questions théoriques des savoirs apparaissent plus « vides » que des demandes ordinaires – mais elles le sont parce qu'elles sont encadrées dans un code de représentation qui fait ainsi que leur demandé soit lié à un interrogé connu par les *savants* dans leurs pratiques codées et formalisées – les demandes métaphysiques apparaissent bien plus vides que les questions scientifiques, parce qu'elles demandent l'essence de « quelque chose », qui n'est finalement que la cristallisation des inquiétudes d'une civilisation, reléguée, entre autre, dans un coin du monde. Et une telle civilisation a dû changer de surcroit la signification de ces mots au fil de son histoire et de ses bouillonnements. Si l'on admet cela, il faut alors nécessairement se demander : y a-t-il une situation ultime de notre rétrocession vers le vide de consistance de notre expérience, une situation qui puisse nous donner l'impression de toucher du doigt le « vide » de l'expérience individuelle elle-même ? Y a-t-il un « *nec plus ultra* » ?

LA QUESTION QUI DÉSORIENTE

Que pourrait être ce « *nec plus ultra* » ?

Si l'on suit la série décroissante de plénitude intuitive des objets sur lesquels on formule une demande, au-delà des objets métaphysiques comme Dieu, le monde, l'homme, etc., il semble n'y avoir rien d'autre. De « Dieu » on n'a que des images, ou des paroles, qui remplissent (et parfois saturent) l'expérience religieuse des hommes. Du « monde » on n'a qu'une série d'expériences éparpillées, et les mots que les hommes ont trouvés pour donner une apparence d'unité à ces expériences éparpillées et extrêmement diverses. Elles sont comme les images ou les paroles que les hommes croient avoir entendu, ou laissent croire avoir entendu par Dieu (« That was just a tree ») : des kaléidoscopes ou des labyrinthes. De même pour « l'homme » lequel, si on regarde de plus près, n'apparaît que comme une sorte de reconnaissance verbale, « institutionnelle », de l'expérience que nous faisons de nous-mêmes et de nos semblables.

Bien évidemment ils existent, ces êtres qu'on appelle les hommes, mais pas au point de pouvoir reconnaitre l'homme comme quelque chose qui correspond à – où auquel correspond – une essence. Qu'est-ce qu'il y aurait alors de plus éloigné des questions métaphysiques, et de ces questions par lesquelles on prétend de saisir l'essence de l'homme, son « destin », son « salut », son « primat » par rapport aux autres formes de vie (et de non vie) dans l'univers ? Mais si l'on regarde de plus près, ce mouvement du demander, qui amène le regard de l'individu à l'horizon de la vie elle-même, est maintenu par cet espace vide qui le caractérise toujours, de façon indépassable, et qui le suit là où il est, sans exception, sans défaut, comme son ombre. Ce vide trouve justement une expression dans la question que nous tous, au moins une fois dans notre vie et indépendamment des langues que nous parlons, nous nous sommes posée ou qui demeure latente dans les interstices de notre activité hyper-accélérée : « Que/qui suis-Je ? ».

On pourrait nous objecter : « mais la question est équivoque ! Car l'on demande ou bien "Qui suis-je ?" ou bien "Que suis-je ?" et on ne demande jamais les deux à la fois ! ». C'est faux ! Quand nous demandons, dans la nudité cosmique de toute notre existence, « Qui suis-je ? », nous ne demandons pas seulement notre identité « biographique », ou « narrative », comme dans les cas d'amnésie. Et quand nous demandons « Que suis-je ? » nous ne demandons pas une définition taxinomique, quelle qu'elle soit. Quand nous demandons nous demandons à la fois le sens de notre identité de vie (avec toutes ses narrations ou ses récits possibles) et la capacité de pouvoir ramener tous ces récits possibles à un sens « universel », « idéal », peu importe d'où il serait venu et d'où il pourrait venir.

Quand nous (nous) demandons « que/qui suis-Je ? », nous demandons à pouvoir nous réfléchir dans une image de nous-mêmes dont tous ces récits (mais aussi tous les souvenirs, les actions, les rencontres, les projets, les expériences, les intentions, les désirs, les problèmes, les angoisses...les échecs) ne seraient qu'une partie, une partie qui joue un rôle dans la composition de cette image en reflet. Qu'est-ce que nous faisons – dans toute notre expérience, par tout notre « opérer » – sinon chercher à établir cette correspondance ?

N'est-ce pas finalement cette demande qui nous accompagne, de façon latente, comme un bruit de fond, dans nos déplacements à l'intérieur de l'horizon de notre vie ? C'est alors justement parce que cette demande nous accompagne tout au long de notre existence qu'elle peut se manifester à l'occasion d'expériences particulières, qu'elle peut émerger de l'arrière-plan dans lequel elle réside – on a souvent, bienheureusement ou malheureusement, d'autres choses à faire – pour assumer la forme d'une question théorique. Mais ce passage, cette émergence, tous les événements de la question, ne sont qu'une forme de la demande et, par conséquent, du défaut de sens qui imprègne notre vie et s'étale jusqu'à son horizon ultime. C'est cela que, par exemple, les poètes, les romanciers, les compositeurs, les peintres ont essayé de décrire (ou de nommer) comme le sublime. Il n'est finalement qu'une de ces situations liminaires, ces seuils dans lesquels et par lesquels la demande trouve un espace pour se manifester, où elle a un écho dans notre vision, où elle trouve une image.

Cette image, c'est l'image d'un vide/plein mais surtout c'est l'expérience de l'horizon où tous les objets, sans distinction, ne peuvent jamais être *absolument* en premier plan. À regarder de plus près, l'expérience du sublime n'est que la traduction visuelle du défaut de Sens que nous cherchons tous à combler, de la nudité cosmique de chaque individu que les puritains de la pensée ou les moralisateurs, les vendeurs de croyances, de vérité, de valeurs, cherchent à couvrir, en façonnant des « visions du monde » capables de donner une illusion de réponse.

Que/qui suis-je ? N'est-ce pas cette question qui reste lorsque toutes les croyances qui pouvaient donner sens à notre vie se sont effondrées, lorsque l'individu est nu face à l'ouverture dépaysante des espaces sidéraux, des tragédies humaines, face au Sphinx des dévastations[1] ? N'est-ce pas cela le *résidu*, ce qui reste à l'individu exposé à une réalité à multiples dimensions, une réalité qu'il ne reconnaît plus comme susceptible de donner Sens à sa propre vie ou face à laquelle il ne se croit plus capable de reconnaître un Sens ?

Ce *résidu* apparaît finalement comme une *évidence première* – et tout à fait particulière – c'est-à-dire non seulement comme la certitude d'un état de privation mais aussi comme certitude de sa permanence, malgré toutes les tentatives d'y chercher un remplissement. Ces tentatives – peu importe qu'elles se trouvent dans la jouissance pure des corps, dans la consommation indiscriminée de produits, dans l'agir, dans la carrière, ou dans les grands systèmes religieux avec leur codes éthiques et leurs « visions du monde » – ces tentatives arrivent toujours trop tard, toujours en retard par rapport à la demande qui les a laissées se présenter comme réponses.

Les tentatives de réaction à ce vide – compréhensibles et légitimes – les tentatives de façonner un Sens, de viser *le* Sens qui puisse répondre et remplir le vide de la demande « que/qui suis-je ? », sont toujours trop tardives, trop lentes. Quand enfin elles acquièrent le statut, illusoire, de quelque chose de satisfaisant, quand on croit qu'elles aient atteint le « là où il est » l'individu qui demande, la demande elle-même s'est déjà étalée à l'horizon de notre vie pour y rester, invariante et invariable.

On pourra nous reprocher le cynisme, de vouloir reconnaître l'infini du vide de Sens autour de nous :

> On m'a dit : « c'est là, arrête-toi, relève la tête et regarde cette splendeur. Cet ordre ! » On m'a dit : « Allons, tu n'est pas un bête, pensé à ces choses-là et tu verras comme tout devient clair. Et simple ! » On m'a dit : « Tout ces blessés à mort, avec quelle science on les soigne » (Beckett, 1964, p. 55).

1 *Cf.* G. Doré, *L'enigme*, 1871, Paris, Musée d'Orsay (RF 1982 68).

Cependant, même les mots de l'ordinaire qui demeurent ainsi que le savoir le plus haut ou le plus précis et structuré, ne savent plus rien dire, ne peuvent pas saturer l'espace sur lequel s'étale le regard lui-même de la demande, parce qu'ils ne représentent que des lieux à l'intérieur de cet espace, de cet horizon. Il ne s'agit pas, alors, de disqualifier le savoir – tout simplement parce qu'il ne peut pas répondre à (et correspondre aux attentes de) la demande – ni de développer un existentialisme fruste, tout renfermé sur la solitude cosmique de l'individu, ni de rester à l'analyse logique ou grammaticale de la question. Il s'agit plutôt de fixer l'expérience que l'on y fait – qui est celle du son même mouvement.

Tenons-nous alors à cette expérience. Qu'est-ce que nous faisons quand nous demandons « Que/qui suis-je ? ». Pourquoi, tout d'abord, une telle question – à deux visages, comme Janus – devrait-elle être reconnue comme l'indice d'un mouvement, comme une expérience à l'intérieur de laquelle on cherche une situation fondamentale pour notre vision du savoir ? La question s'impose à chacun de nous. Et en l'assumant – chacun de nous – y reste dans l'expérience de la suspension. De quelle suspension s'agit-il ? Que demeure-t-il précisément dans l'état de suspension lorsque nous demandons « Que/qui suis-je ? » ?

Il s'agit justement, pour un intervalle imperceptible, un *exaiphnes*, de la suspension du mouvement possible du répondre. Ce qui s'ouvre à notre vue est précisément l'ensemble des régions, des figures, des lieux possibles, des morceaux de vie où chercher des éléments pour articuler une réponse. C'est cet état de suspension qui caractérise tout d'abord l'expérience intime de la question, une sorte d'ouverture sur l'horizon de notre vie : nos affections, nos identifications corporelles, nos souvenirs, nos attentes, nos angoisses, nos connaissances – bref, tout ce que se laisse rencontrer à titre d'expérience de quelque chose, dans chacune de ses formes. Tout cela, suspendu dans la forme de réponses possibles – ou d'un horizon où chercher une forme possible de réponse – est ce qui s'ouvre à notre regard, à partir du « là où il est » l'individu, le sujet de la demande, jusqu'à l'horizon où la demande elle-même s'est fixée comme « *nec plu ultra*[2] » .

2 Il en va ici de la manifestation, *dans l'existentiel*, de l'*epoché* universelle comme fondement d'une philosophie première (Husserl, 1959, Hua. 8, p. 155-157). Cette forme germinale d'*epoché* doit toutefois, dans cette perspective, traverser les formes de *mathesis* pour se présenter comme fondement de l'ouverture du monde phénoménal (*cf. infra* Chap. IX, *Métaontologie et métaphysique*, p. 196 *sqq.*).

Toutefois l'expérience de la question – étant expérience de la totalité suspendue de ces vécus, suspendue précisément dans la possibilité de pouvoir servir de réponse – est expérience au sens propre du terme, et cela au sens de l'évidence première de la structure portante de ce qui tient ensemble les vécus comme moments d'une forme de vie. L'expérience qui se réalise par la question est elle-même expérience de quelque chose, d'un fait (*Faktum*) : nous ne sommes rien d'autre que des horizons, « Je suis un horizon ».

Je suis un horizon : je n'ai pas d'horizon, comme si je pouvais être et vivre par l'attribution d'un horizon, d'un extérieur, à un noyau, à un intérieur, à un cocon spirituel qui abriterait un espace sacré[3]. Quand chacun fait l'expérience de la demande, et de l'unité du regard absolument neutre qui tient ensemble sa vie, il ne peut que dire « Je ne suis qu'un horizon ! », « Je suis un horizon ! », « L'ouverture est mon être ». Il n'y a pas d'intériorité au sens d'un lieu protégé de l'extériorité de la manifestation, et de sa nature essentiellement dissipative, dans lequel on peut faire semblant de se retirer à la recherche d'une vérité chuchotée. Ce lieu protégé éclate à chaque fois que l'individu qui demande fait expérience du lien indépassable et constitutif qui tient ensemble le « là où il est » – sa situation, qui ne s'arrête pas à sa peau mais constitue sa chaire (*Leib*) – et l'horizon de la vie sur lequel s'est fixé le sens de la demande elle-même.

Ce « là où il est », sa pure situation, en n'étant qu'un point – donc quelque chose d'a-dimensionnel – n'est pas un lieu intérieur, une intériorité. La fiction de cet « intérieur » est soudainement projetée dehors et re-fusionnée avec la spatialité indépassable de l'horizon de la vie et de ses formes. Il peut y avoir l'au-delà de ce point, de cette pure situation, mais pas un au-dedans : et l'au-delà n'est qu'une autre partie de l'horizon, une autre situation (quoique élargie). Pour cette raison tous ceux qui ont, depuis des millénaires, cherché de façonner l'illusion de cette intériorité comme lieu d'une « autre » Parole, ont toujours évité de regarder en transparence l'expérience du sublime pour voir quelle était sa structure constitutive. La question ne fait que mettre en évidence cette structure comme « invariant de toute expérience ».

---

3 C'est dans le fait de considérer le "Je" comme "horizon" qui consiste le changement radical de perspective, formulé dans un des fragments posthumes de Nietzsche (1999[2], VIII.1, p. 68) : "Moi-'sujet' comme ligne d'horizon. Renversement du regard perspectif" [nous traduisons].

« Je suis un horizon » – comme conscience de cette invariance – est la réponse la moins appropriée, du point de vue de la certitude qu'on demande par la question « que/qui suis-je ? ». « Je suis un horizon », un horizon qui se fusionne à d'autres horizons, s'élargit, se rétrécit, se lève, se baisse, mais en tout cas ne fait rien de plus que cela. La conscience pure et simple d'être horizon de l'individu dans l'expérience de la demande – mais dans toute expérience-de-chose (*Sacherfahrung*) – n'est que sa « pure situation », le fait hyper-évident de son ouverture. En ce sens, le « là où il est » situé l'individu et l'horizon de sa vie où s'étale la demande – les deux points entre lesquels les systèmes de savoir indiquent résider la réponse – sont des « non-lieux », des lieux imaginaires, des pures fictions, de « *nec plus ultra* ». Pour être vus, saisis, touchés, ils devraient être immédiatement réinjectés dans l'horizon qui est l'individu lui-même sans aucun lieu mystérieux ou sacré à découvrir.

Les dichotomies que l'on propose, par exemple celle entre une « intériorité close » et la « pure extériorité du mondain », comme typiques d'une pensée moderne – pour ainsi proposer à nouveau, de façon extrêmement subtile (à l'apparence) mais profondément grossière (en vérité), une immensité non maîtrisable de l'intériorité elle-même où devrait se manifester « l'Autre » – ne sont que des dichotomies construites *ad hoc*, pour une nouvelle apologétique. Face à ces fausses dichotomies s'impose l'expérience elle-même que l'on fait, par la question, d'être horizon, *rien d'autre qu'horizon*, ouverture, avant de se reconnaître dans les abstractions qui nomment le sujet comme « âme-corps », « pensée-chair », agir et toute autre définition laquelle, précisément en tant que définition, présupposent cet espace, cette ouverture, cet horizon que nous sommes tous.

Peu importe alors que la réponse, aussi pauvre soit-elle, que chacun arrive à trouver face à la demande « Que/qui suis-je ? », soit « Je suis un horizon ». L'être-horizon de l'individu se montre précisément dans l'état de suspension de l'expérience dans la question, comme forme d'expérience. Cette forme de « réponse-non réponse », de réponse minimale – qui ressort de l'impossibilité d'établir une spécularité entre les formes du « que/qui » de l'interrogé – montre finalement qu'une définition est impossible. L'affirmation : « Je ne suis qu'un horizon » ou le « Je suis un horizon » de la part de l'individu, qui ne peut en faire l'expérience que par la question (ou par sa traduction esthétique dans le sublime), ne peut jamais servir comme définition. Quelle est donc cette pure évidence négative, ou privative, qui ressort de cette prise de conscience d'être-horizon de chacun de nous lorsqu'il se trouve « là où » la question le situe ? Ce « là où » est la situation spéculative, qui n'appartient guère à la philosophie, ou au langage de la philosophie, mais à cette structure invariante qui constitue toutes les formes d'expérience.

Ce que l'expérience de la question fixe et laisse reconnaître comme situation spéculative n'est que la structure de l'expérience elle-même : toute ouverture thématique, comme expérience-de-chose, est en même temps le lieu d'un réfléchissement qui donne à l'individu qui fait expérience une image en retour, même absolument faible, ou, comme dans la plupart des cas, extrêmement *opaque*. En ce sens, une prétendue démarche d'interprétation ou de considération, par la réflexion « introspective », de ses propres vécus, ne conduirait jamais l'individu à la transparence de soi-même. La transparence de soi-même n'est qu'un mythe, tout aussi comme celui de l'intériorité. L'individu, dans sa situation spéculative, ne perd pas, ne perd jamais sa subjectivité, car la subjectivité n'est finalement qu'une *invention*, qui cherche à combler le vide de sens de l'ouverture que nous sommes tous avec l'idole d'un « moi » présent – une idole qui résonne de ce vide à partir du moment où l'on commence à le sonder, à l'explorer. En deçà de la falsification inspirée par cette idole, rien de plus qu'un autre « nom » pour combler le vide de sens, réside la situation spéculative par laquelle nous pouvons faire l'expérience de la pluralisation de nos « moi » comme images en reflet de nos formes du « faire l'expérience des choses », du réel, de la phénoménalité dans ses dimensions multiples de manifestation.

Les « moi » comme formes multiples de notre « nous référer à nous-mêmes » à la première personne, ne sont finalement que des reflets, des situations spéculaires, que nous reconnaissons uniquement en ayant affaire à la phénoménalité selon ses formes dans certains contextes ou pratiques : le « moi » comme « père », « individu social », « acteur économique » etc. L'expérience du réel, de la phénoménalité, nous pose face à des formes d'identification de nous-mêmes (et non seulement comme individus mais aussi comme sujets « duales », « pluriels » ou « multitudes ») qui ne sont pas, toutefois, l'éclat en myriades de petits reflets qu'on observe, par exemple, lorsqu'on voit le soleil se refléter dans la mer. Ces formes d'identification se règlent suivant des dynamiques cognitives, anthropologiques et sociales. À leur fondement opère la dynamique de formation de schèmes conceptuels bien déterminés, qui règlent l'accès contextuel à un domaine d'objets et à leurs formes d'expérience typiques comme un *a priori* sédimenté, comme *une* forme de vie.

Ces formes d'identification de l'individu dans un « moi » singulier, dual, pluriel, ne sont pas fixes et, chacune prise par elle-même, ne sont pas morphologiquement invariables. Elles subissent ou engendrent la métamorphose, la déformation, la variation, la suppression ou l'entremêlement avec d'autres, ou dans d'autres formes de configuration plus complexes. Mais dans l'optique tout à fait particulière de notre pensée – qui est à la fois vision en profondeur, ou à distance, à travers (dioptrique) mais aussi, toujours et nécessairement, vision en miroir (catoptrique)[4] – l'individu ou les individus qui regardent à travers la surface conceptuelle hyperfine ou extrêmement épaisse de ces formes d'accès au réel ont une image en retour d'eux-mêmes. Il s'agit de la possibilité toujours ouverte de s'y identifier, de se reconnaître, de se resituer, de se retrouver dans ces formes de vie – dont ils ont une mémoire, avec des formes d'identification qui trouvent une stabilisation.

Les formes d'identification se forment par, et comme image en retour, des pratiques de vie des individus et des schèmes conceptuels qu'elles activent pour donner un certain accès à l'horizon de l'expérience elle-même. En ce sens, toute forme d'expérience qui échappe au « pur inconnu » et qui s'inscrit dans une forme de précompréhension ou de compréhension conceptuelle, établit ou réactive cette forme de correspondance « spéculaire » entre l'individu et le « moi » qu'il retrouve dans cette pratique comme son individuation personnelle ou comme moyen spéculaire de reconnaissance de soi-même.

On pourra immédiatement objecter l'étrangeté d'une telle situation, dans laquelle le « je » est pour ainsi dire dissout, comme « moi », comme « substance » ou comme un soleil fixe au centre d'un imaginaire copernicien. Nous sommes exposés à une pluralité de « moi » ou de « soi » dont la composition dans une « image unique et fixe » d'un prétendu sujet est impossible ou illusoire. On pourrait avoir recours aux sciences cognitives, dont une lecture assez avisée du point de vue de la pensée pure nous a déjà montré l'illusion de ce « postulat », presque fétichiste, du « Moi ». Nous choisissons de rester au sein de cette évidence qui est celle

4 *Cf. infra*, Chap. x, *Le spéculatif relatif*, p. 225 *sqq.*

de la pensée pure elle-même, en nous demandant ce qu'il y a d'invariant, dans notre expérience à la première personne, si non l'ouverture thématique de cette expérience elle-même, à savoir l'*ouverture-dans-laquelle* nous nous identifions comme « moi-père », « moi-fils », « moi l'acteur politique », « moi qui suis assis ici à méditer » etc. (au moins en dehors des idéalisations philosophiques, que nous avons suspendues).

Nous nous méfions de toute prétention à déterminer la « nature du sujet » ou la « nature de l'homme » ou la « nature de l'individu ». Cela pour deux raisons : parce que ce serait trop superbe et simpliste à la fois, face à ce que nous disent les savoirs, et parce que nous savons aussi que des expressions comme « la nature de... », ou « le sujet... », « l'homme... » sont des inventions philosophiques. Pour ces mêmes raisons, en vertu de notre suspension de la nature persuasive de la philosophie, en vertu de notre marginalisation volontaire de la philosophie, nous pouvons aisément reconnaître comme une fiction, comme une abstraction, toutes les démarches possibles de « rétrécir dans » ou de ramener à une chose, à quelque chose de simple, toute l'ouverture de notre vie.

Ceux qui l'on magistralement fait ont eu au moins l'honnêteté intellectuelle de l'avouer. Mais ici, dans la situation de marginalisation volontaire dans laquelle nous nous sommes poussés, il y a d'autres raisons pour cette suspension. Où pourrions-nous trouver le « Moi », situés au sein de l'horizontalité absolue de notre vie telle qu'elle est ressortie de notre persistance dans la question (tout en ne sachant pas comment y répondre) ? Où ce « Moi » singulier se trouverait-il ? Est-il ce « Moi » le « vrai moi » ? N'est-il pas plutôt une cachette fictive dans lequel l'individu croirait se reconnaître, en croyant ou en feignant d'avoir neutralisé sa chair, les raisons psychologiques, affectives et aussi sociales, spirituelles qui l'ont poussé jusque-là, en neutralisant son être amoureux de quelqu'un, père, fils, quelqu'un qui aime l'art, la nature, etc. ?

Cette question vaut pour toute autre forme d'identification que l'individu reconnaît comme « Moi ». Ce moment, cet état et cette possibilité d'identification, de reconnaissance, ressortent d'un parallélisme entre le sol de l'expérience et un certain schème conceptuel ou *a priori* matériel sedimenté. C'est ici, sur la surface translucide de ce réseau de repérage au sein d'une portion de l'horizon de l'expérience, que se forment les formes de vie, et, de façon correspondante, les formes d'autoréférence. Toutefois, cette certitude ne laisse jamais aboutir à la prétention ou à l'illusion de pouvoir arriver à donner un pavage de l'horizon de notre vie et de l'expérience que nous en faisons par une disposition organisée et systématique de ces surfaces translucides. Et cela vaut aussi du point de vue de l'expérience à la première personne que du point de vue d'un prétendu « voir » supérieur, absolument détaché de la situation à l'intérieur de l'horizon que tout « Je » représente à lui-même.

En tout cas, l'individu qui se saisit ou qui ne peut vivre que *comme horizon* (même s'il croit y échapper en s'enfermant entre quatre murs, dans sa cachette égologique), l'individu qui ne peut qu'être son horizontalité, ne peut jamais saisir, maîtriser intégralement ce jeu d'images. Il peut bien évidemment en esquisser une composition par la réflexion et l'imagination (par exemple, quand il a affaire à des formes d'expérience qui croisent ou superposent partiellement ces surfaces). Il peut faire aussi comme s'il saisissait son « Moi » à partir de ces reflets multiples. Il peut encore assumer une position (ou disposition) réflexive, marginale, pour esquisser une fixation à distance d'une des images ou de plusieurs ensembles d'images, pour les rendre plus claires à lui-même, sans arriver à les toucher, à les saisir. Car le Moi, d'une façon ou d'une autre, ne peut jamais être quelque chose de « prêt à saisir » par l'introspection.

Cependant, toujours selon cette dynamique optique particulière, l'équilibre optique de la subsistance de cette image en retour est tellement délicat que si l'on se rapproche d'elle pour saisir cette surface et y regarder de plus près, on n'y saisit qu'un objet qui ne se donne plus comme reflet, un objet fait de représentations, significations, connexions logiques, renvois d'indexicaux, schémas corporels, etc. L'individu, ou un ensemble d'individus, n'arrivent jamais à posséder, ou à saisir conceptuellement (*begreifen*) ni un « Moi » ni plusieurs « Moi » comme parties d'une structure fixe, tout simplement parce que ces « Moi » ne sont que des *angles catoptriques habitualisés*, des lieux plus fréquentés que d'autres, plus familiers que d'autres de l'horizontalité que l'on est, de l'horizon que chacun de nous est en lui-même sans être inscrit dans une nature « en soi », dans une « structure fixe ».

C'est là seulement l'idée délirante – somme toute récente – de certains philosophes, de pouvoir rendre raison du « Moi », ou de pouvoir réduire l'horizon du monde de la vie de chacun à *une* forme d'identification. D'où peut venir cette idée ? Si l'on y regarde de plus près, elle vient ni plus ni moins d'un raisonnement fallacieux, qui n'a ni la force de se formuler explicitement ni une consistance qui pourrait prétendre fonder quoi que ce soit. En partant du présupposé que la philosophie est la théorie souveraine, qui unifie tous les savoirs dans une architectonique ou dans une forme (de plus en plus mystérieuse) d'axiomatique, on conclut qu'il y a aussi un « Sujet » – de l'interprétation duquel la philosophie serait toujours la dépositaire ! – qui puisse unifier l'expérience qu'on fait des phénomènes dans leurs dimensions multiples pour donner sens, ou du moins consistance, à ce « Moi » unique recherché. Ce postulat est entièrement faux et il amène (de façon presque irréfléchie) de l'hypostase d'une subjectivité, de laquelle la philosophie serait censée être la science, à l'hypostase d'un « sujet philosophique » comme « figure » de la philosophie elle-même. Ce qui nous intéresse est plutôt la réinscription du « sujet philosophique » ou « sujet philosophant » comme dépositaire illusoire d'une prétendue science de la subjectivité dans le jeu de l'expérience et de la facticité elle-même.

Ici où nous nous trouvons, sur le seuil ou à la limite de la philosophie – dont la signification a perdu toute consistance – il n'y a aucune théorie souveraine mais seulement des formes de vie dans leur « relativité égologique ». Au sein de cette relativité et de cette plasticité de formes de « se-référer-à-soi-même », il y a bien évidemment la forme du « sujet philosophique ». Et cette forme n'est pas moins légitime que les autres. Le problème est ici, en revanche, que cette forme paraît ou puisse paraître « plus légitime », surtout si on considère la dilatation ou l'élargissement vertigineux du champ des dites « choses philosophiques ». En fait, du point de vue de ses caractéristiques générales et génétiques, cette forme d'identification d'un Moi n'est pas différente des autres, ni pourvue d'une primauté. Elle s'enracine au sein de l'horizon de la vie, elle se situe dans un « là où » l'individu doit se situer pour avoir accès à une certaine classe d'objectités, de relations, d'états-de-choses, d'événements etc. Elle a une genèse, au sens où l'individu qui apprend à avoir affaire avec ce genre de « choses » (*Sachen*) que l'on appelle « choses philosophiques », sédimente cette forme d'autoréférence.

Qu'est-ce qui distingue alors cette forme d'individuation des autres, même en vertu de sa genèse et de son émergence à partir d'une culture localisée, qui parlait une langue bien définie (bien qu'aujourd'hui, heureusement, elle parle toutes les langues de ceux qui la pratiquent) ? Quelle est la caractéristique première et déterminante de cette forme de vie ? Pour quelle raison l'individu a-t-il choisi de la pratiquer ? Pourquoi a-t-il été attiré par cette forme de vie ? Ce n'est que la promesse de la satisfaction d'un besoin, ce besoin d'avoir ou d'aboutir à un *primat de la vision*. N'est-ce pas cela que l'individu cherchait lorsqu'il s'est engagé dans cette forme de vie ? N'est-ce pas la tension vers la vision pure dans sa primauté, qu'il a trouvé gravée dans ces monuments immortels dont il a contemplé la grandeur et d'où il a tiré l'exemple ?

La vie philosophique du sujet s'étale à partir de cette décision, de cet engagement de persister dans cette disposition, et de répondre – avec ses propres moyens et avec un travail commun avec d'autres qui persistent dans l'attitude générale du savoir – à cette demande qui réside à l'origine de son engagement premier, et par là se manifeste. Cette primauté recherchée et demandée de la vision n'est finalement pas la réponse – qu'il considère encore comme possible – à sa demande première, celle de savoir « Que/qui suis-je[5] » ? Peu importe, alors, que cette réponse soit impossible à partir de l'équivocité radicale de la question. Ce qui intéresse est en revanche la forme de vie du « sujet philosophique », telle qu'elle est reçue ou reconnue par l'individu lorsqu'il décide de persister dans la métamorphose de la demande elle-même. Par cette demande de primauté de la vision, par la demande d'échapper à la dispersion du réel de sa propre expérience et de ses propres formes d'individuation, le « sujet philosophique » transfigure, sublime, explicite, sa demande essentielle comme demande de sens de son vivre, (donc) de son voir, (donc) de son savoir.

5 *Cf.* Cassirer (1996, p. 15) : « Le fait que la connaissance de soi soit le but ultime du questionnement philosophique, est reconnu par tous » [nous traduisons]. Nous pourrions ajouter que – même si c'était le cas (nous aurions tendance à penser que la chose soit plus difficile à saisir) – ce fait n'a jamais été réellement interrogé ni mis en doute quant à sa validité de principe et quant au formes qu'une telle connaissance peut/doit assumer en dehors d'une approche métaphysique.

LA DIMENSION DES THÉORIES

Lorsqu'on avance dans la vie, on se tourne en arrière et on regarde avec un petit sourire les espoirs et les promesses qui habitaient les années sublimes de la jeunesse. Ce sourire relève essentiellement de la conscience que l'on a développé de ce que, même en petite partie, quelques unes de ces promesses étaient illusoires, n'était-ce que parce qu'elles étaient destinées à ne pas être maintenues ou à ne pas se réaliser. Il se trouve en effet que quelques-uns de ces espoirs étaient illusoires, ou bien parce que l'on n'a pas eu la force de les réaliser ou bien parce que, effectivement, la réalité, dans ses parcours sublimes et inscrutables, a empêché de toute force leur réalisation, par des conditions factuelles insurmontables.

Eh bien, hélas, ironie du destin ou ruse de la raison, le « sujet philosophique » devra nécessairement voir cette promesse brisée et faire l'expérience du « vide », de ce même « vide » qu'il essayait de combler dans et par la recherche d'une primauté de la vision que la philosophie ne parait finalement pouvoir réaliser. Cette promesse brisée ne signifie pas que cette primauté ne réside pas quelque part. Elle signifie uniquement que, pour être atteinte, cette primauté demande un engagement et un risque d'exploration que la philosophie dans son habitation aisée ne laisse même pas entrevoir. En tout cas, la philosophie ne peut pas répondre à la demande d'une vision première parce que le sujet, situé « là où » le fait d'avoir affaire à des « choses philosophiques » le situe, n'arrive plus à saisir, de manière nécessaire et inévitable, *ce qu'il fait*. Selon une nécessité qui se traduit dans des situations factuelles, le « sujet philosophique » ne peut alors que perdre contact avec, perdre la prise sur les choses (*Sachen*) avec lesquelles il a affaire.

Ce champ des « choses » à l'intérieur duquel il se situe et où il a commencé à opérer s'élargit à l'infini, les « choses » elles-mêmes se fragmentent, se multiplient, s'hybrident avec d'autres formes de savoir, les relations prolifèrent, les entités se renvoient l'une l'autre dans une combinatoire infinie qui projette cette idée d'une vision première à l'horizon. Aussi bien en se repliant sur lui-même, et sur les « choses philosophiques » qui lui restent à portée de main, qu'en se lançant dans la production massive à l'identique, à rythme vertigineux, d'autres « produits philosophiques », le « sujet philosophique » ne comblera jamais le vide de l'espace qui lui a été ouvert. Il n'y arrivera ni avec le narcissisme de ses petites différences ni avec le fétichisme de sa production hystérique. Car, indépendamment de la tournure qu'on lui donne, la question qui concerne le sens de son « faire » lui lasse découvrir un tout autre espace. Cet espace était en vérité ouvert par avance, et son faire, son opérer dans cette forme d'individuation comme « se référer à soi même *en tant que* philosophe » n'en est qu'une manifestation.

Toutes les réponses qu'il peut avoir trouvées dans les livres ou vendues à bon marché par ses contemporains, ne servent pas à saturer le vide de sens qui ressort de l'impossibilité de répondre à la question « Qu'est-ce que la philosophie ? ». Et, encore une fois, plutôt que de courir immédiatement à la recherche d'une réponse, l'individu – devenu « sujet philosophant à vide » – devrait persister dans la situation que la demande elle-même lui a ouverte, parce que c'est justement dans la capacité à supporter cet état d'ouverture que réside la force de sa pensée et c'est dans cet état que *sa vision se métamorphose*. La possibilité de cette métamorphose réside précisément dans la forme elle-même de sa demande – laquelle est bien évidemment aussi une question mais tout d'abord elle est la demande de sens d'une existence orientée et consacrée à la connaissance.

Pour ce sujet, qui se prenait pour « philosophique » mais qui ne s'est avéré être à lui-même que comme un « sujet philosophant à vide », il vaut mieux se tenir à ce qu'il a, à ce qui lui reste. Il lui vaut mieux se tenir à la détresse originaire et constitutive de sens de ce qu'il fait, plutôt que céder, encore une fois, à la tentation de courir après les réponses faciles, données par telle ou telle autre école, par tel ou tel autre auteur ou conférencier (qui donne sa dernière définition à la mode), par telle ou telle autre déclinaison inflationnaire de la philosophie, dont les proliférations ont justement et de façon inévitable vidé de valeur et de sens ses pratiques.

La question se tient en revanche « ici », devant ses yeux. L'expérience qu'on en fait et l'expérience qu'on fait par son assomption à l'objet d'une analyse, d'un regard, est le *résidu* de l'effondrement de toutes les fausses croyances – croyances illusoires parce qu'essentiellement narcissiques ou fétichistes – dans et sur la philosophie. Cette demande de sens – qui prend la forme d'une question théorique sur l'essence de quelque chose « Qu'est-ce que.... ? » – a une structure claire, une structure si claire que la production hypertrophique des méta-philosophies contemporaines ne peut jamais la laisser remarquer. Que demande-t-on quand on demande « Qu'est-ce que la philosophie ? » ? N'a-t-on pas affaire à ces questions doubles, équivoques, qui n'ont pas une visée claire de ce qui est en question ? Par son équivocité, cette question n'est-elle pas tout à fait similaire à la question « Que/qui suis-je ? » ? À première vue elle ne l'est pas, parce que dans la question « Que/qui suis-je ? » l'équivocité, comme équivocité constitutive de la question, affectait pour ainsi dire son même regard : le regard interrogatif bifurquait vers un « que » et vers un « qui » de l'interrogé. Ici, en revanche, le regard interrogatif ne se partage pas, il est dirigé sur quelque chose de bien déterminé, la « Philosophie » ! Est-ce qu'il y aurait quelque chose de plus univoque de la science première, de la théorie souveraine ?

C'est justement derrière cette apparence de clarté que se cache l'équivocité, cette équivocité qu'il nous faut faire ressortir. Pourquoi devrait-on alors poser la question sur la philosophie, demander à soi-même (ou à un ami ou à ce qu'on prétend être la « raison universelle » etc.) l'essence de quelque chose comme l'essence du « faire philosophie », si cette essence était absolument claire et évidente ? Au contraire, ce qui est évident, est que ce dont on demande l'essence est quelque chose de composé, de dynamique en soi. Et si cela n'était pas clair, évident, il le deviendrait à partir de la simple définition nominale de « Philosophie » que l'écolier écoute le jour de son premier cours de philosophie au lycée ou qu'il trouve dans un dictionnaire ou dans un wikitionnaire quelconque. Apparemment, ruse de la raison, ce qui reste au « sujet philosophant à vide » n'est qu'un *résidu de signification*, suspendu au sein d'une demande de sens qui émerge justement à partir de l'hyper-spécialisation « philosophique » ou de l'hyper-abstraction conceptuelle auxquelles il avait été initié.

À celui qui se considérait un « sujet philosophique » ou tout simplement un « philosophe » (nom retentissant), reste uniquement le moment de suspension d'une définition nominale, la *trace d'une étymologie*. Il faut qu'il se tienne à cette trace timide d'étymologie, il faut qu'il sache supporter ce moment de détresse afin de pouvoir mettre le cap pour recommencer à naviguer, suivre un chemin pour trouver sa vision *métamorphosée*. Il s'agit de l'unique seuil métaphilosophique que l'on puisse réellement considérer comme tel. Toute métaphilosophie comme doctrine, ou aussi comme simple *théorie* n'est qu'une boutade, une sorte de chute de style, la ridiculisation d'une discipline ou d'un individu qui ont perdu le sens intime de la recherche – et donc de la défaite – et qui se limitent à présenter dans des discours hyper-articulés rien de plus que… le pur néant !

Ce qu'il faut alors entendre par « métaphilosophie » n'est que le moment de tension extrême de la pensée qui fait l'expérience d'elle-même, et de la situation de détresse typique et co-originaire à la demande de Sens du savoir. Dans ce moment de tension extrême, sur ce seuil, ce qui demeure au cœur de la question est regardé de façon neutre, lucide, en dehors de toute promesse – et de toute illusion – d'une théorie souveraine. Que « le métaphilosophique » ne soit qu'un seuil, signifie qu'il n'y a aucune autorité ou aucun argument sur la base desquels on pourrait juger *a priori* des contenus ou des orientations théoriques et stylistiques de la philosophie elle-même. Quelqu'un pourrait dire : « mais cela, ce que vous faites cher monsieur, n'est pas de la philosophie ! ».

À ce point il tomberait dans ce que nous définissons l'*elenchos* métaphilosophique. Car il devrait plutôt dire « *ce que c'est que* la philosophie ». Et pour répondre à cette question, il aurait deux moyens : le premier est de dire que c'est que la « *sophia* » (ou le savoir) comme représentation-partie comprise dans le mot (philo-sophie), le second est de dire ce que la philosophie a été, dans une ou plusieurs formes de l'acception du mot, et d'affirmer qu'elle doit rester telle.

Dans le premier cas, il devrait passer à une considération extensionnelle des formes de *sophia*, de savoir, pour définir au préalable une idée générale susceptible d'être intégrée dans la définition de la philosophie. Et alors il passerait, malgré lui, à une considération métathéorique, en admettant qu'une dimension métathéorique appartienne à la démarche de définition théorique de la philosophie elle-même. En ce cas, il parlerait aussi d'objets théoriques sans accepter la tâche de clarifier son discours. Et en parlant des objets théoriques il devrait y inclure la philosophie. Dans le second cas, il ne ferait que procéder de façon arbitraire à une histoire de la philosophie – en n'acceptant pas d'en fournir une définition conceptuelle – et à la sélection d'une ou plusieurs formes historiques de philosophie pour en affirmer le « style », les méthodes, les approches, le langage (ce qui fait la métaphilosophie analytique si appréciée de nos jours, qui ne fait que babiller certaines thèses de Wittgenstein). Mais en parlant de la philosophie comme de « quelque chose » qui évolue, de ses moments, de ses relations historiques avec d'autres formes de savoir il passerait, malgré lui, à une considération métathéorique, en admettant qu'une dimension métathéorique appartient à la démarche de définition historique de la philosophie elle-même.

Celui qui voudrait nier le seuil métaphilosophique comme passage à une considération métathéorique, devrait accepter, dans les deux cas, *le métathéorique* lui-même. Cela vaut aussi pour la « bonne » ou la « mauvaise » philosophie, parce que l'affirmation d'une bonne philosophie opposée à une mauvaise ne peut qu'être l'explicitation de la sélection ci-dessus. De quoi faut-il juger alors ? Cela indique, bien qu'il ne le démontre pas, qu'il vaut mieux se tenir au mouvement même de la pensée pure, plutôt que de se faire des scrupules sur la philosophie qu'on doit pratiquer. Et si l'on ne veut pas accepter cette idée, finalement hégélienne, d'un mouvement infini du savoir, on peut se limiter à considérer tout cela comme un précepte de bon sens, une fois reconnue la pertinence de l'*elenchos* lui-même.

Qu'arrive-t-il alors lorsque le sujet – qui demeure encore un « sujet philosophant à vide » – regarde la question suspendue, neutralisée par l'articulation intrinsèque même de l'interrogé ? La visée qui était orientée vers l'essence supposée de l'interrogé, se fixe sur la dynamique des deux représentations-partie (*Teil-vorstellungen*), dont il connaît – prises singulièrement – bien plus qu'une simple étymologie.

L'articulation de ces deux représentations, de ces deux idéalités nomme une tension, une recherche qui essaie de donner unité au savoir humain. La tension (érotique) vers une *Sophia* comme objet, comme unité, n'est pas l'ostension de cette même unité ni l'explication de sa forme vide ni la saisie de son simple contenu. Ce que la visée de la dynamique des deux représentations-partie nomme n'est qu'une tension vers « quelque chose » – la *Sophia* – dont la teneur objectale est *vide*[1]. Donc, dans la demande neutralisée, l'objet de la tension n'est pas saisi, il n'est pas

1 « *Amor [...] nella mente* ci *ragiona* » disait Dante : il n'y a pas subsistance de l'aimé externe et extrinsèque à l'horizon de la tension elle-même, puisqu'il n'y a pas d'aimé au sens ontologique naïf du terme. En effet « *Amore, veramente pigliando e sottilmente considerando, non è altro che unimento spirituale de l'anima e de la cosa amata* » (Alighieri, 1993, p. 149). L'aimé reste un simple objet seulement pour les autres, le monde reste le même seulement

susceptible d'être pris comme quelque chose de « concret ». La question neutralisée, en nommant la *Sophia*, la nomme et l'indique comme point de fuite d'une perspective. Elle la laisse apparaître comme quelque chose qui – plutôt que de se laisser trouver et de se laisser saisir là où le « sujet philosophant à vide » questionne – fuit à l'horizon du regard, s'avérant le point de convergence de toute recherche humaine. La *Sophia* – ou ce qu'on a appelé la *scientia universalis* – se place à la limite extrême, à l'horizon extrêmement flexible, de ce qu'on peut penser comme la *doctrine humaine* (Leibniz, 1991) le point vers lequel tout *savant*, ou celui qui veut se considérer comme tel, doit s'orienter.

La dynamique de la question neutralisée révèle au « sujet philosophant à vide » son être situé au sein d'un horizon. Autrement dit : cette dynamique projette, ouvre un espace à l'intérieur duquel le sujet – qui était un « sujet philosophant à vide » – ne peut que faire l'expérience (*Erfahren*) de quelque chose selon une forme propre. Qu'est-ce que ce « quelque chose » ? Et surtout quelle est la forme propre de cette expérience ? Il s'agit tout d'abord d'une nouvelle forme d'expérience ou d'une forme originaire, qui demeurait implicite, occultée par l'idole d'un *corpus* de toutes les connaissances, comme donation du Sens ultime, de l'unité[2]. Cette forme est la forme d'une *expérience métathéorique*, elle est l'expérience métathéorique elle-même, non pas justement saisie conceptuelle d'une métathéorie, théorie de toutes les théories, comme si l'on pouvait tout simplement réitérer, redoubler le sens de systématisation que les savoirs, les théories, appliquent à leurs domaines propres.

Le sens du voir que l'expérience métathéorique révèle ou laisse redécouvrir au « sujet philosophant à vide », dépouillé de toute prétention illusoire, est le sens originaire du *voir* (*theôrein*) d'où ressortent finalement toutes les théories. C'est le sens d'une *expérience horizontale* et perspective, d'une « ouverture-dans-laquelle » on fait expérience de constructions théoriques, dans laquelle on *voit* leur vie intime[3], leurs

pour les autres. Ce qui s'est changé, ce qui s'est métamorphosé, c'est simplement un regard, un viser, non la réalité supposée par le *sensus communis*.

2 Il n'y a *point*, à partir de cette perspective, de vérité de toute la phénoménalité ou une forme de phénoménalité (par exemple *un* phénomène « saturé ») qui pourrait la rendre évidente *in toto* ou la fonder (Marion, 1997, p. 317).

3 Les théories, tout comme les concepts, qui sont leurs parties, "sont quelque chose de vivant, par conséquent aussi quelque chose qui croit vite et aussi vite s'estompe" (Nietzsche, 1999², VII.3, p. 40).

interactions, leurs comportements, leurs évolutions etc. En ce sens, ces constructions s'avèrent être les objets d'une vision, d'une expérience – sans que le sujet puisse avancer nulle prétention quant à ce que ces objets « doivent » être, comment ils doivent interagir, comment ils doivent se structurer. Ces objets répondent à leur dynamique propre, à laquelle le sujet s'ouvre comme observateur, comme explorateur et non comme législateur.

Pour simplifier, nous appelons ces objets « objets □MT[4] ». Un « objet □MT » est un objet qui se montre nécessairement au sein de l'horizon métathéorique. Le « comment » de la manifestation du « quelque chose » est ce qui en révèle sa nature particulière et caractéristique. Cet « objet-dans-le-comment » (*Gegenstand-im-wie*) de l'expérience métathéorique aura les caractéristiques d'un *quelque chose comme une construction théorique ou une théorie.* Ce quelque chose – comme objet □MT – pourrait être exploré selon ses dimensions propres, selon sa genèse, son évolution dans le temps, selon ses comportements spatiaux, ses relations structurelles internes et externes.

Cependant, avant de l'explorer, nous pouvons et nous devons lui donner une forme. Est-il possible que l'objet d'une expérience n'ait pas une forme ? Pouvons-nous parler d'un objet d'expérience sans parler de – et donc présupposer son intuition ? Qu'est-ce que, alors, une intuition, à savoir l'intuition de quelque chose sous la forme de l'expérience métathéorique ? Avons-nous la possibilité de l'intuition de quelque chose comme d'un objet □MT sans que pour autant ce quelque chose ait une *Gestalt*, une forme visuelle ? La réponse à la seconde question est assez facile et évidente : notre expérience est pleine de formes d'intuition qui n'ont aucune forme visuelle. Une note musicale, par exemple, ou la reconnaissance d'un sentiment dans le visage d'un ami, toute forme d'intuition catégoriale et formelle (non géométrique), la saisie d'une rétro-saveur, etc., jusqu'à des formes encore plus complexes d'intuition, sont des formes d'intuition non-figurale.

Mais qu'est-ce que l'intuition comme intuition d'un objet □MT ? Pouvons-nous nous référer à des théories, à leurs parties, à leurs

---

4 L'opérateur contextuel « □ » dans le syntagme « □MT » caractérise l'objectité (objet, propriété, événement, état-de-chose, intuition etc.) comme « se manifestant à l'intérieur de l'horizon métathéorique ». Nous trouverons d'autres applications du même opérateur pour l'horizon métaontologique.

interactions, à leurs relations, comme à quelque chose susceptible d'être intuitionné ? Si l'intuition est une façon immédiate de se référer à quelque chose – à savoir sans pouvoir nier son contenu qui se manifeste à nous de façon immédiate au moment où il se manifeste, mais en pouvant uniquement « faire avec » cette forme de présence[5] – en quel sens pouvons-nous intuitionner un objet □MT ? Quand nous parlons d'une théorie ou bien quand nous reconnaissons qu'une certaine démarche théorique relève d'une théorie ou d'une structure conceptuelle sédimentée, nous nous y référons dans la conscience claire que « quelque chose » – aussi bien qu'il appartienne à la philosophie, qu'aux mathématiques, à la géographie, à l'histoire du théâtre etc. – existe. Notre intimité conceptuelle et contextuelle avec ce genre d'objets ne nous laisse pas douter un instant qu'il s'agisse de quelque chose d'imaginaire.

Le fait que « quelque chose » ne soit pas individué selon les protocoles d'individuation de la science physique ne justifie point le scepticisme ou la négation de son existence. Pouvons-nous légitimement nier l'existence de la « mécanique quantique » ou du « structuralisme en épistémologie » ou de la « phlogistique » ? Devons-nous recourir à tous les livres dans lesquels on en parle pour dire qu'ils existent ? Et pourquoi pas non plus à toutes les copies des livres ou à tous les mots imprimés dans tous les livres ? Ce serait comme prétendre viser ou saisir toutes les molécules qui forment un nuage pour pouvoir affirmer son existence ou pour pouvoir le saisir comme « objet ». Mais comme toute forme d'expérience, l'expérience métathéorique demande un certain « positionnement » pour faire l'expérience de quelque chose comme de l'objet de l'intuition. L'ouverture de l'horizon métathéorique à partir du dynamisme de la question neutralisée ne fait justement qu'expliciter cette forme du « voir », qui est implicite dans le comportement de tout homme de savoir lequel a affaire aux « choses mêmes » (*Sachen selbst*) de sa pratique.

Les structures théoriques comme objets □MT sont *là*, nous les rencontrons dans notre recherche de formes toujours plus complètes et élargies de savoir, dans nos approches interdisciplinaires, dans notre orientation à l'intérieur de cet horizon qui est celui du savoir humain. Ce quelque chose, objet d'une intuition, peut alors aussi être modélisé,

---

5 *Cf.* à ce sujet *Untersuchungen/Recherches*, § 47-50.

c'est-à-dire trouver une traduction visuelle de sa vie intime. Commençons tout d'abord par opérer cette traduction visuelle selon les formes de notre expérience visuelle sensible. Les objets □MT peuvent recevoir une forme, au sens d'une *Gestalt*, par une modélisation. Nous appelons cette forme leur « *eidos* ». *L'eidos* de l'objet □MT est la modélisation visuelle de sa structure morphologique possible – qui laisse voir et explorer la connexion entre ses composantes. Nous pensons cet *eidos* – parmi toutes les formes possibles de modélisation – comme un *graphe*[6] :

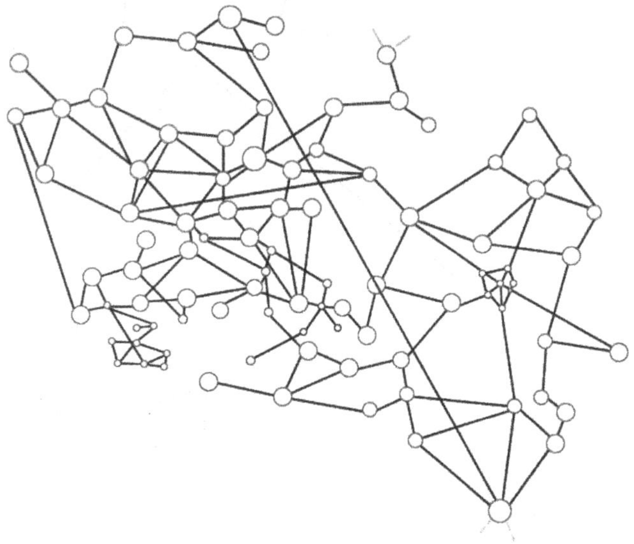

Cet *eidos* représente l'objet d'une exploration possible, d'une saisie plus attentive de ses composantes, qui peuvent devenir un objet thématique en mettant à l'arrière-plan la structure générale et en se concentrant sur ses termes (ou points, ou nœuds), sur les relations locales etc. Mais en tant que produit sédimenté de l'activité humaine, comme *forme spirituelle établie*, ces objets □MT ont aussi leur « histoire », leurs sédimentations et leurs développements diachroniques, phylogénétiques, leurs discontinuités,

6 Pour une explication du mouvement qui conduit à penser le graphe comme la forme spéculativement la plus adaptée pour la modélisation d'un objet □MT, *Cf. infra* Chap. VII, *Logica imaginations*, p. 153.

leurs bifurcations génétiques et, pourquoi pas, leurs métamorphoses et catastrophes. Nous appelons cette dimension leur « *logos*[7] ».

Il ne faut pas un grand effort d'imagination pour arriver à concevoir « visuellement » une telle modélisation. Il suffit d'arriver à concevoir les avancées de ce qu'on appelle « *formal concept analysis* » et la structure qu'elle fournit à la modélisation des réseaux par graphes. On arrive aujourd'hui à produire des interfaces graphiques de réseaux évolutifs hyper-complexes, que l'on peut même explorer tactilement, en amplifiant les nœuds qui se granularisent en donnant lieu à des sous-graphes dont les nœuds renvoient à des bases de données différentes (et à leurs ontologies) mises mutuellement en rapport. Cette interface graphique ne fait que rendre visuellement, dans une modélisation complexe du point de vue de l'ingénierie des connaissances, la structure dynamique d'un « quelque chose » qui excède la nature de l'objet « pur et simple ».

Mais justement parce que la *mathesis universalis* n'est rien d'autre qu'une *logica imaginationis*, essayons de pousser la logique de l'imagination au-delà. Poussons-la au-delà du voir théorique, du *theôrein* comme forme sédimentée, comme contexte normalisé de l'approche à une classe d'invariances intuitives, pour penser les formes sédimentées du *theôrein* elles-mêmes comme objets pourvus d'une forme, et, par-là, d'une morphologie. Nous avons ici accès à d'autres formes d'expérience : la théorie, une théorie, comme objet. Avec une modélisation similaire appliquée à des objets □MT, nous pourrions faire l'expérience de sa structure, de son *eidos*, en isolant les termes (ou nœuds, ou points) en les agrandissant, en essayant de voir quelle est leur texture interne etc. Mais nous pourrions faire aussi l'expérience de son *logos*, en suivant la structure et l'objet lui-même pendant son évolution dans le temps.

L'articulation des deux dimensions de l'expérience métathéorique ne se limite pas à l'expérience de l'objet lui-même en tant qu'unité atomique mais s'étend aussi et surtout à ses relations. Car, si l'objet □MT est pourvu d'un horizon interne, c'est en explorant cet horizon que nous pouvons parvenir à une saisie toujours plus précise et définie de sa structure et de toutes ses composantes (*eidos*) à tout moment de son *logos*, à savoir selon toutes les configurations morphologiques qu'il a assumé. Mais il est aussi pourvu d'un horizon externe. Le *quid* qui se trouve thématisé, le « thématique », est environné par un horizon

---

7 *Cf. infra*, Chap. VI-VII et *Untersuchungen/Recherches*, § 56.

métathéorique partiellement déterminé, et partiellement indéterminé : nous pouvons orienter notre regard sur d'autres objets □MT qui sont en relation avec le premier, ou sur certaines similitudes structurelles entre eux. Nous pouvons aussi suivre l'évolution de ces relations prises singulièrement au fil de leur sédimentation et de leur genèse, de leur disparition etc. Mais jusqu'à quel point peut-on parler d'un objet □MT ?

Si nous visons « quelque chose » à titre d'objet □MT, jusqu'à quel point peut-il être étendu ? Jusqu'à quel point, en revanche, peut-il être petit ? Une relation entre des objets □MT (théories ou parties de théories) est, à son tour un objet □MT ; un état-de-chose quelconque d'un objet □MT, l'instanciation d'un nouvel objet □MT à partir d'une dynamique particulière entre objets □MT est à son tour un objet □MT. Notre expérience métathéorique s'articule, comme d'autres formes d'expérience, selon la saisie de situations, de relations statiques ou dynamiques, d'états-de-choses, d'évènements etc. Mais, jusqu'à quel point de particularité une partie d'un objet □MT, saisie par exploration de son horizon intérieur, est-elle encore à considérer comme un objet □MT ?

Un terme (un point, un nœud) est encore un objet □MT dans la mesure où il est le centre d'un lien structurel au sein un objet plus vaste, et demeure fonctionnel à sa constitution. Un concept appartenant de façon spécifique – c'est-à-dire constitutive – à une structure théorique est encore un objet □MT, que nous définirions comme « atomique » – mais il ne l'est pas, pris *sic et simpliciter* par lui-même. Il l'est uniquement si il est considéré au sein d'un contexte, comme sa partie constitutive, comme pièce de détermination de liens structurels qui confèrent à l'objet sa morphologie structurelle caractéristique. C'est la visée contextualisée au sein de l'horizon métathéorique qui fait d'un élément ailleurs considéré comme un concept ou comme une fonction ou toute autre chose (un élément qui peut être néanmoins assumé dans l'horizon du savoir) un objet □MT, dans sa forme d'objectité qui lui est propre et caractéristique[8]. Le projet d'une telle description morphologique s'étend alors à l'infini, et précisément jusqu'au point où il y a… *savoir*.

On pourrait alors affirmer à ce point – dans une sorte de retour nostalgique aux ambitions de la théorie souveraine – que la dimension métathéorique, décrite et articulée par ce projet, en acquérant la possibilité de modéliser et de systématiser toute forme de théorie et de structure

8 *Cf. Untersuchungen/Recherches*, § 64-66.

théorique, pourrait aboutir à une vision *complète* du savoir humain. Toutefois, même si ce n'était que pour l'horizontalité constitutive de cette forme d'expérience et de sa dimensionnalité – horizontalité laquelle, par elle seule, pourrait prouver la naïveté de telles ambitions – il y a, au sein de la dimension métathéorique (même au cas où elle pourrait être considérée extensivement complète), un défaut plus radical. Il y a une incomplétude, une forme d'imprédicativité[9].

Car, si les caractéristiques métathéoriques s'acquièrent par description, variation et idéalisation, les caractéristiques formelles des objets □MT (comme par exemple celles qui déterminent le rapport formel mentionné entre tout et partie) relèvent d'une autre forme de savoir, d'un autre objet □MT précis, que l'on peut appeler *théorie de l'objet* ou, tout simplement *ontologie*. L'*ontologie* ou *théorie de l'objet*, comme théorie qui formalise (du moins) tout quelque chose en tant que tel et ses spécifications régionales, est à son tour un objet □MT. C'est comme si l'espace et la dimension métathéorique se courbaient sur eux-mêmes, de telle sorte qu'apparaisse un creux, un vide, une *autre situation privative*.

9 Pour une définition logique de l'imprédicativité *cf.* Kleene (1971, p. 36-42).

AU-DELÀ DU SENS DE L'ÊTRE

À la fin des réflexions qui précédent, la perspective idyllique de la métathéorie s'était obscurcie par la suspicion, par la possibilité que l'on puisse y trouver une lacune, une béance, une forme de manque. Est-il réellement possible que sous le nom extrêmement fascinant et ampoulé de « métathéorie » se cachent encore les fantasmes de l'incomplétude, l'ombre du défaut constitutif ? Par notre recherche obstinée d'une primauté de la vision ne sommes-nous pas retombés dans une sorte de châtiment de Sisyphe[1] ? Ne nous trouvons-nous dans une sorte de dynamique exténuante, selon laquelle, dès qu'on est arrivés à se libérer du défaut contraignant d'une forme de vision et que l'on aboutit à une nouvelle, cette forme se caractérise également par le manque, par le défaut, par l'incomplétude ? Il paraît en effet que ceci soit le prix à payer pour le refus de toute idole de la pensée et de toutes ces idoles du savoir, parmi lesquelles se cachent aussi les plus dangereuses, celles de l'Absolu et de l'Ultime, aussi cet « Ultime » à bon marché que l'on serait tentés d'admettre uniquement parce que « il doit bien en avoir un ! ».

Plutôt que se plaindre de cette situation – parce que, tout simplement un « Absolu » ou un « Ultime » mal façonnés n'arrivent pas à soutenir le poids de nos demandes – il faut se tenir à la « situation ». La situation concerne précisément l'impossibilité de fournir une caractérisation complète des objets qui se donnent à voir à l'intérieur de l'horizon (ou de la dimension) des théories, à savoir de ce que nous appelons les objets □MT. Pour arriver à saisir un objet □MT dans sa structure la plus intime nous devrions procéder à partir de la notion *entièrement indéterminée* de « quelque chose ». Si « quelque chose » se laisse rencontrer, se donne à voir comme un objet □MT, ce qui se met en relief en premier chef, ce sont précisément ces caractéristiques qu'il partage avec d'autres objets

1 *Cf.* Camus (1942, p. 124) : « L'homme intègre l'absurde et dans cette communion fait disparaître son caractère essentiel qui est opposition, déchirement et divorce. Ce saut est une dérobade ».

du même genre, qui ont la même forme de manifestation à l'intérieur d'une région particulière de notre expérience.

L'être ainsi de ce « quelque chose » – le fait qu'il se manifeste nécessairement à l'intérieur et à partir de l'horizon métathéorique – n'est qu'une expression qui nous ouvre une multiplicité de formes typiques, de classes de relations, de classes de « comportements », d'évolutions, d'événements, d'états-de-chose etc. L'être objet □MT de l'objet ne fait alors qu'indiquer ou décrire un espace, une région de l'horizon de l'expérience (que nous sommes) à l'intérieur duquel l'expérience elle-même des objets prends une certaine forme. Mais pour que cette détermination soit complète ou exhaustive nous devrions alors essayer de fixer l'être « quelque chose » qui est indépendant de l'être « quelque chose comme un objet □MT » et dont ce « quelque chose » ne s'avère être qu'une déclinaison particulière.

Or, la caractérisation formelle de l'objet □MT en tant justement que « quelque chose », relève d'une théorie particulière qui, toutefois, en tant que théorie (théorie de l'objet) est au même titre un objet □MT. Rien de grave ! Au moins si on a la cautèle d'affirmer que, lorsque l'on caractérise « formellement » l'être de l'objets □MT – comme l'être de tout objet – on n'est pas dans l'actualité de l'expérience métathéorique et que, de plus, quand l'on considère la subsistance de la théorie de l'objet (ou de l'ontologie formelle) comme objet □MT on n'est pas dans la démarche de l'ontologie formelle. On peut bien penser les contextualités des deux formes d'expérience comme co-existantes. Toutefois, ce double renvoi pose problème lorsqu'on veut parvenir, par l'approche métathéorique, à une position absolue – absolue justement en tant qu'indépendante de la contextualité qui caractérise toute forme d'expérience et toute forme de vie.

Si l'on se positionne dans la perspective de la détermination complète des structures qui déterminent notre expérience métathéorique, ce qui paraît inévitable pour une démarche quelconque de savoir, la dimension métathéorique se courbe – à un certain point de sa tension – sur elle-même. Le « là-où » se situe le sujet qui fait l'expérience métathéorique lorsqu'il demande la détermination complète de sa forme d'expérience – ou ce « là-où » cette forme d'expérience elle-même le situe – est le point d'ouverture d'un autre espace thématique, il se présente comme le trou dans lequel il est attiré par sa demande de complétude, de primauté de vision, laquelle est de quelque façon la demande de sortir de la relativité de son expérience. Dans cet espace – à ce point à peine esquissé, saisi encore de façon incertaine et floue – la théorie de l'objet (l'ontologie) elle-même entre en question.

Car elle ne pose pas tout simplement « problème » aux prétentions d'une métathéorie absolue, à savoir à une théorie des théories pensée comme savoir axiomatique et complet, comme système du monde expériencé par les théories. Elle pose problème aussi « à elle-même » et « en elle-même », parce qu'elle devrait arriver à se déterminer par elle-même en tant qu'objet, et précisément en tant qu'objet □MT. On assiste ici, si l'on veut, à une situation directement spéculaire par rapport à celle qui apparaissait à la fin de la toute première description de la dimension métathéorique. Dans cette situation le sujet philosophique, forme de vie parmi d'autres, était censé fournir l'unité de sens des formes de vie. Ici, l'être « objet □MT » de la théorie de l'objet serait censé fournir l'unité de sens des formes ou des formations théoriques. En elle-même, la théorie de l'objet ne fonctionne pour le moment que comme un indicateur de son être un objet formellement déterminable et régionalement caractérisé. Qui pourrait nier que l'ontologie, ou la théorie de l'objet, est un « quelque chose » ? La théorie, du point de vue de ses caractéristiques particulières est, par conséquent, un « quelque chose » qui répond lui-même à la toute première articulation de la théorie de l'objet (de l'ontologie) dans les domaines de l'ontologie formelle et de l'ontologie régionale.

La théorie de l'objet serait alors censée ne pas se soumettre à la relativité métathéorique (qui empêche toute institution dogmatique d'une « théorie des théories » comme philosophie première[2]) mais elle doit nécessairement s'y soumettre. Ou bien, d'un côté, elle accepte sa relativisation, en abandonnant toute prétention au prestige du « savoir premier », ou bien elle accepte sa circularité interne. Qu'en est-il alors de ces espoirs, qu'on nourrissait depuis de millénaires et que nous-mêmes nous nourrissions, d'aboutir à quelque chose de premier, de solide, de tellement pur qu'il puisse garantir cette primauté de la vision depuis toujours recherchée ?

À peine ouvert, ouvert justement par l'impossibilité métaphysique de la métathéorie, d'une théorie souveraine des théories, l'espace apparaît

2 *Cf.* à ce sujet Husserl (1959, Hua. 8, p. 195).

se renfermer sur lui-même. Qu'en est-il du système de tous les savoirs ? Qu'en est-il de cette hypothèse d'un point de vue ultime (ou premier) du voir lui-même, si ce point ne s'avère être finalement qu'un mouvement circulaire, sans début et sans fin, du *theôrein* (de la vision théorétique) ? Peut-être que, plutôt que résister à ce mouvement et à cette impossibilité apparente de conclure, faudrait-il se laisser transporter par ce vortex, au risque du naufrage. Il faudrait le faire pour voir ce qu'il y a au bout de ce passage extrêmement étroit, sans l'angoisse de viser ce « vide » qui est celui de l'idée d'une vision première comme théorie souveraine et, par conséquent, ce « vide » qui représente l'impossibilité de trouver un Sens par et à travers le savoir.

Faisons-nous violence et allons saisir ce vide dont est constituée cette théorie souveraine et ultime que nous avons appris être l'ontologie ou la théorie de l'objet. Dénions toute aura sacrale de cet objet pour l'inspecter comme les anatomistes, ou comme les géographes. Or, la seule possibilité que nous avons de le faire est d'entreprendre une analyse métathéorique de la théorie de l'objet (ou ontologie), suivant justement la conscience de sa relativité et, surtout, de sa nature *terrestre*. Essayons alors de regarder, de sonder de plus près cette idole d'une « philosophie première », cette forme de réponse illusoire à notre demande et recherche de la primauté de la vision et, si possible, de sonder son vide, son espace intérieur. À présent, nous nous trouvons face à cet objet □MT, l'ontologie ou la théorie de l'objet comme clef de voute de la *science première* (*prôte épistème*) : cet objet est neutralisé dans son opérativité, et aussi pour ce qui concerne toutes les « promesses théoriques » qu'il présente ou qu'il présentait. Cet objet présente en revanche une unité structurelle et génétique et c'est justement au sein de cette unité qu'on arrive à saisir son « vide », le vide qui l'anime à partir de sa naissance et l'accompagne jusqu'à ses dernières issues.

C'est ce vide qui laisse surgir – dès ses origines – l'idée de métaphysique comme complément et remplissage de ce vide[3]. Essayons alors d'aller toucher ce vide avec nos doigts, de sonder la blessure première jamais guérie du narcissisme théorique du savoir, sans avoir peur d'un manque de rigueur historique ou de l'accusation d'iconoclasme. D'où ressort cet « objet », qui assume les configurations de la *science première*

3 On arrivera à saisir avec claire de la nécessité de la complémentation de l'ontologie par la métaphysique dans le Chap. VIII, *La situation « ontologico-privative »*, p. 174 *sqq.*

dans la pensée grecque classique, de la *prima philosophia sive metaphysica* dans la pensée moderne, de la *théorie de l'objet* quand la métaphysique occidentale est en train de décliner ?

Ne nous suffirait-il pas de parcourir tous les livres de l'histoire de l'ontologie ou qui développent, encore à présent, de façon détaillée, les questions ontologiques, pour donner une réponse à cette question ? Non, car cette question est transversale : externe mais aussi interne à une approche « technique » de la pensée à des problèmes spécifiquement théoriques.

D'où ressort alors cette tentative, sublime, majestueuse et élégante, de développer une pensée de l'être ? Ressort-elle peut-être de l'inquiétude que les hommes ont de vivre, constitutivement et irrémédiablement, dans un réel dont la richesse, la complexité et la nature fluctuante sont inépuisables ? Ressort-elle de la volonté de croire pouvoir trouver une structure ultime d'ordre supérieur, sur-ordonnée aussi aux structures définies par les sciences ? Ne s'agit-il pas alors d'une sorte de sublimation théorique – extrêmement lyrique – du fétichisme qui nous fait croire d'avoir trouvé finalement la stabilisation de notre existence en vertu de ce que l'on « possède », qu'on « touche » – même si cela est uniquement le porteur d'une valeur symbolique[4] ?

Peut-on alors penser toute l'évolution structurelle de cet objet (qui assume plusieurs noms) comme ce qui ressort de la volonté de supprimer – par la pensée spéculative – cette conscience latente d'erraticité qui accompagne notre être au sein du réel par une structure « ultime » ou par son ancrage ultime, apodictique, à une structure ? En ce sens, le « vide » et les formes que ce vide assume au sein du *logos* métathéorique de l'ontologie, ne seraient rien d'autre que la preuve, le signe, du caractère illusoire de cette prétention. En effet, nous pouvons trouver ces formes de vide aussi bien dans la forme classique que dans la forme moderne et aussi post-métaphysique de l'ontologie – ou théorie de l'objet.

D'un côté, nous trouvons une de ces formes dans une « ontologie » qui est naturellement orientée à s'intégrer à la métaphysique (car instituée par la métaphysique elle-même). Ici, la détermination la plus générale possible du « quelque chose » n'est pas suffisante à expliquer la totalité du réel : son *mouvement global* (Aristote) ou le caractère *global* non illusoire de sa *cohérence* (Descartes). De l'autre, nous trouvons une

4 *Cf.* à ce sujet l'approche critique, développée par Nietzsche dans *Le crépuscule des idoles* (Nietzsche, 1999², VI.3, p. 70).

de ces formes dans une ontologie qui cherche de se dépasser dans une métaontologie (Meinong et, si l'on veut, Quine) mais dont le geste de dépassement demeure encore incertain. Ici, son aporie bifurque. D'un côté une telle métaontologie doit sélectionner un critère physicaliste strict d'individuation du réel (Quine) et ne peut pas déterminer son être comme théorie. De l'autre, elle élargit à l'indéfini la panoplie du « quelque chose », en perdant le contrôle et la capacité de discriminer entre le subsistant et l'existant (Meinong, 1988, p. 5).

En tout cas, même si une théorie du « quelque chose » voulait s'élargir à tout quelque chose en tant que tel, même si elle voulait se formaliser de manière à être compréhensive de tout, elle n'arriverait jamais à tout inclure. Car elle devrait énoncer, comme proposition, que « tout est définissable selon les caractéristiques du 'quelque chose' ». Or, ce « principe » de définition devrait nécessairement rester en dehors du champ d'application de la définition. Ou bien, pire encore, ce principe appartiendrait et il n'appartiendrait pas en même temps au domaine de la théorie holiste.

Nous sommes ici dans un *non-lieu*. Car si le principe de la théorie de l'objet, qui veut inclure tout dans l'« *Etwas* », dans le « quelque chose », excède sa propre détermination, il est auto-évident sans que l'on puisse saisir la raison d'être de cette évidence. Ainsi, davantage qu'à une vision première, si nous nions ce caractère d'incertitude et/ou incomplétude, nous aboutirions uniquement à une vision dogmatique. Si la théorie de l'objet, en revanche, ou tout autant son seul principe, sont fondés par une autre théorie, une métaontologie d'ordre supérieur, qui est elle aussi quelque chose, nous irons à l'infini. Si la théorie de l'objet se déterminait par elle-même, nous serions en revanche dans une situation circulaire. Sur un plan encore plus général, le principe de la théorie de l'objet semble appartenir et ne pas appartenir au domaine ontologique universel qu'elle décrit. Elle indique au-delà sans nous laisser sortir de ce manque asphyxique[5].

En ce sens, aucune métaontologie configurée comme objet (d'ordre supérieur), c'est-à-dire comme une théorie, pourrait combler le vide

5 On peut considérer cette proposition, pour le moment, selon les intentions de l'acte de fondation, comme un « principe », tandis qu'elle s'avèrera être une simple proposition qui est à prendre ou bien comme telle, ou bien comme présupposé ou bien comme axiome. Pour le mouvement qui conduit de ce manque à la configuration d'une dimension, la dimension de la *mathesis* métaontologique, *Cf. infra* Chap. VIII, p. 187-190.

qui caractérise, de façon constitutive, cet objet □MT que nous appelons « ontologie » ou « théorie de l'objet ». Ce vide, cette situation, n'est que l'évolution théorique, peut-être extrême, de la situation privative qui caractérisait la *demande de sens de l'individu* et la *demande de sens du sujet philosophant à vide.* Cette situation est, si l'on veut, encore plus étroite que celle dans laquelle on se retrouve à affirmer que « il y a des choses dont on peut dire qu'elles n'existent pas » (Meinong, 1988, 8). Ici, il y a quelque chose qui paraît appartenir et ne pas appartenir au domaine du « quelque chose » [*Etwas*] !

C'est alors précisément pour arriver à cet « au-delà » de cette indication imparfaite, incertaine, qu'il faut prendre du recul jusqu'au moment à partir duquel cette situation privative paraît saillir, à partir de cette question qui traduit la demande elle-même d'un appui ultime dans la grammaire du « quelque chose » [*ti*, *aliquid*, *Etwas*]. Il faudrait alors aller rechercher, dans la demande qui anime la recherche d'une primauté de la vision comme théorie de l'être, l'ouverture à cette dimension qui s'est à peine esquissée, à peine laissée entrevoir, par le passage à vide de la métathéorie comme théorie souveraine. À présent, ce qui nous reste n'est que la question, cette déclinaison qui, dans sa forme, dans son expression originaire « τί τὸ ὄν;[6] », donne forme, donne voix à cette demande d'appui ultime. Ce « donner voix », ne fait toutefois que faire ressortir une autre forme de situation privative. Et c'est justement cela qui pose problème : dans sa forme théorique originaire la demande nomme-t-elle tout simplement le « quelque chose » [l'*Etwas*] ou ne fixe-t-elle pas plutôt quelque chose de plus riche, de plus labyrinthique ? Assumons alors la question telle qu'elle se manifeste – suivant son *logos* et les modifications morphologiques de l'objet □MT dont elle est partie et origine en même temps.

Cette question se présente tout d'abord comme un objet ambigu. Car, d'un côté elle est – et elle demeure – un acte pourvu de toute la structure d'*expérience-de-chose* qui la caractérise, selon sa situation privative (en tant que demande) orientée vers quelque chose qui ne se soumet pas à la saisie. Mais, de l'autre côté, pour être justement expérience-de-quelque-chose, elle *doit demeurer* cet objet □MT pourvu de toute sa signification comme objet □MT, son émergence et subsistance à un moment de l'histoire de la pensée, le moment où il nait quelque

6 Nous pourrions la retraduire dans la forme « Qu'est-ce qu'être un certain quelque chose ? ».

chose, peu importe que ce soit à partir d'une équivoque ou d'un acte de violence linguistique. Combien de choses, dans les trames des histoires humaines, sont nées de cette façon ?

Celui qui regarde la question comme objet d'un regard métathéorique neutre, ne peut pas s'abstenir, en même temps, de la poser à nouveau (c'est-à-dire de formuler à nouveau la demande dans la forme théorique dans laquelle elle est originairement déclinée). Il doit la répéter – bien qu'uniquement par et dans sa neutralisation – justement comme expérience-de-chose et ne pas la regarder tout simplement comme un objet, c'est-à-dire « simplement » comme un objet □MT.

Ce n'est pas comme si nous neutralisions une expérience quelconque, par exemple une perception dont le contenu est incertain ou une formule mathématique, pour regarder de plus près, avec plus d'attention, ce dont elle est expérience. Ici, ce moment se couple avec l'expérience-de-chose de la question comme objet □MT. La saisie, non seulement la saisie de la question neutralisée mais de l'objet □MT selon sa modalité d'être, *redouble* l'expérience qu'on en fait : non seulement expérience-de-chose, mais la chose d'une forme d'expérience, non seulement dans la forme de la question (ou demande théorique) mais aussi dans la forme de l'expérience métathéorique.

L'expérience se redouble, bifurque, brise la symétrie de l'expérience-de-chose, au sens où la question posée comme expérience-de-chose se tient à distance, dans un rapport de réfléchissement, de la chose de l'expérience en tant qu'objet □MT. Le sujet qui fait expérience de cet objet □MT ne peut qu'être renvoyé à poser à nouveau la question elle-même et le sujet qui pose à nouveau cette question pour saisir mieux la chose dont elle est expérience ne peut qu'être renvoyé à la saisie de cette demande dans la forme de l'objet □MT (avec son *logos*). On est au sein d'une autre expérience, laquelle, très probablement, a ses propres formes, ses propres coordonnées, qui peuvent s'esquisser à partir de la persistance, de la volonté de persister, au sein de cette même expérience.

De quoi fait-on expérience dans cette dynamique de réfléchissement ? S'agit-il uniquement de ce « quelque chose » dont on reconnaît, très vulgairement, la présence dans les livres d'Aristote (une présence très fugace à vrai dire[7]) ou dans les traités d'ontologie ? Ou s'agit-il alors

7 La demande se présente en effet une seule fois (*Metaph.*, 7, 1028 b 2-4) et Aristote souligne une seule fois, ailleurs (*De Soph. El.*, 33, 182 bb 22), la situation d'incertitude à partir de laquelle elle ressort.

seulement d'une autre forme, d'une autre déclinaison de la demande de Sens, donc de l'expérience d'un manque, d'un défaut de prise ? Toutes les deux à la fois. Cette dynamique de réfléchissement est l'indice d'une non-correspondance, de l'impossibilité d'assimiler, de réduire l'expérience de ce qui se manifeste (*phainesthai*) à un concept distinct, à une forme substantivée d'être, à « quelque chose » susceptible d'être saisi en une seule prise. Ce « quelque chose » ne peut pas être saisi en une seule prise parce qu'il est un horizon, une dimension qu'il faut explorer. Ce qu'on a saisi par cette expérience spéculaire et spéculative est que précisément cet *étant* [ὄν], dont on demande le « qu'est-ce que ? », est le point d'intersection de dimensions qui articulent notre expérience objectale au sein de cet horizon.

Ce qu'on demande de savoir, ou ce qu'on demande tout court, n'est pas si l'apparaître est dicible ou expérimentable, mais s'il peut être « traduit » dans le mot/participe « étant » [ὄν], donc stabilisé. L'expérience spéculative de la demande dans sa forme neutralisée et métathéorique « τί τὸ ὄν; » montre que cela est impossible, tout simplement parce que l'*étant* [ὄν], ici, est trivalent. Si « l'existence n'émerge pas comme concept distinct dans la pensée grecque » (Kahn, 2012), c'est justement parce que la substantivation de l'être dans le terme « *étant* » [ὄν] n'arrive qu'à définir les *coordonnées dimensionnelles d'une polysémie*. Par la demande « τί τὸ ὄν; » l'homme grec, l'homme caractérisé par son *theôrein* presque de façon archétypale, se demande plusieurs choses à la fois :

1. Que faut-il entendre par « quelque chose » (ou tout simplement par « objet quelconque ») ?
2. Que faut-il entendre par « objet » en tant que « objet précis » ou « objet déterminé » ?
3. Que faut-il entendre par « objet concret » (ou tout simplement par « ceci », « objet instancié ») ?

Ces trois tentatives de traduction – certainement incertaines (mais cela est typique de tous les premiers pas franchis dans des dimensions inconnues) – ne sont que les premiers moments kinesthésiques (d'orientation de notre regard) au sein de cet horizon. Elles représentent les tentatives de le parcourir, avec le regard : selon son azimut (la verticalisation de la dimension la plus générale et abstraite de l'*Etwas*), son ampleur (la variété des formes caractéristiques des objets), sa profondeur (l'épaisseur des instanciations, l'épaisseur du concret individué). Au sein de cet horizon, par la spécularité entre la demande théorique de sens comme « τί τὸ ὄν; » et sa nature métathéorique, celui qui persiste dans cette demande ne fait pas seulement expérience, encore une fois, de sa nudité cosmique. Il commence aussi et surtout à faire l'expérience de la dimension théorique à l'intérieur de laquelle le *monde* (le *kósmos*) apparaît sans pour autant pouvoir être fixé selon un sens unique. D'ici ressort la conscience, renouvelée et radicalisée, de cette nudité elle-même, à partir de laquelle on peut saisir la grossièreté de vouloir traduire (et réduire) encore ce *kósmos* lui-même dans un *uni-versum*.

La manifestation des dimensions de l'horizon méta-ontologique comme trois sens irréductibles, comme trace d'une polysémie de l'*étant* [ὄν], – inscrite dans la spécularité entre acte (question) et objet □MT – fait de la demande, dans sa déclinaison théorique, quelque chose d'équivoque. Si nous la regardons à partir de cette perspective, en transparence, selon sa spécularité constitutive, la demande ne peut qu'apparaître équivoque et, comme telle, s'avère être un moment décisif. Elle s'avère être le moment de fixation de l'écart indépassable entre la pensée – le langage intentionnel à travers lequel nous donnons une stabilité (aussi épistémique) à la manifestation – et la manifestation elle-même.

Quelle réponse pourrait en effet satisfaire de façon non illusoire, c'est-à-dire sans que nous cédions à la douce illusion d'une structure ultime, une telle question équivoque ? C'est justement à partir de la prise de conscience de cette équivocité que l'on arrive à saisir l'équivocité de l'ontologie elle-même. Une telle doctrine de l'être, pensée comme système de réponse, de satisfaction de ce besoin de croire à l'existence d'une *structure* (ou d'un *dessein*) ultime qui régit notre exposition au réel, doit nécessairement se transformer, se poursuivre en métaphysique. Trop distraite à accomplir ce geste de continuation de l'ontologie dans la métaphysique, comme réponse à l'inquiétude humaine (trop humaine) quant à l'absence d'un Sens (et comme sublimation épistémique, structure première et ultime), la pensée ne s'est pas longtemps interrogée sur l'état psychologique à partir duquel naissaient l'ontologie et la métaphysique (un état d'angoisse), et ce à quoi elles aboutissent (une hypostase illégitime…l'Être).

Si nous regardons ce mouvement avec un peu de détachement, en prenant du recul, nous voyons aussi de quel vide est constitué l'idole d'une métaphysique ontologique comme réponse, comme donner-raison (*rationem reddere*) ultime, comme démarche de fondation définitive de la phénoménalité dans ses trois coordonnées (méta)-ontologiques ou tout simplement comme saisie d'un Sens de l'être. Qui pourrait en effet arriver à saturer l'espace qui constitue le présupposé lui-même de toute action et, par conséquent, de tout rémplissement conceptuel (dans ce cas, de l'horizon métaontologique) ? On ne sature jamais un horizon, ni par le concept ni par l'intuition : sa description ne serait jamais accomplie dans la mesure où cet horizon, que nous sommes, demeure ouvert dans nos démarches (et aussi dans nos démarches théoriques).

Pour cette raison, la première fois que la métaontologie comme dimension (d'ouverture) a fait son apparition au sein de la pensée qui s'était concentrée sur la demande en tant que telle, elle est apparue comme la saisie de l'ouverture d'un horizon qui était indépendant des manifestations historiques de l'ontologie elle-même et à la limite de la métaphysique. En ce sens, on commence à saisir aussi le vide de l'idole de la métaphysique[8]. Mais ce vide apparaît encore plus clairement quand, à la fin du mouvement historique et millénaire de la métaphysique, on a reformulé la demande dans un langage moderne mais avec l'intention explicite de vouloir arriver à savoir ce qu'on demandait réellement par là : « *what is there ?* ».

Cette intention ne fait que montrer, *volens nolens*[9], l'équivocité de la demande indépendamment de son langage et la nécessité qu'elle entraîne de mettre en question la relation entre ontologie et métaphysique, quelles que soient les significations qu'on va leur attribuer. Et c'est justement sur l'ambiguïté des attributions – « Qu'est-ce qui est pertinent pour la métaphysique ? Qu'est-ce qui est pertinent pour l'ontologie[10] ? » – que se partage, malgré l'apparence d'absurdité, le débat contemporain. Et c'est justement à partir des demandes comme questions théoriques (internes et externes) que ce débat trouve son essor. Faut-il attribuer à l'ontologie la question « *What is there ?* » et à la métaphysique la question « *What is what there is ?* » ou plutôt l'inverse ?

Le débat est, dans son vide, un débat exclusivement nominal, parce que l'attribution ne change point la situation qui subsiste en amont de

8 C'est le cas des *Principes métaphysiques de la logique* de Heidegger (Heidegger, GA 26, 1978, p. 199).

9 *Cf.* à ce sujet Quine (1964, p. 1) et Fine (2010, p. 161).

10 À propos des questions ontologique et métaphysique, *cf.* Varzi (2011).

cette individuation, c'est-à-dire la situation métaontologique elle-même, ni les problèmes qu'entraînent les deux différents attributions. Ou bien l'ontologie dit ce qui existe et explique pourquoi – image assez comique de l'*ontologue* de profession qui ferait l'inventaire du monde, comme un directeur de la logistique d'un dépôt ou d'une usine en fin d'exploitation – et la métaphysique le decrit ; ou bien c'est l'ontologie qui développe une approche descriptive de ce qui existe, qui sera certifié par la métaphysique (ou par le dernier venu des métaphysiciens, qui nous dit ce qui existe dans le monde). Quoi qu'il en soit, dans les deux cas, la décision – opérée non pas sur l'attribution des tâches de réponse mais sur la sélection de l'existant lui-même – aurait déjà été prise, de façon clairement dogmatique.

Le problème est justement de faire ce choix non pas en amont, mais en aval d'une approche descriptive qui ait fourni ce pavage complet de ce qu'il y a comme formes d'objectité, qui nous sont données par nos formes de savoirs (les objets □MT) ainsi que par l'expérience quotidienne, par l'imaginaire, par les formes de documentalité, par l'informatique, par l'émergence de structures sociales, etc. En ce sens l'ontologie ne serait pas l'inventaire du monde mais la description des formes d'objectité à partir desquelles – plus ou moins légitimement, mais jamais d'une façon pleinement légitime – on pourrait s'engager à affirmer quelle forme existe et pourquoi, laquelle n'existe pas et pourquoi, ou laquelle est réductible à une autre forme et pourquoi. Mais même dans ce cas, en ayant fixé la tâche de l'ontologie, on devrait faire face à une autre bifurcation, interne à la tâche ontologique.

Il s'agit de l'articulation/bifurcation entre ontologie formelle[11] – la structure du « quelque chose » [*Etwas*] en tant que tel – et les ontologies régionales[12], qui devraient ressortir de la description elle-même des formes d'objectité qui pavent (sans exception, selon les prétentions grossières des métaphysiciens) l'horizon du réel. C'est justement à partir de cette articulation interne que se fixe l'ouverture métaontologique. Et c'est à partir de cette même articulation que se met en lumière, en relief, le caractère toujours nécessairement arbitraire (en dernière instance, car dépourvu d'une légitimation ultime) de toute décision ou démarche qui

11 L'ontologie formelle est en ce sens, comme affirmé par Husserl dans *Logique formelle et logique transcendantale*, une « théorie *a priori* de l'objet ». (Husserl, 1974, Hua 17, p. 82).

12 L'ontologie régionale ou matérielle peut être définie comme « logique de l'être chosique [*sachhaltigen Seins*] » (Husserl, 1939, p. 435). *Cf.* également (Husserl, 1976, Hua. 3, p. 27).

veuille décider quelles ontologies correspondent ou pas à la réalité. Bien évidemment, les nébuleuses existent et les constellations n'existent pas ! Si l'on se tient à l'astronomie plutôt qu'à l'astrologie.

Toutefois, pour en décider, l'approche ontologique n'est pas nécessaire ; nous avons seulement besoin de présupposer que la science (ou bien, dans le cas des désespérés qui croient encore aux horoscopes, que l'astrologie) soit notre critère d'engagement. Même le scientiste le plus convaincu, le rationaliste le plus exigeant hélas – ne sommes-nous pas ici à la recherche des formes de *mathesis* ? – peut bien s'apercevoir du fait que, au sein de l'ouverture de la situation métaontologique, un tel parti pris apparaît comme un choix arbitraire, sans fondement ultime. Et il en est même s'il s'agit de l'indication venant du regard sidéral d'un radiotélescope. Mais le problème est encore plus radical. Encore une fois, si au sein de l'horizon métaontologique il y a, comme il est nécessaire qu'il y ait, l'ontologie formelle et des ontologies régionales, où trouverons-nous un critère non arbitraire pour affirmer que c'est seulement sur 1, 2, 3, *n* ontologies régionales qu'il faut s'engager et non plutôt sur les structures de l'ontologie formelle plus 1, 2, 3, *n* classes d'objets décrits par les ontologies régionales[13] ?

En ce sens, l'ouverture indiquée par la situation métaontologique n'admet encore aucune priorité entre les ontologies qui s'y trouvent, c'est-à-dire qu'elle ne donne aucune indication de priorité sur les engagements à prendre, ou qu'*une* métaphysique pourrait prendre pour rédiger son inventaire. Peu importe alors que, comme font les ontologues inflationnistes, on ait décidé de peupler l'horizon du réel de toutes les ontologies qu'on reconnaît au sein de l'horizon métaontologique ou que l'on réduise, au contraire, le réel aux plus petites particules subatomiques tout récemment découvertes. L'horizon métaontologique ne soustrait pas la métaphysique au soupçon, à l'aura de l'arbitraire. Rien ne nous fait sortir de la relativité ontologique, rien ne nous permet de trouver une place pour une philosophie première. Il suffirait la présence d'une seule ontologie matérielle – et donc la présence d'une ontologie formelle qui la structure – pour soumettre l'engagement ontologique au suspect de décision arbitraire. Sur quoi devrions ou pourrions-nous nous engager précisément ? Sur la seule ontologie matérielle, ou bien sur la seule ontologie formelle ou bien sur les deux ?

13 Ce qui serait le cas d'un réalisme ontologique fort.

Les ontologies régionales comme langages contextuels, dans leur pluralité, sont exactement au même niveau, horizontales : elles ne font que structurer la façon par laquelle nous nous référons à des systèmes d'objectité sans pouvoir indiquer, en dernière instance, – c'est-à-dire à l'abri de toute composante arbitraire – quel engagement ontologique une métaphysique peut et doit prendre pour rédiger son inventaire.

Il ne servirait a rien de transférer la responsabilité de l'engagement ontologique sur l'intuition, parce que, si l'on reconnaît aux ontologies relatives et relativisées le statut d'indicateur contextuel de certaines singularités (les individus réellement existants) saisies intuitivement, le problème se redoublerait ou serait transfiguré, tel quel, dans l'intuition et dans la pluralité (possible) de ses formes. Car, si l'on reconnaît à l'expérience – sur la base de la relativité ontologique – une nature contextuelle, à partir de laquelle la saisie intuitive, l'intuition, ne peut que se décliner et se pluraliser exactement comme *cette* ontologie, l'intuition se relativise : c'est en effet sur la base d'une ontologie régionale qu'on peut indiquer le « ceci » comme intuitionné, fixer une certaine singularité comme objet de l'intuition. L'indication n'est ici que la traduction ou l'activation contextuelle d'une certaine ontologie relative à l'intérieur de l'expérience « sensible ». Pour autant qu'il procède en travaillant sur les ontologies relativisées, en travaillant sur les singularités qui émergent à partir de l'intuition, le nouveau métaphysicien sélectionne sur la base d'une violence théorique.

La dilatation des formes de singularité dans notre expérience (toujours) contextuelle ne décide, ni résout, quoi que ce soit de l'existence – au sens métaphysique ultime de la possibilité de *dire*, une fois pour toutes, ce qu'il y a. Pour décider l'ouverture métaontologique, pour la traduire dans l'affirmation de ce qu'il y a « sans résidu », il faut la violence de la métaphysique, il faut la décision d'assumer un point d'arrêt arbitraire comme « *pou stô* » (Quine, 1969, p. 6), de cacher son caractère arbitraire et d'en faire le *terminus a quo* de rédaction de l'inventaire. Mais un tel acte de dissimulation, dans la pensée, ne fonctionne pas, et la métaphysique (et aussi toute métaphysique ontologique déguisée sous des raisonnements conceptuels hyper-raffinés), ne peut que se réduire à *se raconter des histoires* sur la constitution ultime du monde.

SUR LES *TOPOI* DU SAVOIR

Bien que nous désirions de toutes nos forces que la métaphysique (ontologique) puisse se départir de sa mimique arbitraire, et arrogante, qu'elle puisse maintenir l'équilibre horizontal subsistant parmi toutes les formes de détermination du « quelque chose », elle ne peut pas y arriver. Quoi qu'il fasse, le métaphysicien – tout orienté à ses inventaires, tout fier de pouvoir nous dire de quoi est réellement fait le monde, son archi-structure – il ne peut pas cacher le caractère fallacieux de son acte de décision. Il est toujours ramené à la vérité factuelle d'une situation, la situation métaontologique, de laquelle on ne peut pas sortir sans payer le prix de la décision arbitraire.

Cette situation n'est toutefois pas facile à habiter, aussi bien pour le métaphysicien que pour celui qui abrite en lui, comme tout homme de savoir, la demande fondamentale de savoir ce qu'est la structure ultime du monde. L'esprit métaphysicien qui nous habite – parce que la métaphysique (non ses gestes de décision) n'est pas une invention arbitraire mais répond à une demande fondamentale – est frustré, est désorienté par l'ouverture des ontologies qui prolifèrent, se génèrent et s'entremêlent par l'approche des hommes au savoir. La métaphysique, qui nous est connaturelle comme tendance, se révèle, mais précisément par sa même frustration, par sa même désorientation. Elle ne s'avère être que la tentative spéculaire de répondre, en amont à l'essor du savoir humain, à cette même demande de Sens qui se manifeste en chacun de nous lorsque nous faisons expérience de l'ampleur presque infinie et insaisissable de la manifestation.

Vers où s'orientent nos pratiques de savoir sinon vers le point ultime qui serait susceptible de nous donner réponse – et assurance – de ce qu'est le monde, le réel ? Ce point n'est-il pas absolument spéculaire à celui d'où toute enquête humaine trouve son départ, la demande de sens comme elle est existentiellement formulée « Que/qui suis-je ? » ? Or, ici, l'*épistémique* et l'*existentiel* se trouvent *face à face*, le second demandant au premier une réponse, ou une forme de réponse, quant à la structure ultime du réel de la manifestation, le premier ne pouvant que fournir une indication du caractère arbitraire que toute réponse ultime peut avoir. En ce sens, la situation métaontologique est encore une situation privative, la même situation privative de l'existentiel qui s'est sublimée dans l'épistémique. De cette situation, au sein de cet horizon dont le peuplement ne donne aucune réponse définitive mais contribue, en revanche, à accroître le sens de désorientation, ne peut que ressortir une autre demande, une demande de prise, qui devient question. Cette question est à son tour affectée par le défaut constitutif de tous les individus, leur défaut – ou manque – de sens : « Qu'est-ce que (le) réel ? »

La question n'est et ne peut qu'être équivoque dans la mesure où « réel » comme forme adjectivale et « LE réel » comme substantif et collectif se renvoient mutuellement, s'ils sont considérés comme l'objet d'une question radicalement et intimement métaphysique. Ou bien la réponse demandée a une nature essentiellement *locale*, ponctuelle, ou bien la réponse demandée a une nature *globale*. La première serait la définition d'un quelque chose saisi comme « réel » dans son caractère d'individuation propre ; la seconde peut être aussi bien réponse à une demande tout simplement holiste ou bien à une demande métaphysique, qui présuppose la saisie du réel à partir d'une structure du monde qui systématise nos connaissances sur les réels, dans leurs caractères de réalité.

On ne demande pas – parce qu'on n'est pas dans une forme d'autisme herméneutique post-moderne – s'il y a le réel, ou s'il soit pourvu de formes de stabilité relativement invariantes, comme si le dépassement de la tendance métaphysique consistait à nier le Réel ou les réels eux-mêmes. On demande : « Qu'est-ce que (le) réel ? », dont et justement parce que nous en connaissons l'existence, ou bien comme singulier, ou bien comme *collectivum* de singuliers agencés à partir de leurs caractères de réalité propre. On demande, de façon inévitable, la saturation – par une forme de savoir – d'une situation circulaire qui s'origine à partir de notre être « exposés » à l'expérience, une expérience de singularités qui se regroupent et qui sont tenues ensemble par notre même être horizon et par nos concepts. Cette situation circulaire est ici sublimée, par l'ouverture de l'horizon métaontologique, et orientée à une forme de savoir, une forme de savoir censée précisément faire de cet horizon quelque chose de structuré, un lieu *clos*, *normé* et *réglé*. Mais c'est la façon par laquelle on pense cette structure qui en détermine le caractère fallacieux, et qui montre le défaut de circularité de la question elle-même.

La demande présente une alternative claire. Dans un cas l'on présuppose que cette structure comme « tout » puisse se passer d'une composition rationnelle ou d'un travail quelconque sur nos prises sur les réels dans leurs caractères de réalité propre, et alors on tombe dans le mysticisme[1] (et/ou dans une métaphysique délirante). Dans l'autre on présuppose la possibilité d'une telle composition, et alors on assume tout le poids des contradictions qu'elle entraine avec elle. Ainsi, l'espoir de pouvoir aboutir à une position extérieure à la relativité ontologique et ultime (par rapport à la détermination complète de ce qu'il y a) se dissout. Ce qui reste à la métaphysique implicite de notre savoir est par conséquent de regagner le *sens de la situation* (métaontologique) ainsi que de la localité et de son exploration, de sa découverte, de son étude.

En ce sens, le résidu de la métaphysique pompeuse – qui se croyait la dépositaire de la saisie de la structure ultime du monde – n'est qu'une tâche bien plus mesurée, mesurée précisément sur la tâche descriptive de la métaontologie. La métaphysique ne devient, comme forme résiduelle d'un holisme visionnaire, qu'une métaphysique descriptive, ou une *métaphysique protocolaire*. Cette forme de métaphysique est résiduelle mais non moins forte, par le fait d'être protocolaire, parce qu'elle accomplit l'étude des protocoles d'individuation qui font ressortir ce qui est réel dans tous ses caractères de réalité, au sein des pratiques épistémiques et non épistémiques de l'expérience.

En quel sens serait-elle alors encore une métaphysique ? Non au sens de la rhétorique qui a entouré la métaphysique, en interprétant le « méta- » de la métaphysique comme quelque chose d'ontologiquement supérieur et plus digne du « physique ». Oui, au sens où l'on considère ce « méta- » comme l'au-delà de qui est strictement lié à la forme d'individuation à chaque fois configurée par la physique ou par une autre forme d'*épistème* (qui ont toujours été en réalité plus raffinées que la métaphysique), au sens horizontal du terme. Le sens strictement et nécessairement « horizontal » de cette métaphysique descriptive

---

1 *Cf.* à ce sujet Russell (1917, p. 18).

correspond à l'instinct d'exploration du savoir humain. Elle se réalise tout d'abord par l'étude des « habitus » comme « procédures rationnelles[2] » des savoirs par lesquels ils arrivent à fixer une forme précise du réel dans ses caractères de réalité et d'invariance. Elle se réalise, ensuite, par la reconstruction critique de l'émergence, de la variation ou de la disparition de ces procédures au sein de l'horizon du savoir (en ce sens, elle peut être en même temps une archéologie du savoir). Mais elle se réalise aussi par une *métaontologie constructive* qui a en vue de mettre en relation dynamique ces formes d'individuation du savoir entre elles et avec notre approche épistémique et non-épistémique au réel. C'est à partir de ces trois dimensions de notre regard sur le savoir – qui ne peut qu'être horizontal – que s'esquisse la perspective de la *mathesis*.

Dans la perspective au sein de laquelle opère cette métaphysique descriptive (aussi comme métaontologie constructive) il n'y a aucun sens à parler de scepticisme ou de disparition, d'exhaustion du réel dans le modèle – comme si la *theory ladennes*, la charge de théorie des savoirs, qui se réalise par le développement de ces procédures, annulait toute friction de notre savoir avec le réel lui-même. Mais il n'y a pas non plus sens à parler d'intuition ou de « donné » si par cela on subit, implicitement et inconsciemment, le primat mythique de la perception dans l'expérience, qui est certainement un primat génétique mais qui n'est plus un primat épistémique (sans que, tout d'un coup, le savoir humain se soit retransformé en idéalisme dogmatique). Le passage d'un état de malaise (dans lequel le savoir a du mal à concevoir sa tâche et son unité) à un état d'exploration spéculative de ses potentialités ne peut se faire que par une conversion du regard, une *metabasis tès dianoias*, par le développement d'une nouvelle grammaire de la vision qui laisse en retrait les vieilles dichotomies.

Cette vision, qui est spéculative au sens du *prospicere de specula* et du *videre per speculum* à la fois[3], peut elle-seule donner aux individus qui se regroupent pour explorer ensemble, la conscience de ce qu'ils sont, d'où ils vont et de ce qu'ils font. Cette nouvelle capacité de saisir le « méta- » au sein des formes de savoir n'implique point un réalisme platoniste ni un réalisme de la perception comme seule forme d'individuation

---

2 *Cf.* R. Carnap (1947). *Cf.* également *Unteruschungen/Recherches*, § 109. Protothèse-(p) et régionalisation de l'intuition.

3 *Cf. infra* Chap. x, *De la pensée spéculative*, p. 219 *sqq.*

du réel. Cette tâche tout d'abord « descriptive » opère et subsiste dans cette situation d'« empirisme radical » propre au moment d'indexation constante et latente du Réel (que nous appelons protothèse-G)[4]. Cette forme d'indexation est la référence constante et implicite à ce même réel, laquelle se manifeste phénoménologiquement – du côté de l'existentiel – lorsque nous sommes confrontés à des phénomènes plus révélateurs de l'horizon que nous sommes, comme par exemple dans l'expérience du sublime. Le « tout cela est… » comme situation latente d'un empirisme radical qui émerge de l'expérience du sublime, ne fait que rendre explicite cette forme d'indexation latente.

La thèse primordiale ou tout simplement première d'un réel qui se manifeste en amont de tout moment particulier d'indexation, de position de l'individualité, ne fait pas disparaître la singularité ni peut la faire disparaître ou la réduire à un caractère fixe (la modalité de position ou de reconnaissance d'*un* réel dans la seule perception), parce que tous les moments d'indication d'une singularité comme forme d'individuation d'un réel ont, en vertu de leur sédimentation (dirons-nous de leur « morphogénèse »), un caractère également proto-thétique. Il s'agit d'un caractère de position originaire qui ne se réfère pas au Réel comme subsistance diversement apparaissante et déterminable, mais au « ceci » ainsi et ainsi reconnu (nous appelons ce moment protothèse-p[5]).

Le « ainsi et ainsi » du reconnu comme individué est ce qui lie la singularité (épistémique ou non) à une ontologie ou qui fait ressortir, par l'analyse de l'expérience ou de la saisie intuitive de la singularité individuée, les propriétés qui lui appartiennent en tant que « cette forme de réalité ». En ce sens l'intuition et, par conséquent, l'individuation, se régionalise ou, pour mieux dire, se régionalise ontologiquement. Elle est par là inscrite dans un mouvement de spécularité avec une ontologie régionale (ou matérielle) qui laisse émerger ses rapports intrinsèques en tant que « quelque chose » de particulier. Mais, en même temps, cette

---

4 La définition de ce moment d'indexation comme "protothèse-G" (ou thèse originaire générale) est ce que pourrait être retrouvé dans le concept phénoménologique de *Ur-doxa*. Cela n'est que la traduction, dans les termes d'une perspective spéculative, du moment d'empirisme radical indiqué ostensionnellement comme « tout cela », ce que James définit « the instant field of the present » (James, 1976, p. 36).

5 La définition de ce moment d'indexation comme "protothèse-p" (ou thèse originaire particulière ou d'une singularité expérientielle) correspond au moment déictique fondamental de l'indication d'une singularité comme « ceci ».

régionalisation de l'intuition indique la portion de l'horizon du réel où sont à chercher ses rapports épistémiques propres et caractérisants. Comme quand nous regardons un objet par le biais d'un miroir, ce miroir décrit un espace optique (catoptrique) d'objets co-présents, ou des caractéristiques elles-mêmes de l'objet regardé qui sont inaccessibles au regard direct (dioptrique). Nous pouvons aussi nous déplacer par rapport à notre position initiale tout en tenant notre regard sur le miroir et nous aurions d'autres objets, co-présents, d'autres relations, nous pourrions assister à la manifestation d'autres choses.

Cependant, ce rapport de spécularité, qui tient ensemble cet objet et le côté (épistémique) de sa manifestation, n'est pas infiniment variable ou infiniment extensible, c'est-à-dire tel qu'il pourrait arriver à montrer tout (et n'importe quoi). Car l'objet saisi par la régionalisation, justement en tant que « ce réel-ci ainsi et ainsi reconnu », est inscrit dans un cadre de significativité qui lui fournit (ou laisse ressortir) tout d'abord sa structure comme « tout », articulé en parties – qui ne sont pas justement des parties matérielles (ou non seulement), des *partes extra partes*, mais des moments (indépendants ou non-indépendants) de sa saisie et de toutes ses saisies possibles comme « ce réel-ci ainsi et ainsi individué et épistémiquement constitué ».

Pour cette raison, justement en vertu de l'excédence de cette forme de spatialité par rapport à l'espace de l'expérience directe, perceptive, l'ontologie qui régionalise l'individuation est une « topologie » ou, du moins, un espace topologique dans lequel et par lequel ce réel-ci ainsi et ainsi reconnu, ainsi et ainsi constitué du point de vue épistémique, est inscrit dans une dimension de significativité.

Le miroir – si l'on veut jouer (mais sérieusement) avec les mots – est un *miroir topologique*. Nous chercherons alors en vain à trouver, dans cette image du miroir topologique, la possibilité d'une « image du monde » [*Weltbild*] dans sa subsistance monolithique. La possibilité d'un miroir universel et complet qui reflète l'image entière de l'horizon des phénomènes dans sa totalité (ou tout simplement de la nature) est dissoute par la vraie nature de ce miroir. Par opposition à l'idée d'une « image du monde » qui serait l'image en retour de la métaphysique comme système complet du savoir du réel, l'image partielle donnée par ce miroir topologique n'est qu'un modèle – assujetti à la relativité ontologique et à la relativité des objets □MT.

De facto, cette image est un modèle qui est pourvu de sens uniquement à partir de l'horizon métaontologique : nous l'appellerons « modèle □MO[6] ». Car tout d'abord il se laisse fixer à partir de l'horizon métaontologique au sein duquel nous avons accès aux ontologies régionales ou matérielles et à l'ontologie formelle. Mais ce modèle n'est pas l'ontologie régionale à laquelle il renvoie nécessairement, parce qu'il comprend aussi l'ontologie formelle (qui structure l'être de l'individué en général, sa forme neutre d'objectité, de « *Etwas* ») et il comprend aussi et surtout les coordonnées d'individuation au sein du terrain de l'expérience. Il ne renvoie pas seulement aux ontologies (régionales et formelle) auxquelles il fait référence mais aussi à l'objet □MT qui institue, pour ainsi dire, le rapport de spécularité lui-même et qui se fait naturellement véhicule d'une individuation.

Car on peut créer des *frameworks* ontologiques *ad libitum*, mais ces *frameworks* ontologiques ne peuvent avoir un sens pour la connaissance humaine que s'ils se trouvent intégrés à des protocoles d'individuation, lesquels – à moins de s'amuser à les inventer par simple divertissement – ne peuvent qu'appartenir à une forme de savoir, donc à un objet □MT. Nous pourrions définir de façon provisoire ce modèle □MO comme le système qui résulte de l'intégration à une ontologie de certains protocoles d'individuation. En vertu de cette intégration, on peut aboutir à ce que nous avons appelé protothèse-p dans le domaine du savoir. Mais cela ne peut qu'avoir lieu au sein de ou par rapport à un objet □MT. Nous pouvons ainsi considérer un modèle □MO comme une partie d'un objet □MT, à savoir comme l'ensemble intégré des nœuds (ou termes ou points) qui en décrivent l'ontologie et des nœuds qui représentent (ou modélisent) ses protocoles de fixation de la singularité. Cela pour la simple raison qu'un « concret » ontologico-régional n'est pas encore une objectité individuée, une singularité, mais demeure un *eidos*[7].

Le modèle □MO ne serait alors, si nous nous tenons à l'image du miroir, que la surface catoptrique qui subsiste entre un objet □MT et le terrain de l'expérience et qui individualise, au sein du terrain de l'expérience, une région, une portion de son espace. Si l'on veut passer d'image en image, l'objet □MT lui-même – qui se tient à mi-chemin, qui s'est détaché du

6 Dans ce contexte, l'expression « □MO » signifie : « qui se construit et se montre au sein de l'horizon méta-ontologique ».

7 *Cf.* Husserl (1976, Hua. 3, p. 35).

terrain de l'expérience en vertu de sa définition idéalisante et de sa genèse comme « forme de savoir » – fournit, par son modèle □MO, une topographie de la partie du terrain de l'expérience sur lequel projette le « regard théorique ». En ce sens nous pouvons penser la *mathesis* tout d'abord comme une topographie du terrain de l'expérience. Cette topographie pourrait être développée aussi par l'interaction de plusieurs objet □MT qui opèrent ou bien pris singulièrement ou bien dans l'interaction mutuelle pour isoler d'autres portions et en faire une description topographique modulaire. Ne vivons-nous pas dans l'époque de l'interdisciplinarité ? Et que serait l'interdisciplinarité, dont tout le monde se flatte lorsque il veut fournir une image de modernité à ses recherches, si non une telle interaction mutuelle ? Mais au-delà des étiquettes il faudrait surtout penser ce que cela signifie pour le savoir lui-même.

Il n'y aurait jamais un pavage complet du terrain de l'expérience, parce que le terrain de l'expérience est un autre nom pour saisir l'horizon lui-même de l'expérience, et cet horizon ne se laisse point réduire à une bidimensionalité. De surcroit, il ne faut bien évidemment pas beaucoup de subtilité pour s'apercevoir du fait que cette image – en ne donnant que l'idée d'un réel bidimensionnel – rentre en conflit avec l'image que nous avons utilisée auparavant, à savoir celle du « miroir topologique ». La topologie est plus riche que la topographie, pour ce qui concerne l'éventail (la variété) de spatialités qu'elle propose et qu'elle admet. Si nous prenons un triangle tracé sur la surface de la terre, ce triangle est linéaire tandis qu'en topologie nous pouvons penser une infinité de variétés (riemanniennes)[8], à savoir dans lesquelles nous aurions des figures ou des entités géométriques infiniment variables et à plusieurs dimensions. Si nous voulons arriver alors à penser la ou les formes de la *mathesis* – car celle-ci est la tâche d'une pensée spéculative qui se situe au moment de tension extrême d'une philosophie qui a perdu son sens – nous devrons arriver à penser la relation qui subsiste entre ces formes de variétés et les modèles □MO eux-mêmes.

Toutefois, ce qu'on ne pouvait pas faire auparavant, c'est-à-dire penser ces variétés comme intrinsèques au projet de la *mathesis*, – car elles demeuraient uniquement une référence analogique[9], parfois très éloignée des potentialités conceptuelles mises à disposition à la pensée

8 *Cf.* à ce sujet Riemann (2013, p. 29-73).
9 *Cf. infra* Chap. VII, *Le palindrome*, p. 147.

pure par le mouvement universel du savoir – à présent, nous pouvons le penser et l'articuler. Car le modèle □MO que nous avons pensé comme un miroir topologique, qui nous laisse accéder au côté épistémique et à l'individuation épistémique du phénomène, n'est pas « topologique » uniquement pour ce qui concerne la structure méréologique du tout et des parties qu'il indique.

Nous pouvons penser en effet tout modèle □MO comme un *espace algébrique topologique*. L'espace défini par un modèle □MO peut être au moins un 3-espace, à savoir avec trois dimensions définies par l'ontologie formelle, une ontologie régionale, et un ensemble de protocoles d'individuation. Mais rien n'implique qu'il devra être nécessairement un 3-espace, parce que nous pouvons en ligne de principe varier, suivant la nature de l'objet □MT auquel il appartient et duquel il ressort, aussi bien un nombre de dimensions ontologico-régionales que le nombre de protocoles d'individuation. Et il est aussi facile de comprendre que souvent la variation des unes est proportionnelle à la variation des autres. Dans les sciences qui s'appliquent aux *phénomènes complexes*, par exemple, il arrive souvent de retrouver plusieurs ontologies régionales appelées en cause, qui convergent dans la fixation de la « chose en question » et dans son « individuation[10] ».

Tenons-nous, à présent, à la structure, ou à la « chose même » que ces modèles □MO représentent. Nous pouvons les penser comme des espaces algébriques qui sont pourvus d'une topologie, mais nous pouvons aussi les mettre en relation structurelle, c'est-à-dire penser le dynamisme qu'ils développent dans la vie intime du savoir, non pas pris comme auto-subsistants mais comme quelque chose qui vit en interaction continue avec l'horizon des phénomènes. La grammaire de la vision de ces structures nous est fournie par une des plus grandes découvertes du siècle dernier, la théorie des catégories, développée par les mathématiciens pour s'aider non pas dans leurs préoccupations de fondation ultime des mathématiques, mais dans leur pratique quotidienne. Dans cette grammaire – justement parce que grammaire de la vision – il n'y a aucune hypostase d'un tout, ou d'un tout axiomatique des mathématiques mais uniquement des comportements locaux de structures.

Ce sens de la localité et du travail sur les structures que nous mettons en interaction du point de vue catégorial par le biais de morphismes, se

10 *Cf. infra* Chap. IX, *La singularité et le labyrinthe*, p. 205.

concrétise dans l'idée d'un *topos*, qui représente un univers géométrique sans que, par là, ce *topos* soit grossièrement à réduire à la *place* qu'un objet matériel tridimensionnel occupe dans l'espace physique de notre perception. Ce *topos* est le lieu d'ensembles des correspondances structurelles entre ces formes. Si nous arrivons alors à reconnaître les modèles □MO comme la forme d'objectité structurelle dont il est question dans cette vision, laquelle nous permet d'en fixer les comportements, les affinités ou les analogies avec d'autres objectités ou modèles du même type, nous aurions accès à cette ouverture sur l'horizon de la *mathesis*[11]. Cet horizon est à reconnaître comme l'ensemble – non cumulatif ni fixe (architectonique) – mais synoptique, dynamique des modèles □MO. Il est à reconnaître comme le lieu des images qui réalisent la spécularité entre le réel tel que chacun en fait expérience et les objets □MT, entre l'*existentiel* de notre expérience et l'*épistémique*, à savoir l'expérience comme elle se fixe et se transfigure nécessairement dans notre savoir ou dans nos pratiques de savoir.

Nous faisons expérience, ici, encore une fois, d'un rapport spéculatif. Dans et par la friction, le frottement (dialectique) entre la volonté humaine, fétichiste, de réduire ce rapport de réfléchissement à « quelque chose » de concret – soit-il aussi bien l'existentiel (ou *un* existentiel) ou l'épistémique (ou *un* épistémique) – et l'impossibilité indépassable de faire cela sans briser cet équilibre harmonieux et sensuel, dans et par cette friction dialectique fait face l'idée d'une nouvelle forme de *mathesis*. Quelqu'un pourrait se demander : comment peut-on penser tout simplement de la nommer l'idée de *mathesis*, comment peut-on accomplir ce geste d'apostasie contre le culte du technicisme et de la micro-spécialisation conceptuelle ? Comment et sur quelle base, de quel droit pourrions-nous faire cela ?...Justement en vertu de l'émergence de l'idée elle-même[12] !

Réfléchissons à ce qu'elle est et à ce qu'elle nous met en droit de faire. Les individus, quoique en vivant dans un espace et dans un temps

11 Pour arriver à saisir, de façon plus distincte, comment la catégorialité opère sur, avec et par les biais des modèles □MO en vue d'une *mathesis*, *Cf. infra* Chap. IX, *Thèses sur la* mathesis *métamétaphysique*, p. 218.

12 L'alibi classique de l'*ignavie de la pensée* est formulé souvent comme suit : « Une fois il était possible, pour les philosophes du passé, mais plus aujourd'hui – pas avec un tel élargissement du savoir – et surtout, pas pour nous ! ». Mais il s'agit d'un alibi très banal, d'une satisfaction de sa propre vanité, démasquée magistralement par Nietzsche dans *Humain trop humain* (Nietzsche, 1999², IV. 2 p. 153).

vulgairement appelés « physiques », vivent dans un état de nudité spirituelle cosmique et, en même temps, cet état est l'indice d'une réalité qui n'est pas supérieure au sens métaphysique où elle subsisterait au-dessous, ou en dehors. Cette réalité subsiste dans le *pli*, dans le « méta- » irréductible du pli, où les idées se trouvent et trouvent leur dimension insaisissable du point de vue du fétichisme et de la matérialisation (si non de la monétisation) de tout ce qui concerne l'humain et la nature. C'est à partir des plis de l'horizon que nous sommes tous que les idées irradient, les idées prises non au sens technique (ce sens que la philosophie, à partir d'un certain point de son histoire récente, a cru pouvoir rendre un sens exclusif, dont elle aurait dû être la dépositaire). Il s'agit en revanche de considérer ces idées, d'en faire l'expérience, à partir du sens qui émerge, qui irradie, dans tous les aspects de notre comportement, y compris les désirs, les projets, les demandes, les recherches.

Les idées sont des forces vivantes, pénétrantes, des trames qui traversent l'horizon que nous sommes, indépendamment du degré de culture que nous avons. Nous sommes ce que nous sommes, des horizons dont la richesse est inépuisable, non mesurable, élastique, non fixable, parce que ces trames que sont les idées nous traversent. Le vrai visage des horizons que nous sommes n'est pas saisi par les descriptions somatiques ou psychologiques, ni par les codes anthropologiques, sociaux, moraux, politiques, économiques par lesquels on veut réduire, emprisonner, l'horizontalité que nous sommes. Ce vrai visage n'est pas non plus saisi par ce que les codes religieux disent que l'homme doive être par rapport à ce qu'il ne sera jamais.

Ce vrai visage est la *trame* des idées que nous traversent et qui nous lient. Cette réalité ultérieure, ce « méta- » horizontal par lequel les individus sont attirés – bien qu'on veuille les réduire à des poulets d'élevage dans tous les domaines de leur vie, et même dans l'exercice de la pensée (qui devrait être technique ou n'être point !) – ce « méta- » soustrait l'idée du savoir du fétichisme des acquis immédiats, de l'*impact factor*. Ce « méta- » lui-même nous donne le droit d'apostasie de cette fausse religion laïque et laide, par la forme toujours identique du « courage de la vérité[13] ». Ce « méta- », cet ultérieur révèle la nécessité de procéder,

13 *Cf.* la reprise hégélienne du *sapere aude* dans la leçon inaugurale à Berlin le 22 octobre 2018 : « Le courage de la vérité, la croyance en la puissance de l'esprit, est la première condition de l'étude philosophique ; l'homme doit s'élever et se considérer digne de ce qu'il y a de plus haut » (Hegel, 1969, X, p. 404) [nous traduisons].

encore une fois, *ab interiore mathesi per exteriorem ad ulteriorem*[14] et de reconnaître, par l'exploration de l'horizon que nous avons pris conscience d'être, que ce mouvement n'intéresse pas une singularité ontologique personnelle mais l'ouverture elle-même de la pensée. L'*ab intus* n'est alors que le début d'un mouvement qui s'étend à l'horizon lui-même du savoir jusqu'à l'idée de *mathesis*. Cette idée nous laisse accéder à une ouverture qui n'est ni l'horizon des formations concrètes du savoir, c'est-à-dire l'horizon métathéorique, l'horizon de l'épistémique en tant que tel, ni l'horizon des phénomènes tels qu'ils sont vécus, le « monde de la vie » ou l'horizon de l'existentiel en tant que tel. Cette ouverture est l'espace de leur réfléchissement mutuel à partir de l'ouverture de l'horizon métaontologique, qui se caractérise par le « ni-ni » justement en vertu de leur renvoi spéculaire réciproque.

Au sein de cet espace, dont la trame est reconstituée par le travail catégorial de découverte et de mise en relief des interactions entre les modèles □MO considérés comme espaces algébriques topologiques, émergent les *topoi* de la *mathesis* elle-même, à savoir les *topoi* qui sont les univers géométriques du savoir lui-même. Et c'est justement leur pluralité qui démasque la prétention de développer – et d'accomplir – la construction d'un savoir absolu ou tout simplement complet. Car les *topoi* sont l'émergence elle-même, sinon la manifestation spéculative, d'un *multi-versum*[15]. Pour cette raison les *topoi* de cet espace, en tant que formes particulières de la *mathesis*, ne sont ni des régions physiques, ni des structures ou des espaces idéaux (donc elles ne sont pas non plus des ontologies régionales simplement formalisées). La nature du *topos* comme configuration particulière de la *mathesis* est essentielle pour refuser tout idée d'absolu, parce que c'est-à-partir de la compréhension de cette nature que l'on refuse toute hypostase en tant que telle.

Un *topos*, entendu au sens spéculatif de la modélisation métaontologique, n'est pas le lieu où l'on peut trouver les objets vulgairement entendus comme « choses » (*Dinge*) – ce que, en tant que localité, serait d'ailleurs déjà suffisant à tout refus des absolus – mais l'ensemble d'un certain nombre de relations qui subsistent entre certains modèles □MO

14 *Loc. cit.*

15 Il ne faut pas identifier l'idée des « *topoi* » du savoir et du *Multiversum* qui en ressort avec l'idée de *Multiversum* de la théorie des super-cordes en physique contemporaine. Cette dernière se laisse expliquer méta-ontologiquement par la théorie des « *topoi* » du savoir tandis que la théorie des « *topoi* » du savoir ne se laisse pas réduire à celle-ci.

comme espaces vectoriels topologiques, les objets □MT (dont ils sont partie) d'un coté et les portions de l'horizon phénoménal de l'autre, au sein duquel ces complexes individuent des singularités. Où pourrait être ici l'univers pensé par la doctrine de l'être ? Ces *topoi*, comme formes de la *mathesis* ne sont, à proprement parler, *nulle part*. Ils sont pluriels et se pluralisant, des variétés de relations dynamiques. Ils ne sont ni au sein de notre expérience (plus ou moins ordinaire) ni dans les formes de savoir en tant que telles (comme composante explicite de leur *theôrein*, de leur voir). Ils ne sont nulle part, ils résultent, émergent par le travail, par la volonté toujours renouvelée du savoir de fixer le réel et de transfigurer dans des structures (par des modèles toujours nouveaux et plus généraux) ce qui se manifeste à nous à chaque moment de notre expérience et existence. Il serait donc inutile de s'interroger, de façon encore ontologique, métaphysique, peut-être aussi philosophique, sur leur localisation quelque part, sur leur analogie avec les idées platoniciennes etc.[16] Tout cela n'aurait réellement aucun sens.

Ce qu'il faut se demander des *topoi* est *ce qu'ils font*, *ce qu'ils mettent en œuvre*, ce qu'ils représentent pour notre ouverture intrinsèque au réel et pour nous laisser y entrevoir un sens et en saisir la beauté. Le rôle que ces *topoi* et leur catégorisation jouent pour la *mathesis* est double : positif (c'est-à-dire constructif) et négatif (c'est-à-dire dé-constructif). Ils fonctionnent comme fil conducteur de modélisation de la dynamique elle-même du savoir, des relations que les objets □MT entretiennent entre eux et, en même temps, avec le terrain de l'expérience. Le *topoi* sont en ce sens la trame elle-même d'une *mathesis* qui s'oppose à toute hypostase dogmatique (qui lui serait intrinsèque, si elle se pensait encore comme l'issue d'une théorie souveraine). En tant que lieu formellement concret à l'intérieur duquel se découpent la relativité de l'être et la relativité du savoir, les *topoi* sont aussi le point de départ pour toute déconstruction.

Ils réalisent la déconstruction des absolus. Car ces *absolus* résultent (nous pourrions dire, de façon presque inévitable) de la paresse de l'humanité à s'engager dans de nouvelles formes d'exploration ou, tout simplement, du désistement des individus de persister dans toute forme demande pour chercher un concret à bon marché. Ces absolus ne peuvent que se dissoudre face aux opérations critiques que le *topoi* prédisposent. Il agit d'opérations tout à fait nouvelles, inaperçues, qui

16 *Cf.* Platon, *Phaidr.*, 247 c 3.

consistent à tracer la genèse et les changements morphologiques de ces faux absolus au sein de l'histoire humaine. Car « les opérations » ou tout simplement des explorations « parfois impossibles donnent naissance à des objets » ou à des projets humains « dont la construction est possible[17] » .

Mais soyons francs avec nous-mêmes : pourquoi faudrait-il prétendre que les individus vivent spontanément dans la conscience claire et persistante que leur seule identité est l'ouverture horizontale qu'ils sont et qu'ils doivent l'explorer ? Pourquoi faudrait-il leur demander d'expérimenter encore et encore le désert du sens qu'ils sont et qu'ils ont, au moins une fois dans leur vie, déjà saisi ? Pourquoi la critique devrait *déconstruire* par ses opérations au sein de la dimension de la *mathesis* ?

En définitive, la première tâche d'une *mathesis* qui ré-entreprend encore et encore l'exploration est uniquement de rappeler à ces individus qu'ils acceptent les idoles qu'on leur façonne, et de quel vide ces idoles sont faites. Et elle fait cela non de façon rhétorique mais de façon *méthodique*. Cela revient à montrer, de façon patiente – sans prétendre à les détruire au nom d'une idole plus ineffable et raffinement façonné – que cet idole-ci ou cet idole-là ne sont finalement qu'un kaléidoscope. Ces kaléidoscopes – l'homme, le genre, la race, la personne, l'âme, la Réalité, l'histoire universelle, le destin, le salut, Dieu – ne sont qu'une composition de petites parties résiduelles de leur spéculatif, du spéculatif qu'ils sont tous et dont ils ont voulu se débarrasser en se débarrassant ainsi du savoir.

Ces kaléidoscopes leur sont vendus à bon marché pour leur faire croire qu'il y a un Sens et que ce sens se cache dans les myriades de reflets complexes de leur vie, qu'ils ne pourront pas comprendre, entre un achat et un autre, entre un jour et l'autre, et ainsi de suite, pour le peu de temps qui reste pour réfléchir et pour vivre. Cependant, ces petits émerveillements magiques ne sont que la copie fanée du jeu dioptrique et catoptrique infiniment plus riche, plus complexe, sublime et surtout vrai, original, de l'épiphanie du Réel. Ce que la recherche sur les formes de la *mathesis* transmet alors aux individus, ce qu'elle ouvre au sein de l'horizon que nous sommes tous, est une nouvelle vision mais est, en vérité, la plus ancienne et la première forme de vision. C'est la vision

17 Il s'agit d'une remarque, en Français, des *Elementa nova Matheseos universalis* de Leibniz (Leibniz, 1966, p. 350).

du savoir qui redonne sens, par la recherche, à la situation spéculative de la vie, à l'horizon que nous sommes tous.

Il s'agit de la capacité de saisir en termes de réfraction, de réverbération, de proximité dérangeante, de mystère et de beauté, la contemporanéité précaire de cette épiphanie, le clair-obscur du pli ainsi que du réel de la manifestation. Le but du retour à une idée de *mathesis*, le but de la recherche sur ses formes au sein de la vie des individus n'est pas alors la capacité de saisir une fois pour toutes, en tant que configuration harmonique fermée, l'ordre dernier du savoir (et, par là, du monde). Il s'agit de révéler, au sein de l'horizon que nous sommes tous, ces catoptrique et dioptrique universelles qui régissent notre spéculatif, un tourbillon vertigineux de rayons, de points de fuite, de spectres et de mises en miroir. Seule cette grammaire de la vision peut donner aux individus la conscience de n'être pas des possesseurs (des choses, d'une identité, d'un être, d'un sol avec un droit, d'une âme, d'un destin, etc.) mais d'être capables de cohabiter non seulement entre eux mais avec tout ce qui les entoure.

DEUXIÈME PARTIE

PER EXTERIOREM MATHESIM

SUR LA MÉTA-ÉGOLOGIE

La *mathesis* des formes de subjectivation

LE DOUBLE MOUVEMENT

La *mathesis* apparaît tout d'abord comme l'ouverture d'une dimension – à savoir la situation dans et par laquelle l'épistémique et l'existentiel se trouvent dans un réfléchissement mutuel. Elle n'est pas quelque chose de déjà structuré, un espace normé dans lequel on aurait la possibilité de ranger des thèmes et des arguments « philosophiques ». Ces mêmes thèmes avaient été mis « hors-jeu » dans et par l'instauration du spéculatif lui-même au sein de la situation métaphilosophique. Car le seuil métaphilosophique n'a pas l'apparence d'un passeur, d'un filtre, mais d'une suspension de la validité elle-même de la « philosophie » comme « lieu » d'instanciation d'un savoir privilégié sur des objets, des thèmes, etc.

La radicalité de la suspension va de pair avec la nécessité et l'urgence d'une *construction* du spéculatif, à savoir des dimensions du spéculatif. Celles-ci correspondent à des perspectives bien définies de saisie de la spécularité entre l'épistémique et l'existentiel. Cela ne signifie pas que « là-dedans » il n'y ait des thèmes qui, d'un point de vue contingent ou d'un autre, soient encore à reconnaître comme « philosophiques » : les thèmes historiques « traditionnels » ou les arguments qui dominent le « débat contemporain », le marché des hypothèses pseudo-scientifiques. Ce n'est tout simplement pas la question. La question est, en revanche, de savoir si la pensée pure, qui ambitionne au spéculatif (et à la *mathesis*), soit capable et ait finalement le courage de risquer, encore une fois, comme « pensée philosophique », le naufrage. La question est donc de savoir si elle ait finalement le courage de se dénouer de son identité factice pour retrouver, à partir de *son* existentiel lui-même, la spécularité avec un épistémique qui fournit une topologie définie et structurée aux pas qu'elle a franchis dans le vide, uniquement en suivant son questionnement radical comme forme première du désir de savoir.

La construction du spéculatif lui-même par la structuration de son espace consiste alors dans un double mouvement. Elle est mouvement en arrière, parce qu'elle restructure la pure ouverture du spéculatif par sa dimensionnalité propre, et en avant, parce qu'elle prédispose des recherches sur les formes de la *mathesis*. Dans et par ces recherches, ces formes n'apparaissent plus comme des « desiderata » ou comme purement potentielles, mais dans leur épaisseur et consistance spéculative propre. Par ce double mouvement de la pensée (qui a abandonné, s'est dépouillée de son identité factice pour se saisir dans le spéculatif) s'effondre nécessairement la fausse croyance d'après laquelle il suffit d'ouvrir ou d'entrevoir des nouveaux horizons pour accomplir un voyage de découverte. Dans la mesure où ce nouveau mouvement – dans le cas du spéculatif – conduit à l'institution de la spécularité elle-même entre l'épistémique et l'existentiel, ce dernier doit se retrouver dans un rapport de spécularité avec l'autre. C'est en ce moment même que l'existence revient en question comme espace ouvert, regardé, compris et structuré par une *mathesis* de l'existentiel ou *mathesis* des formes de subjectivation. Cette *mathesis* rend compte aussi de la subjectivation de la pensée elle-même, une subjectivation qui accompagne la pensée qui devient et redevient spéculative uniquement en regagnant toujours à nouveau son spéculatif selon un mouvement qui affectera, de façon exactement spéculaire, l'épistémique.

Ce double mouvement indique la radicalité par laquelle la toute première structuration de l'espace et des dimensions du spéculatif doit procéder. Elle doit s'écarter d'un vide *existentialisme* et d'un vide *scientisme* comme si ces deux mots indiquaient des critères effectifs (et donc spéculatifs) par lesquels on pouvait mesurer la consistance des formes de *mathesis* qui y trouvent leur émergence et leur toute première physionomie. La pensée doit arriver à reconduire l'idée des *topoi* qui s'est esquissée à la fin de son premier parcours de méditation sur la dimension elle-même de l'existentiel, ouverte à partir de l'analyse de la première question. Elle doit conduire cette ouverture existentielle à une vision épistémique.

Cela pose *eo ipso* la question sur la nature épistémique de la méta-égologie, comme *mathesis* des formes de subjectivation. Cette « nature épistémique » ne se réduit pas tout simplement à apporter des preuves expérimentales (neurophysiologiques) à la subjectivation. Elle consiste en revanche à montrer et à clarifier structurellement le complexe méta-théorique – dont on peut maintenant entrevoir aussi la consistance métaontologique – à l'intérieur duquel des preuves expérimentales s'intègrent avec des instances résiduelles et réfractaires à tout régime d'experimentalité, avec des analyses qui ont un autre régime de preuve. En ce sens une méta-égologie inclut et dépasse les discours partiels et déficitaires aussi bien de toute approche exclusivement herméneutique à l'existentiel, avec son refus préjudiciel de l'épistémique, que de tout « scientisme » par rapport à la subjectivité, dans sa recherche obsessionnelle et exclusive de protocoles expérimentaux – nécessairement naturalisants – obtenus pas des scanners.

LA MÉTA-ÉGOLOGIE ET L'HUMAIN

La *mathesis* méta-égologique, comme *mathesis* des formes de subjectivation, se développe à partir d'une question équivoque : « que/qui suis-je ? ». Elle en fournit une clarification rigoureuse et ponctuelle et en développe la dynamique spéculative. À partir de l'émergence de cette dynamique, elle aboutit à un projet de description qui se soustrait à toute forme d'idolâtrie, ancienne comme nouvelle, spiritualiste comme naturaliste, parce que la démarche spéculative a justement radicalement suspendu ces déterminations fautives.

Le « fait » que l'individu qui se réfère à soi-même ne soit qu'un amas d'ombre et de poussière à l'extrême périphérie d'un univers dont il contemple les espaces sidéraux, ne représente guère une garantie de scientificité des fondamentalismes réductionnistes. Ce « fait » ne représente pas non plus la réfutation définitive de tout spiritualisme, tout simplement par le fait qu'il n'est pas susceptible d'être assumé, en vertu du simple bon sens, au sein de la *mathesis* des formes de subjectivation. Quel maigre progrès pour la pensée et pour le savoir que d'avoir pu pouvoir combler l'espace de l'ouverture du monde, de la nature polymorphe, protéiforme et complexe de l'expérience, par le saut métaphysique d'une affirmation holiste de type réductionniste ! Toutefois la naïveté épistémique n'est pas à attribuer aux neurophysiologistes ni aux scientifiques (lesquels, peut-être, jouent avec ce type de jouets le dimanche), mais à ceux qui se prétendent « philosophes cognitifs » : tout est matière ! Tout est neuronal ! Tout est traitement de l'information ! L'esprit, mesdames et messieurs, est à considérer comme la dernière version hyper-évoluée d'une calculatrice, comme un super-ordinateur !

Il ne faudrait même pas souligner le caractère fruste, grossier et épistémiquement risible de ce genre de propagande pseudo-scientifique si ce n'était que pour en saisir le caractère radicalement politique et économique. Lorsqu'il s'agit d'implémenter des hommes avec des machines sur large échelle (avec les noms captivants de BMI ou BCI[1]), pour en faire des consommateurs dociles et contrôlables, c'est bien évidemment souhaitable de préparer au préalable le terrain. Il faut bien commencer par faire croire aux individus qu'ils sont déjà eux-mêmes des machines, certes très raffinées, mais peu importe… Il suffit que la propagande fasse passer le message, déguisé comme un acquis « scientifique » et comme progrès. En ce sens tout ce qui de l'humain, de l'expérientiel, n'est pas computation ou naturalité expérimentable, est à classer comme bruit de fond, phénoménalité humaine indigne, à chasser de la nouvelle citadelle d'une humanité façonnée par des *bits*, par des morceaux, morcelée.

Cette humanité, obnubilée par le désir d'être améliorée par implémentation, par la technologie de l'information (« fitter happier ! »), de rejoindre le couplage alchimique et idyllique avec la machine, est tellement aliénée qu'elle se croit à l'abri de la misère. Et cet individu *trans*-humain peint par une propagande pseudo-scientifique brutale et féroce, qui n'a rien d'épistémique, ne doit même plus admettre dans sa pensée l'étranger, le migrant, l'homme seul et nu qui frappe à la porte d'une dimension que l'on prétend avoir « nettoyée » de toute saleté existentielle.

Le naufrage, la migration, le désir de reconnaissance et d'une vie meilleure, d'une émancipation matérielle et sociale représentent les traits de cet humain rejeté, d'un humain qui doit être banni, d'un humain scandaleux, dont l'image est à refouler par la propagande triomphante du cognitivisme grossier. Voilà alors que la pensée existentielle et

1 Brain-Machine-Interface ou Brain-Computer-Interface.

politique prend ce vieil « humain » rejeté et mourant par la main et essaye de l'accompagner loin, dans un lieu protégé et sûr pour qu'il puisse y mourir en toute solitude :

> Quand il [*scil.* Phoebus] me prédisait d'innombrables malheurs il m'a dit que ceux-ci cesseraient enfin quand je trouverais dans un dernier pays l'hospitalité des déesses vénérables. C'est là que finirait ma misérable vie pour le bien de ceux qui me recevraient et pour la ruine de ceux qui m'ont chassé (Sophocle, 1967, p. 892)

Dans ce lieu où s'éteint l'humain vieillard, rejeté, seul et mendiant, résonne cette question qui ouvre une *mathesis* nouvelle et radicalement épistémique de l'humain. Cette *mathesis* est ouverte, comme espace, par la demande de sens laquelle, comme invariant, en représente le fondement. Ce fondement, bien loin d'être un fondement métaphysique, n'est que le fait eidétique à partir duquel l'individu se découvre pour ce qu'il est, une ouverture constitutive à la phénoménalité. Il n'est pas le lieu des choses – mais l'ouverture thématique invariante de toute expérience-de-chose. Cette ouverture, cet horizon n'est donc ni naturalisable, ni une fonction cognitive ou une somme de fonctions cognitives. C'est en revanche un *topos* structuré par dimensionnalités pré-tracées, une ouverture plastique qui n'a rien d'un lieu intérieur (un *lieu non-lieu*[2]).

Bona pace des charlatans – parmi les « philosophes » à la une, qui se demandent « Est-ce que connaître le fonctionnement du cerveau humain nous fait comprendre comment fonctionne la pensée ? » ou « Suis-je ou ne suis-je pas mon cerveau ? » ou bien « Est-ce la personne est/a une essence ? » – le questionnement doit tout d'abord adopter un autre registre. La *mathesis* méta-égologique opère une substitution radicale des termes ou des classes des termes absolutisés dans le débat sur la subjectivité : existence, vie, ipséité, personne, âme, intériorité/extériorité, corps/esprit, subjectivité, agent cognitif, cerveau. Une telle *mathesis* méta-égologique les remplace par un seul concept opératoire, qui ouvre un projet de description qui demeure à son tour néanmoins spéculatif : *subjectivation.*

La nature spéculative de ce concept opératoire consiste justement à mettre en relation l'épistémique et l'existentiel. Car il permet de mettre

2 Augustinus, *Confessiones*, X, 40.

en relation le moment existentiel par excellence, la question « Que/qui suis-je ? » comme première forme, forme germinale de demande de sens, avec une interrogation sur les déclinaisons possibles de la structure, de l'invariant de l'auto-référence, saisi par l'assomption de la question comme telle à l'expérience-de-chose.

Ce concept opératoire est spéculatif parce que, dans le mouvement en arrière et en avant de la ressaisie spéculative du parcours initial de la pensée pure, institue le lien entre les figures du spéculatif par rapport à la dimension initiale essentiellement existentielle – celle d'une identité dénuée, nue – du questionner/demander. Cela équivaut à dire que ce concept demeurerait défaillant, dépourvu de prise, si le regard théorique n'arrivait pas à saisir, par lui, la complexité métathéorique et métaontologique des structures qui laissent tout d'abord individuer, et ensuite décrire, la subjectivation dans toutes ses formes. Il n'est pas, il n'est plus affaire d'une discipline, ni même de cette discipline « reine » imaginée et rêvée dont on ne sait plus rien. La subjectivation – selon sa structure invariante ainsi que selon ses déclinaisons – est le fil conducteur qui retisse les liens déchirés entre l'existentiel et l'épistémique, en laissant saisir les formes de la *mathesis* (métathéorique et métaontologique) comme soubassement d'un projet descriptif des formes de subjectivation en tant que telles.

Du point de vue spéculatif, la guerre contre le sujet n'est pas terminée, bien que le tyran ait été chassé de la cité : le tyran, cette figure obscure du « Sujet », qui tyrannisait et renfermait par son égologie l'humain dans son cocon sclérotique. Le sujet paraît toutefois avoir porté l'humain avec lui, dans l'exil, dans *l'exclusion*, dans la misère dans laquelle il est tombé. Si auparavant, quand il tyrannisait l'espace de l'humain, quand il hantait la cité, il était l'ennemi de l'humain dans sa richesse polymorphe, maintenant – dans sa détresse d'exilé – il en est devenu le symbole. En revanche, l'espace ouvert du *pòlemos* – au sein duquel les vainqueurs se bagarrent sur la primauté pour la définition de « ce qui était emprisonné par le sujet » – n'a point perdu sa conflictualité intrinsèque, n'a pas été pacifié. Les vainqueurs, les « héritiers » de la théorie de la subjectivité, ou de l'égologie, sont tout aussi aveugles que le tyran chassé. Ils sont aveuglés par la confection de relatifs absolutisants, de définitions de l'humain à la foi unilatérales et incapables de le décrire mais aussi incapables de l'envelopper comme le faisait autrefois le sujet.

Dépourvu de souveraineté, l'espace de l'humain est morcelé dans un myriade d'images de l'« humain », de « formes de sujet » ou de « compléments de sujet[3] » qui composent – ou devraient *ex principio* composer – l'image de l'humain si seulement une règle de composition y serait indiquée. Dans cette situation de tension extrême émerge le spéculatif de l'existentiel dans lequel l'épistémique de la *mathesis* métaégologique doit se réfléchir. C'est à cet existentiel que la *mathesis* métaegologique doit toujours et constamment revenir pour demander légitimité et souveraineté pour la détermination de cet humain polymorphe, qu'avait été pour longtemps été renfermé et maîtrisé conceptuellement par le biais de l'égologie. Car la subjectivation n'est que le positif qui émerge et prolifère de la tension autodestructrice de deux formes de spéculatif qui ne savent pas se reconnaître comme telles : un existentiel sans épistémique et une épistémique (neurophysiologique) sans existentiel, qui doivent déléguer à une autre forme de vision, de *théorie*, la tâche de faire ressortir une nouvelle dimension.

SUBJECTIVATIONS

Cette nouvelle dimension commence à s'esquisser par la conscience elle-même d'horizontalité de la vie, de l'humain. Que le « je » ne soit rien d'autre qu'un horizon, signifie que toute manière de se référer à soi-même, toute possibilité de saisir un « Soi » comme forme identitaire, comme cristallisation ou comme complément de l'identité, passe par un processus génétique, par une dynamique qui, en elle-même, implique une polarité. Cette polarité, déjà placée sur le terrain de la description, renouvelle la relation spéculative à deux reprises.

Tout d'abord parce qu'une forme de subjectivation, pour être décrite, remet en cause les structures théoriques développées par d'autres objets □MT, d'autres « formes de savoir » qui en expliquent la dynamique. Une forme de subjectivation ne s'explique pas toute seule, à l'intérieur de la « philosophie ». Le sujet « corporel », le sujet « perceptif », le sujet « pulsionnel », le sujet « social », le sujet

3 *Cf.* à ce sujet Descombes (2004, p. 119 *sqq.*).

« politique », pour être compris, en tant que formes d'auto-référence hybride, activent chacun un objet ou un complexe d'objets □MT, lequel en ouvre le champ de description possible. L'institution de ce lien structurel, par l'assomption d'un objet thématique d'analyse d'une forme de subjectivation, ouvre la relation entre la structure invariante de la subjectivation d'un côté et la structuralité théorique qui en décrit la forme particulière de l'autre. Cette structuralité n'est pas nécessairement « disciplinaire » mais peut aussi résulter d'un complexe métathéorique entres plusieurs objets □MT.

Ensuite parce que la forme de subjectivation, ou forme d'auto-référence hybride, saisie comme objet thématique, n'est que la composante analytique d'un processus vécu, d'une forme de vie opérant de façon non thématique, que la tension spéculative entre structure invariante du Je-horizon et structure théorique (ou complexe de structures théoriques) peut et doit clarifier. Ce noyau pré-thématique d'une forme de subjectivation (d'une forme d'auto-référence hybride, ARH), à considérer comme forme de vie et d'expérience, est la base de tout spéculatif, parce qu'il est le spéculatif lui-même au stade originaire, brut, sauvage.

L'individu qui se subjective dans/par une forme de vie et une forme d'expérience, qui s'ouvre à un « thématique » quelconque, fait expérience en même temps de l'image d'*un* Soi, ou trouve dans cette ouverture thématique une image en retour. Mais comment peut-on saisir ce noyau spéculatif brut, à l'état sauvage ? Si le fait de s'imaginer un langage équivaut à s'imaginer une forme de vie[4], penser une forme de vie et une forme d'expérience comme milieu génétique et dynamique d'émergence d'une forme de subjectivation, équivaut à penser la surface, l'épaisseur théorique pré-thématique qui donne accès au monde phénoménal. Il équivaut à penser cette épaisseur théorique, en même temps, comme une surface translucide qui donne nécessairement une image en retour[5]. La forme d'expérience et la forme de vie sont le milieu génétique et dynamique d'une forme (et de toute forme) de subjectivation, justement en vertu de cette dynamique

---

4 *Cf.* à ce sujet Wittgenstein (1969, § 23, p. 300).

5 Sur le statut spéculatif, c'est-à-dire catoptrique (et dioptrique à la fois) de toute expérience, convergent Heidegger (dans "Les problemes fondamentaux de la phénoménologie") et Merleau-Ponty (dans "Le visible et l'invisible"). *Cf.* Heidegger (GA, 27, p. 227) et Merleau-Ponty (1964, p. 181).

spéculative pré-thématique essentielle. Elle se laisse déterminer par la structure théorique-sémantique du réseau des significations activées, mobilisées dans la forme de vie et d'expérience elle-même pour avoir une expérience-de-chose.

La subjectivation a lieu justement lorsque le « Je-(qui est)-horizon », pure ouverture thématique, assume une perspective par l'identification de la situation expérientielle elle-même, fixe la perspective d'accès au monde phénoménal. Cette stabilisation entraîne la subjectivation, laquelle se sédimentera, se variera, se précisera par la fixation réitérée de la situation expérientielle. Une telle subjectivation se fait par un double mouvement pré-thématique, en avant et en arrière. Ce mouvement se concrétise dans le rémplissement, la fixation intuitive des indexicaux primitifs, « ici » et « maintenant » comme forme élémentaire de la situation de cette expérience « thématique » et par la retro-détermination de l'indexical « je ». Cet indexical, rempli en retour, devient une forme de « moi », une *image spéculative* du soi. Si la subjectivation se fonde toujours sur l'horizontalité constitutive du « je », elle ressort toutefois de la détermination spéculative, en retour, par une forme d'intuitivité élémentaire, contextuelle[6]. Cette forme d'hybridation, intrinsèque à la subjectivation, est génétiquement dépendante de la complexion des structures théoriques (même élémentaires) et *eo ipso* sémantiques des formes d'expérience comme formes de vie.

La tâche principale de la méta-égologie comme *mathesis* des formes de subjectivation est celle de fixer et de décrire tout d'abord des formes élémentaires de subjectivation, à savoir les toutes premières formes d'hybridation des « Soi » (des Moi) ainsi, ensuite, que les formes plus complexes qui ressortent des engendrements mutuels entre formes d'auto-référence hybride.

6 Nous avons exposé cette dynamique de façon plus analytique dans Fraisopi, (2017). *Cf.* par ailleurs *Untersuchungen/Recherches*, § 38-40.

THÈSES
SUR LA *MATHESIS* MÉTAÉGOLOGIQUE

1. La vie et l'expérience auto-référée de chaque individu est à considérer comme une multi-dimensionnalité plastique, c'est-à-dire comme un horizon de formes d'autoréférence et de subjectivation interagissant de façon modulaire.
2. Dans l'ouverture multidimensionnelle de la vie (et de l'expérience) auto-référée est impliquée, à titre de potentialité, toute forme d'expérience, sentiment et action.
3. Chacune de ces formes implique une auto-référence hybride (ARH) et la présuppose, c'est-à-dire qu'elle se laisse déterminer comme ARH et elle se laisse décrire à partir d'une autre ou d'un autre niveau de sédimentation génétique de l'ARH.
4. Toute forme de vie (forme d'expérience, forme de sentiment, forme d'action) est de nature génétique, c'est-à-dire qu'elle est quelque chose de sédimenté, quelque chose d'émergent à partir de formes d'ARH et d'autres formes de vie réitérées, activées et variées toujours à nouveau.
5. L'auto-référence consiste dans la rétro-détermination médiate de la fonction signifiante indexicale primitive du « je » [*ego*] par le rémplissement intuitif (détermination) de deux autres indexicaux primitifs, l'ici [*hic*] et le maintenant [*nunc*].

   5.1 [*hic*] et [*nunc*] sont des foncteurs indexicaux contextuels.

   5.2 Les foncteurs indexicaux primitifs [*hic*] et [*nunc*] se laissent remplir et déterminer contextuellement par la saillance de certains « points d'orientations ».

6. La dynamique de l'individuation de « points d'orientations » saillants (et, par conséquent, du rémplissement intuitif des foncteurs indexicaux) est essentiellement liée au complexe ontologico-régional de la forme d'expérience, de sentiment et d'action.

- **DEFINITION** : Par « complexe ontologico-régional » on entend le réseau d'éléments ontologiques (1. Objectités – 2. États-de-choses – 3. Évènements) lequel appartient
  a) à une ontologie régionale (et/ou à un *apriori* matériel)
  b) à un complexe qui émerge de l'entremêlement ou de l'engendrement de plusieurs ontologies régionales (ou de plusieurs *a priori* matériels).

7. En ce sens, toute forme de vie comme forme d'expérience, de sentiment, d'action est à concevoir comme à double entente :

   1) comme ouverture thématique – dioptrique – à une objectité (par le biais d'un complexe ontologico-régional) ;
   2) comme autoréférence catoptrique, réflexive.

   7.1 La coappartenance constitutive et la complémentarité de ces deux formes est ce qu'est à entendre comme le spéculatif de toute forme de vie et de toute forme d'expérience (à la fois comme *de specula prospicere* et comme *per speculum videre*).

8. Il n'y a, par conséquent, aucun noyau, aucune essence fixe et invariante d'individuation – qui serait atemporelle et dépourvue de contexte – de la vie de chacun.

9. Même s'il ne se donne rien d'essentiel, il y a une forme invariante de la dynamique de l'auto-référence, de la subjectivation, que l'on définit comme « structure dynamique et transcendantale de la subjectivité ».

10. À partir de cette forme invariante et fonctionnelle, on peut tirer certaines conséquences :

    10.1 que le “je” n'est ni substance ni essence ;
    10.2 que le “je” est tout d'abord et constitutivement “horizon”, ouverture intentionnelle et thématique de la vie et de l'expérience ;
    10.3 qu'au sein de l'ouverture plastique de la vie et de l'expérience émergent des formes habituellement stabilisées d'auto-référence, de subjectivation, que l'on nomme formes du « soi », et qui sont plastiques et sédimentées.

11. La *mathesis* des formes de subjectivation est le projet de description phénoménologique de ces formes d'auto-référence hybride, de subjectivation, comme formes du soi.

12. La tâche de la *mathesis* de la subjectivité s'articule en trois parties principales.

12.1 Fixer et décrire, selon la méthode phénoménologique, les formes de subjectivation comme formes d'auto-référence hybride.

12.2 Pour chaque forme de subjectivation, il faut accomplir

a) des analyses phénomenologico-descriptives ;
b) des analyses (des structures) méta-théoriques ;
c) des analyses (des modèles) méta-ontologiques ;

qui concernent

– aussi bien les complexes pré-thématiques qui opèrent à la base de la forme de subjectivation ;
– que les processus psychiques-intentionnels par lesquels ces complexes sont activés dans une forme de subjectivation comme forme d'expérience auto-référée.

12.3 Construire l'articulation de la *mathesis* de la subjectivité (comme *mathesis* de la dimension existentielle de la vie) dans un rapport étroit de spécularité avec les autres tâches principales de la *mathesis.*

13. La *mathesis* de la subjectivité est à entendre philosophiquement comme une méta-égologie non métaphysique.

13.1 Elle consiste en une description de la multiplicité-variété [*Mannigfaltigkeit*] n-dimensionnelle et modulaire des formes de subjectivation (formes d'ARH) en tant que formes du soi avec leurs topologies expérientielles.

14. Le but proto-épistémique de la *mathesis* de la subjectivité est de laisser apparaître la vie et l'expérience, c'est-à-dire la dimension existentielle de la vie et de l'expérience, comme construction complexe et évolutive de sens.

15. Le *topos* ouvert de l'expérience et de la vie est le monde de la vie [*Lebenswelt*].

L'HOMME MODULAIRE

L'horizon et le fondement spéculatif éloignés d'une telle *mathesis* méta-égologique se concrétisent dans l'idée, dans la conception d'un « humain » – et non d'un « homme » – modulaire. Cela peut et doit signifier une forme invariante de relationnalité (et non pas de relations concrètes) au sein de ce *topos* ouvert qui se laisse nommer comme « monde de la vie ». L'humain est constitué de relations : cela ne veut, ni ne doit, signifier, au niveau du fondement spéculatif, que l'homme vit tout simplement en relation avec d'autres hommes. Cela signifie plutôt que sa fixité, son essence, est exclue, révoquée par la modularité des formes d'ARH, des images spéculatives de soi. Par conséquent, le fait de parler d'*une* « science de l'homme » apparaît vain, pour ne pas dire délirant. Selon ce « délire » métaphysique d'une essence de l'homme, cette essence – qui serait le soubassement de toutes ses dynamiques relationnelles – serait l'objet d'un savoir premier. Car l'essence, pour être considérée comme telle, doit nécessairement être le fondement de la relation ou des relations qui s'y établissent et non pas le contraire. Si c'est le contraire, si ce sont des formes *relativement* stables et invariantes qui laissent parler d'essence, l'essence se dissout, *ipso facto*, pour laisser la place à un concept ni métaphysique ni ontologique de possibilisation.

En étant la relationnalité des formes d'auto-référence ce qui fait l'humain et, à son tour, la relationnalité se fondant sur la structure spéculative de l'auto-référence hybride comme telle, l'homme apparaît alors comme dé-essentialisé. Il est dépourvu d'un cocon spirituel intérieur pour être *ouvert* à l'ensemble des relations spéculatives possibles – et donc des formes d'auto-référence hybride – à l'intérieur du *topos* du « monde de la vie ». La stabilité n'est ici qu'une forme d'*habitus* sédimenté [*éthos*] et ne représente point une essence. Par conséquent, une fois comprise la nature modulaire de l'humain comme ensemble de variations d'expérience du mondain, le fait de parler de « substrat ultime des habitualités » – si ce n'était que de façon neurocognitive – tout comme parler d'une « ontologie du monde de la vie » – si ce n'était que de façon spiritualiste ou métaphysique – est dépourvu de sens. Cela laisse émerger tout d'abord l'expérience comme inscrite dans une forme d'invariance relationnelle relative, tout à fait indépendante d'*une* ontologie mais se formant à partir de l'activation de plusieurs aprioris matériels. Une telle invariance relationnelle relative est à caractériser préliminairement comme *relation anthropo-cosmo-logique*. Cette relation se présente alors comme l'ensemble ouvert des formes d'expérience dans leur multi-dimensionnalité. Ce qu'on appelle relation anthropo-cosmo-logique n'est pas la relation sujet-objet mais le *topos* relationnel de toutes les ouvertures thématiques au sein desquelles peuvent s'instituer une relation sujet-objet, sujet-sujet, et leurs transformations combinatoires possibles.

L'homme modulaire, plutôt qu'être une substance – plutôt qu'être un sujet – est la classe concrète et sédimentée des interactions qui, par le biais de leur stabilisation réitérative, donnent lieu à des structures de formes d'expérience (et de formes de vie) à géométrie variable. L'horizon de l'homme, de l'humain modulaire, s'avère donc être la dimension à partir de laquelle la relation anthropo-cosmo-logique acquière ses physionomies plurielles. En même temps, il est à penser comme la trace d'un rapport fondamental (sédimenté) entre l'humain et le mondain, à partir duquel s'esquisse la possibilité d'une *théorie* comme forme d'expérience et forme de vie. *Monde* et *théorie* (*kósmos* et *theôria*)[7] ne peuvent alors qu'être pensés respectivement l'un comme forme de systèmes stables (et stabilisés) de relationnalité et l'autre comme forme de vie qui s'esquisse à l'intérieur de cette stabilité. Ils sont à penser par conséquent comme des issues génétiques, génératives, dont on ne peut reconstruire, ou exposer la genèse spéculative, que par des généalogies.

7 Dorénavant « monde » sera toujours à prendre dans sa signification spéculative originaire de *kósmos* et « théorie » comme *theôria*, c'est-à-dire dans sa signification spéculative comme ouverture au *kósmos*.

KÓSMOS ET *THEÔRIA* : GÉNÉALOGIE(S)

Ce que la question « Que/qui suis-je ? » révèle n'est pas quelque chose de mystérieux, ou un domaine propre à une discipline plus qu'à une autre, ni même un fondement sur lequel on pourrait appuyer une métaphysique quelconque. La question « Que/qui suis-je ? » révèle, redécouvre un état, une situation pure, brute, à l'état sauvage. C'est le sceau de l'ouverture de l'individu, du *prosòpon*, au *monde*, au *kósmos*, laquelle n'a, pour le moment (dans et par la *spécularité entre la dimension onto-génétique et phylo-génétique*) rien de philosophique ni d'épistémique. Elle émerge, à titre de résultat, comme stabilisation de la complexité de la dynamique spéculative naissante des formes modulaires de l'auto-référence.

L'individu [le *prosòpon*][8] n'est pas la personne, la conscience de soi pourvue d'un espace intérieur dont elle seule peut rendre compte et dont elle-seule peut sonder le secret. L'individu est la stabilisation, l'issue de la stabilisation de la complexité génétique de la topologie égologique de l'auto-référence. Cette-ci est obtenue, sédimentée, par le réfléchissement avec des situations, des typologies d'expérience, des contextes, qui se traduit dans des *habitus* qui ont une relation modulaire, mais désormais stable. Dans et par cette stabilisation, si la topologie n'est que la topologie des formes de spécularité comme formes d'auto-référence hybride, émerge alors l'autre terme de la relation qu'institue l'individualité comme *prosòpon*.

Le *monde* (*kósmos*) est tout d'abord la stabilisation, l'ordonnancement de la vie ou de la topologie de la spécularité qui conduit à une modularité relativement stable de formes d'auto-référence hybride. Par là, elle conduit aussi à la forme générale de spécularité que tout individu (et tout groupe, communauté) entretient avec le monde de la vie. En ce sens le monde ne peut qu'être premièrement et essentiellement, et ne peut que demeurer, « notre monde » [*kósmos outos*]. Bien loin d'être l'univers de la physique tout comme le *prosòpon* (individu) n'est pas la personne de la métaphysique, le *monde* n'est que la stabilisation « objectivée » dans une

8 Dorénavant « individu » est à prendre au sens grec de « *prosòpon* », c'est-à-dire, si l'on veut, dans sa dimension phénoménologique originaire instituée par la rencontre et pas (encore) pourvue de caractère métaphysique de « personne » que lui fournira la tradition chrétienne.

forme, une forme de modularité stable de la plasticité multidimensionnelle du monde-de-la-vie. Le *monde* est tout d'abord l'ordre (relatif), la forme modulaire stable – parce que stabilisée – du monde de la vie. Une telle forme émerge d'une genèse qui peut être reconstituée ou remémorée *uniquement par le biais d'un mythologème ou d'un système organisé de mythologèmes*, de narrations mythiques, anthropo-goniques et cosmo-goniques à la foi.

Le système des mythologèmes ne sert à rien d'autre qu'à laisser subsister la toute première forme stabilisée de relation horizontale entre *individu* et *monde*. Ici deux dimensions s'articulent dans la constitution de la toute première forme de relation anthropo-cosmo-logique, par laquelle la dimension chaotique est refoulée par l'institution progressive – mais aussi violente – de l'ordre : la loi [*nómos*] du *monde* ne s'instituant qu'avec et par la force [le *krátos*]. À la fin de ce processus, comme issue du processus lui-même, se trouve l'horizontalité de la relation anthropo-cosmo-logique. Elle est une positivité première mais se présente toutefois, en même temps, comme issue d'une genèse, d'une histoire qui ne peut qu'être *racontée*. Ce récit suit et constitue cette modularité justement en échappant à une linéarité narrative cohérente, et se présentant plutôt sous la forme d'un rhizome.

La phénoménologie de l'institution d'une telle dimension de l'horizontalité est ce qui en fait un commencement équivoque. Elle ne peut qu'être commencement absolu, pour une théorie quelconque, en tant que positivité première (ou première forme de positivité stable). Cependant elle s'avère aussi être un commencement relatif. Car, en instituant l'*ordre* (en tant que) *monde* [*kósmos*] comme terme de la relation et un *individu* qui le considère [*theôrètai*], elle a déjà dû passer par le refoulement – ou tout simplement par la narration illusoire, mythique, du refoulement – du chaotique à partir de l'horizon « ordonné ». C'est uniquement à cette condition que ce dernier peut être conçu justement comme *monde* structuré. La *théorie* [*theôria*] est l'issue qui sert de commencement absolu mais, en réalité, elle n'est qu'un résultat[9]. En étant un résultat qui légitime la positivité, la distinction, l'abstraction, elle est pourtant l'absolu – l'absolument premier (de la visibilité) – à partir duquel on peut tout simplement penser la genèse. L'anthropo-cosmo-gonie est « autre »

---

9 Nous suivons ici, tout comme dans nos analyses sur l'archéologie de la *theôria* (*Cf. infra* Chap. VII, p. 137) l'interprétation magistrale fournie par Jean-Pierre Vernant (Vernant, 1962) à la suite de Cornford (qui donnait déjà une lecture continuiste du phénomène d'instauration de la dimension philosophique en Grèce ancienne) contre Burnet (en part. chap. VI-VIII).

du *logos*, elle n'est possible qu'à partir d'un absolu apparent qui se tient dans des rapports fixes, quoique non définitifs, mais uniquement stables.

L'horizontalité de la vision, du regard, est tout simplement la dimension à partir de laquelle la pratique de cette vision, de cette *théorie*, peut saisir des positivités thématiques, même la positivité d'un *mythos*. La dimension de la *théorie* sert à les objectiver. Grâce à sa positivité, la théorie travaille sur et par l'abstraction et l'idéalisation, pour éviter que le résultat de ce travail soit encore une fois, et perpétuellement, perdu et dissout dans un vortex non ordonné. Si la tâche d'une pensée est encore celle de s'interroger sur le seuil ou sur les seuils multiples entre savoirs positifs ou non, il faut interroger la nature spéculative de la *théorie* elle-même. L'horizontalité, on a dit, est quelque chose de premier, commencement absolu, justement parce que, dans sa nature paradoxale, contradictoire, amphibolique, c'est uniquement à partir de son institution comme dimensionnalité de la relation anthropo-cosmo-logique que l'on peut retracer une cosmogonie en tant que système de récits cosmogoniques, en tant que narrations *plausibles*. C'est uniquement lorsque la relation anthropo-cosmo-logique s'est instituée et a commencé à se sédimenter comme topologie de l'ouverture mutuelle de *prosòpon* (individu) et *kósmos* (monde), que l'on peut commencer à penser quelque chose comme une *theôria* (théorie), à savoir comme la fixation de cette ouverture – et de son invariance (relative).

La *théorie* – comme vision d'ensemble [*synopsis*] – rendue possible par la stabilisation de la relation anthropo-cosmo-logique, et par la manifestation de sa dimensionnalité propre, implique justement, comme vision d'ensemble, l'écart, ou la possibilité de l'écart. Elle implique la brisure de symétrie, une possibilité contenue dans et véhiculée par la relation elle-même. La *théorie* n'est pas une chose, ni une place prédéterminée à partir de laquelle on penserait pouvoir considérer des choses. Elle n'est pas non plus un système de propositions, lequel se limiterait à rétablir par le langage l'ordre syntaxique d'un nombre plus ou moins vaste d'états-de-choses. Par sa mobilité, par la possibilité intrinsèque du regard – c'est-à-dire la capacité de fixer un « thématique » quelconque comme tel – par la possibilité intrinsèque de la *théorie* de pouvoir varier à l'infini, la relation anthropo-cosmo-logique se brise. Elle demeure justement toujours ouverte parce qu'en elle se manifeste une difformité constitutive entre les deux termes de la relation.

Le *monde* est bien compris comme « ordre », c'est-à-dire, comme ensemble de situations, d'objectités et d'invariances (figures de positionnement) qui ont une certaine stabilité. Cependant, cette stabilité ne détermine pas entièrement la structure des formes d'auto-référence, en la laissant subsister dans sa modularité. De la potentialité de l'ordre, du *kósmos*, de varier, ne ressort pas la possibilité de déterminer le *prosòpon* de façon intégrale, c'est-à-dire stabilisée une fois pour toutes. C'est alors dans l'institution elle-même de la relation anthropo-cosmo-logique que réside, de façon nécessaire, sa brisure de symétrie. Elle abrite la possibilité (point la nécessité) du dépassement de l'équilibre dans lequel les deux termes résident à l'aube de leur manifestation.

L'asymétrie est condition de possibilité de chaque terme de la relation anthropo-cosmo-logique, c'est-à-dire de leur subsistance thématique : le terme de la relation, pour exister, doit avoir déjà brisé la symétrie parfaite de la relation qui l'institue comme terme. L'étrange destin spéculatif de la relation est de devoir être brisée pour être saisie comme telle. L'en-soi du terme, saisi et saisissable, de la relation, implique et a déjà déterminé la brisure de sa symétrie. La relation anthropo-cosmo-logique, que l'on pourrait *vulgariser* et *falsifier* comme relation « sujet-monde », tout en demeurant horizontale, s'avère nécessairement asymétrique justement en vertu de la « mobilité égologique » de la *théorie*.

Ce qu'on appelle « demande de sens » n'est alors que la manifestation de cette difformité, de cette symétrie brisée dont l'*individu* garde toujours mémoire – un résidu du « chaotique » maintenu présent, même latent, par le système des récits cosmogoniques, qui raconte et justifie la stabilisation de la relation et son articulation multidimensionnelle. Face à l'exhortation « regarde cet ordre[10] », l'*individu* demeure muet mais en ce sens ne peut que s'en tirer à part, s'en sentir difforme, partiellement étranger, liminaire. Fait face ici toute la nature paradoxale de la *théorie*, par laquelle le *prosòpon* est à la limite du *monde*, liminaire à son ordre. Mais il en est en même temps au milieu, parce qu'il ne saurait articuler autrement ses relations spéculatives qui rendent possible la constitution d'une structure modulaire de stabilités, de formes d'auto-référence hybride et, par là, la constitution de l'identité (si faible et incertaine qu'elle puisse être). Pour cette raison, l'asymétrie, ou la brisure de symétrie intrinsèque à la *théorie* et à la demande de sens déclinée dans la forme plus originaire n'ont – si l'on se tient à la « chose » – rien de philosophique.

---

10 *Cf.* S. Beckett, *Endgame*, *loc. cit.*

L'asymétrie de la relation anthropo-cosmo-logique, qui se révèle uniquement à partir de l'exercice de la *théorie*, révèle à son tour la relation intime entre la demande de sens et la « constitution » structurelle de cet individu [*prosòpon*] pour lequel vaut la stabilité de l'ouverture de son regard. La chaoticité (ou la complexité) absolue, transformée de façon narrative, cosmogonique, en *monde* – qui peut être saisie comme reconstruction uniquement à partir de l'horizon de la *théorie* elle-même – demeure présente et, on pourrait dire, active. Le *chaos* n'est jamais réellement refoulé de façon intégrale, et le *monde* ne s'institue jamais de façon intégrale, persiste en son sein quelque chose d'irréductible à l'ordre, comme trace positive de sa négation. Une telle trace, comme asymétrie de la relation anthropo-cosmo-logique, est justement la condition elle-même pour qu'il soit saisi comme terme indépendant, comme *monde.*

La trace de la négation du chaotique, comme figure de la narration mythique qui en raconte le dépassement, se transforme – au sein du *monde* – en demande : demande d'unité de/dans l'exception, donc forme déficitaire de sa positivité. Au sein d'un *monde* présenté comme tel, comme résultat et commencement absolu à la fois, se présente – en vertu de la contradiction qu'il incarne et qu'il développe – la difformité radicale de l'individu. L'individu en est partie, en vertu de sa relation ou de ses relations spéculatives mais, pour s'en savoir « partie », il doit en différer, il doit toujours s'en exclure, s'en aliéner, parce qu'autrement cet ordre ne peut pas être saisi comme tel.

La demande de sens dans sa forme théorique « Que/qui suis-je ? » est la manifestation pré-philosophique de cette asymétrie constitutive qui fonde, si l'on veut, l'être du *monde* comme tel. L'anomalie, comme asymétrie, légitime sa subsistance comme ordre, mais uniquement « ordre saisi », bien que dans la saisie indifférenciée de la multi-dimensionnalité mondaine vécue. C'est dans le lien essentiel entre demande de sens et *théorie* qu'il faudrait alors chercher l'émergence et le dépassement du « théorique ». Car ce « théorique », comme système de structuration et de donation de sens du monde, selon la forme de sa stabilité structurelle (*épistème*) et ontologique (*èinai – òn – ousia*) ne peut que se cristalliser dans une forme de subjectivation particulière, le « sujet philosophique ». En ce sens, le « sujet philosophique » – comme concrétion de l'anomalie, de l'asymétrie – est le point de départ de son même dépassement.

SUR LA MÉTA-THÉORIE

La *mathesis* des formes de théorie

LE « SUJET PHILOSOPHIQUE » ET SON OMBRE

La perspective ouverte par la *mathesis* des formes de subjectivation prend appui sur une situation double, donc incertaine – « équivoque » pourrait-on dire – qui est la situation typique des moments de passage. D'un côté l'individu qui demandait le sens de sa propre existence a fait le parcours nécessaire pour arriver à remettre en question cette demande (et sa situation) dans les termes qui ne sont plus ceux d'une « philosophie » dépositaire du « sens ». La philosophie, dans ce parcours, n'est plus à prendre comme la réponse à la demande de sens de l'identité de l'homme, de la personne, elle n'est plus une philosophie à consolation existentielle, elle demeure suspendue comme un non-sens dynamique. De l'autre, ce dépassement – qui n'est pas un refoulement mais est à entendre comme une suspension, une neutralisation (modification de neutralité) au sens spéculatif du terme – n'est pas intégral et demeure encore inaccompli.

Le « sujet philosophique » s'est vu relativiser comme *une* figure, s'est vu devenir un masque, une « *(dramatis) persona* » au sein d'une structure modulaire de formes de vie et d'expérience qui organisent le *topos* plastique et multidimensionnel du monde de la vie. Ensuite il s'est vu abandonner, marginaliser face à la question sur le sens de la philosophie elle-même et face à l'ouverture de l'horizon métathéorique à partir de l'articulation de la question sur le sens même de la philosophie. Ce que ce « sujet philosophique » portait avec lui avant d'entrer dans le royaume des ombres dans lequel il a été relégué est le renvoi à une science souveraine, une *science première*.

Ce que cette figure « factice », anomale, du sujet philosophique amenait avec elle, et qu'elle conservait comme sa propriété exclusive, inaliénable, était le « sceau » de la relation entre la singularité nue de la vie et l'universel du savoir, entre l'existentiel et l'épistémique. Il la gardait comme la seule forme possible de lien qui pouvait maintenir la pensée pure à l'abri des formes mythiques de narration ou d'obscures formules religieuses vouées au mysticisme (donc à leur autodissolution comme recherche, comme demande). Il faut donc que la pensée pure revienne en arrière et qu'elle reprenne sur elle-même la figure du « sujet philosophique » pour réactiver ce lien qui tenait ensemble la singularité nue de l'existence et l'idée, ni mythique ni mystique, de l'universel dont la *mathesis* de la subjectivité a besoin pour s'accomplir en tant que telle.

Le savoir (l'*épistème*) qui s'annonçait déjà au sein de la *mathesis* de la subjectivité, pour qu'elle transforme l'existentiel et le révèle dans sa modularité ouverte, doit sortir de lui-même, tout simplement parce qu'une telle *mathesis* n'est qu'une *mathesis* orpheline, *mathesis* incertaine, erratique, sans légitimation de sorte. Car, à présent, elle ne peut pas encore montrer, avec clarté, ce qu'est la *mathesis* et pourquoi elle peut prendre la place de la métaphysique comme *science première*. Et c'est uniquement dans la réactivation et dans la transformation du lien entre la singularité nue et l'universalité (comme *science universelle*) qu'elle peut se légitimer, se reconnaître et se présenter comme telle.

Il faut que la pensée pure rentre dans ce royaume des ombres dans lequel le « sujet philosophique » – qui y est relégué – puisse lui parler une dernière fois. Il faut qu'il lui montre, ou rappelle le chemin, la route vers cette terre désirée, l'universel du savoir, de l'*épistème*, qu'elle doit regagner et qu'elle pourra regagner une fois que la métamorphose de son regard, de sa *théorie*, sera accomplie. Pour qu'elle devienne cette *mathesis* qu'elle prétend être, il faut qu'elle réactive le lien que le « sujet philosophique » avait maintenu et protégé et qu'il avait enfin porté avec lui dans le royaume des ombres.

Cependant ce lien, une fois porté « à la lumière du jour », une fois éclairé par le regard, ne s'avère être rien d'autre que l'indication d'une situation, c'est-à-dire le « là où » l'individu, qui s'est découvert comme une modularité, se place et doit se placer pour expliciter la modularité elle-même. Car cette modularité, pour être comprise, pour être sortie du statut de simple « hypothèse », pour être fixée dans et par l'épistémique, a besoin d'être éclairée par une interaction modulaire *entre* structures. Elle « nomme » une pluralité de structures épistémiques (avec leurs

« modèles ontologiques ») dont on n'a encore qu'une simple vision sans aucune possibilité de saisie, de prise. On n'est plus au stade dans lequel le « sujet philosophant à vide » fait expérience d'une pure ouverture, l'ouverture de l'expérience à l'intérieur de laquelle « il y a des "objets", ce que l'on peut vulgairement appeler "théories" ».

Ce qui est à présent remis en question n'est pas cette forme d'expérience mais sa caractérisation comme « métathéorique ». Ce qui est recherché est la possibilité que la fixation de sa structure et de sa fonction spéculative puisse donner forme à cette *mathesis* par l'indication de la nature intrinsèque de la *mathesis* en tant que telle. Par la simple « nomination », dans son projet d'institution d'une multiplicité de structures ou de complexes intra-théoriques, la *mathesis* de la subjectivité, comme science des formes de subjectivation, n'ouvre pas seulement la problématique de la *mathesis* qu'elle peut (et doit) être. Elle n'ouvre pas seulement la perspective de l'approche métathéorique (vulgairement « inter- » ou trans-disciplinaire) qu'elle peut développer pour décrire les formes de subjectivation. Elle pose le problème de la *mathesis* en tant que telle, et du métathéorique en tant que tel.

SUR LE SEUIL

L'ombre du « sujet philosophique », interrogée par la pensée pure, parle d'un « projet » qui devait lier, ancrer la singularité nue de l'existence à la *scientia generalis*[1], l'homme à l'unité de la connaissance. Mais cette unité est désormais perdue à jamais, son outil s'est révélé déficitaire, incomplet, tout comme l'homme, auquel cette *science générale* devait fournir sa réponse et son émancipation, est perdu, désorienté. Ce qui reste – comme fantôme, comme image à peine aperçue – est le projet d'une unité, une unité pour le moment saisie comme dans un rêve, une unité qui s'appelait *mathesis universalis*.

Ce qui, pour une métaphysique spéculative, apparaissait comme le défaut suprême – c'est-à-dire le fait « d'opposer à l'unilatéralité du principe philosophique l'unilatéralité opposée, afin que l'on ait ici, comme

1 *Cf.* à ce sujet les *Initia et specimina scientiae generalis* (Leibniz, 2016, p. 60).

partout, la totalité prise au moins comme une intégralité éparpillée » (Hegel, 1969, VI, p. 198) – est devenu une nécessité de fait. Elle est désormais intrinsèque et il ne lui s'oppose aucun principe philosophique, car elle se montre justement à partir de la suspension du principe, du dévoilement de son *non-sens*. Elle est l'intégralité éparpillée de théories (avec leurs démarches de fondation) qui n'ont plus une forme (de) logique complète qui puisse en ramener le contenu à l'unité.

L'unilatéralité éparpillée des formes de savoir s'étale face à un sujet qui ne peut plus espérer d'appliquer une structure logico-formelle à cette multiplicité pour la laisser ainsi reposer sur un fondement métaphysique. Ce qui reste n'est que l'ouverture d'un horizon au sein duquel les formes et les acquis du savoir s'étalent « à perte de vue » et une idée, l'idée de *mathesis universalis*. Toutefois, en soi, elle ne peut pas, pour le moment, se développer comme s'il était à nouveau possible d'unifier ce savoir dans une progression logique linéaire. Le rêve d'une calculabilité universelle, d'une *logistique* absolue, est fini et se dissout justement lorsque cette calculabilité s'avère être infiniment puissante quant à ses procédures mais défaillante quant à sa complétude, à son fondement, lorsque il apparaît son point aveugle : la vérité de la cohérence. Qu'en est-il alors d'une *mathesis universalis*, d'une mathématique universelle, qui ne donne plus raison, garantie, de sa complétude[2] ?

Ce qui reste dans la luminosité du réveil ce sont ces éléments, libérés dans leurs formes réelles, non domesticables : une idée qui ne peut plus être forme normative, un horizon ouvert et vaste de formes de savoir. Face à cette ouverture la pensée pure entrevoit à l'horizon, comme point de fuite de perspective, le point imaginaire d'une unité, d'une unification. Cette unité ne signifie plus – et ne peut plus signifier – la détermination de la forme qu'un matériau « empirique » ou « historique » du savoir, forme impure et appauvrie, devrait assumer pour être réhabilité et accueilli dans le système de la science.

Ce qui reste ce sont les éléments d'une construction métaphysique dépourvus de la croyance, illusoire, qu'en n'étant que parties d'un édifice, ces éléments auraient pu subsister comme tels uniquement comme « parties de la métaphysique ». Il y a par conséquent un « métathéorique » au-delà de la métaphysique, d'un système normé du savoir. De façon exactement spéculaire, il y a une idée de *mathesis* (*universalis*) libérée

2 *Cf.* à ce sujet Peckaus (1997, p. 3-5).

de la croyance néfaste et illusoire de la toute-puissance du calcul, de la croyance que la complexité du savoir humain soit réductible à des séquences logiques et à une axiomatique.

Qu'est-ce qu'alors ce « métathéorique », cet horizon qui subsiste et peut subsister après et au-delà de l'idée d'une métathéorie normative, d'une architectonique ? Qu'est-ce que alors cet horizon qui s'étale justement entre le présent, la situation d'une pensée théor(et)ique nue (exposée à une multiplicité de formes de savoir auxquelles elle ne peut plus donner *une* forme stable) et cette idée d'unité qui se fixe au point de fuite de son regard ?

LA *THEÔRIA* ET SON DOUBLE

Ce « métathéorique » est l'horizon ouvert du savoir lui-même. Il est la dimension d'un regard que la pensée a nécessairement ouvert lorsqu'elle a décrypté l'entremêlement thématique de la question « qu'est-ce que la philosophie ? ». Il est la dimension d'un regard auquel elle a commencé à donner forme, structure *visionnelle* : un horizon dans lequel se manifestent des agrégats, des continuités locales, des entremêlements entre des éléments théoriques tout à fait particuliers, que l'on appelle objets □MT. Cette situation de pure ouverture thématique (et intuitive) de l'horizon du savoir est la situation qu'un sujet regagne – qu'il doit regagner – pour se frayer un chemin au milieu des fragments d'un savoir qui a perdu toute signification (du moins pour lui). Cependant cette pure ouverture thématique n'a pas, n'a plus (parce qu'elle n'a jamais pu avoir) le privilège d'indiquer, comme essentielle, c'est-à-dire comme intrinsèque, une grammaire.

L'ouverture métathéorique purement phénoménologique de l'horizon du savoir – dont le statut *visionnel* est intuitif, pourrait-on dire épistémique ou pré-épistémique (mais bien évidemment non perceptif) – l'ouverture de cette vision nouvelle mais aussi primitive, implique que le sujet métathéorique appréhende de donner forme à son expérience « nue », à l'état brut, reconduite à l'état de pure subsistance thématique. La dissolution de l'illusion de l'essence (du savoir) est la dissolution du mirage d'un critère *intrinsèquement* normatif. Elle est dissolution de l'illusion selon laquelle un « sujet philosophique » pourrait être le sujet législateur du savoir. Dans ce rêve, le sujet philosophique serait celui qui pourrait, qui aurait pu attribuer une place à ces formes dans une architectonique bien stable.

Une telle dissolution est finalement la dissolution spéculative du « sujet philosophique » lequel, comme *dramatis persona*, sort de la scène, et fait ainsi que la pensée pure, dans sa situation (le « là où » le sujet métathéorique se voit situé) se mette à nouveau en quête. À ce point, elle se souvient de ce dont parlait l'ombre du « sujet philosophique », d'un projet de science universelle, d'une *mathesis universalis*, qui l'avait accompagné jusqu'à son passage dans le royaume des ombres. N'est-ce pas la simple idée de *mathesis universalis* – c'est-à-dire une pure forme potentielle sans contenu actuel ni pouvoir normatif ultime – qui reste une fois que l'idée d'essence (et de système) du savoir s'est dissoute ? Comment pourrait-on parler, toutefois, d'un projet de savoir universel, de *mathesis universalis*, lorsque l'on vient de faire l'expérience de la dissolution des pouvoirs thaumaturges de la métaphysique et de la *logistique* ?

Le sujet philosophique n'a-t-il pas été trompeur lorsqu'il a évoqué, dans le royaume des ombres, le nom de *mathesis universalis* ? Ce mot était accompagné d'autres mots lesquels, comme il arrive souvent dans les rêves, sont remémorés, reviennent dans l'ordre inverse : « théorie de formes (possibles) de théorie[3] », subsistance en soi des structures théoriques[4], *logica imaginationis*[5], *objet de la mathesis* pure[6] [*objectum purae matheseos*].

À la lumière du jour, ces mots ont perdu leur signification, la trame qui les liait et tenait ensemble s'est dissoute, la toile de la grande narration en forme d'histoire monumentale s'est déchirée. Pour cette raison il serait impossible, pour la pensée pure, de reconsidérer à rebours, dans l'illusion d'une anamnèse linéaire, ces mots. Car ces mots, ces figures ne ramènent pas nécessairement à une origine recherchée ou considérée comme telle, sinon, peut-être, à celle de la métaphysique elle-même. Il faut plutôt apprendre à interroger ce concept en soi énigmatique du « méta- » de la théorie. Qu'est-ce que peut signifier, aujourd'hui, pour la pensée, de développer une « théorie de formes (possibles) de théorie » ? Comment peut-on articuler ce palindrome ?

3 *Cf. infra* Le palindrome, p. 147.
4 *Cf. infra* L'en soi des structures, p. 149.
5 *Cf. infra Logica imaginationis* : la forme possible d'une théorie, p. 153.
6 *Cf. infra* De la *mathesis* de l'objet à la *mathesis* des théories, p. 166.

Ce palindrome parle d'un double, affirme le redoublement de la vision théorique, d'une métathéorie, dont on ne sait, du point de vue spéculatif, presque rien. On sait uniquement qu'elle a été pour longtemps identifiée à, absorbée et emprisonnée par, la métaphysique, tout comme d'idée d'une *science première*. Une telle science première, *prôte épistème*, qui devait tenir ensemble les autres formes de savoir dans un projet systématique.

Qu'est-ce qu'on sait réellement de la *theôria* (au-delà de sa généalogie) ? Peut-on être certain que la *theôria* se laisse identifier, absorber, renfermer dans le projet métaphysique sans résidu ? Peut-on être certain que, par conséquent, entre *theôria*, *science première* et métaphysique ne subsiste qu'une synonymie, et qu'elle ne puisse s'orienter à, ou s'accomplir dans la primauté d'une vision que dans la forme de la métaphysique ? Est-il inévitable qu'en dehors de la métaphysique il n'y ait aucune possibilité que la *théorie* se mette en relation avec la tâche d'une *science première* ?

ARCHÉOLOGIE DE LA *THEÔRIA*

Le passage de l'expérience du *monde* à la *théorie*, du *kósmos* à la *theôria* est un passage, en un certain sens, inévitable. La *theôria*, comme prise de position, comme disposition par rapport au monde, réside déjà dans la *nomination* d'un ordre lequel, comme tel, est objectivable ou, même si d'une façon encore peu claire et définie, objectif. La présentation du passage du *monde* à la *théorie* se pose, s'impose donc comme la reconstruction d'une dynamique spéculative intrinsèque à la dialectique de l'objectivation du monde déjà co-impliquée par sa « nomination ». Par « nomination » il faut entendre non seulement l'acte déictique spéculatif de « nomination » de l'ordre (*kósmos*), mais aussi l'histoire qui le possibilise. Elle comprend le système de récits mythiques qui occulte le monde chaotique et justifie de façon cosmogonique (aussi bien du point de vue ontogénétique que phylogénétique) l'instauration de l'ordre. L'acte de nomination du *monde* est donc le seuil spéculatif sur lequel s'instaure une double dynamique de réfléchissement :

– d'un coté, l'ordre se réfléchit dans son passé chaotique ;
– de l'autre, l'individu (mais aussi la société), stabilisé dans un réseau modulaire de formes d'auto-référence hybride, trouve une indication d'accomplissement de son identification.

Ce double rapport de réfléchissement – diachronique et synchronique, mais aussi ontogénétique et phylogénétique – est toutefois instable, inaccompli, précisément à cause de la nature même de la saisie du terme qui institue la spécularité elle-même, le *monde.*

La nomination est incertaine parce qu'elle demeure le seuil de deux dimensions diachroniques et de deux potentialités synchroniques dont on n'a pas d'objectivation, ou pas encore. Ce n'est qu'à partir de ce seuil, dimension dans laquelle l'ordre n'est pas, ni ne peut être, total, complet, intégral, qu'une objectivation peut ressortir de façon immanente à la modularité qu'elle a déjà développée. La nomination de l'ordre comme totalité implique une prise de position excentrée, excentrique, qui sera celle de la *théorie.* Elle implique la prise de position à la limite qui est censée rendre possible l'objectivation déjà inscrite dans la nomination. Dans la question posée – de façon magistrale – « Je suis *kosmotheoros*... mais le suis-je à titre ultime ? » (Merleau-Ponty, 1964, p. 150) fait défaut une autre question. C'est la question sur la dynamique spéculative qui conduit le *kosmotheoros* à se structurer comme forme d'auto-référence hybride, c'est-à-dire à se sédimenter comme situation spéculative. Je ne suis point *kosmotheoros* en dernière instance, mais qu'est-ce qui m'a porté précisément à l'être ?

La prise de position du *kosmotheoros*, déjà intrinsèque à l'expérience antéprédicative d'un *monde*, comme fixation de la relation antropo-cosmo-logique, est le commencement, l'origine de ce que l'on entend par « disposition théorique » vers le monde. Cette dernière, toutefois, n'est pas un commencement absolu, le coup de pistolet de la *théorie.* Elle est en revanche le relatif d'un processus qui conduit à l'émergence d'un *monde* dont on fait expérience de façon antéprédicative, à savoir la rétraction du système de narration mythique comme institution de la positivité. La dimension d'inaccomplissement de la positivité du *monde*, dans son être vécu comme tel de façon antéprédicative, est précisément le négatif – le défaut – constitutif du « faire l'expérience de ». Ce « faire l'expérience de », ce « vivre », pour se saisir comme tel – à savoir comme système stabilisé de formes d'auto-référence hybride – doit devenir prédicatif. Et le premier passage de l'antéprédicatif au prédicatif est la nomination, à savoir la substantivation.

L'acte de nomination, à savoir l'accomplissement de l'instauration de la positivité du monde, en fait toutefois quelque chose d'autre, d'entièrement autre. Il la métamorphose, parce que le spéculatif expérientiel qui s'y déroulait – dans la forme typique de l'autoréférence hybride (laquelle ne postule jamais une totalité mais uniquement la précompréhension d'une ontologie régionale ou d'un *a priori* matériel) – ne trouve plus un terme de réfléchissement. Ce n'est pas par hasard que, aussi bien du point de vue phylogénétique que du point de vue ontogénétique, le système de narration qui laisse émerger la positivité de l'ordre, comme modularité stabilisée de l'auto-référence, n'est pas un système linéaire (biblique-créationniste). Il est réticulaire, tout simplement parce que le polythéisme est un système « spéculatif » de narration et de présentation tautégorique du *monde*, qui se modèle sur la plasticité et sur la modularité du spéculatif subjectif des formes d'auto-référence hybride.

L'acte de nomination, comme accomplissement de la positivité du *monde*, concrétise alors, porte à la lumière du jour la nécessité d'un écart qui – sous le nom de *kosmotheoros* – nomme une autre forme de spéculatif. Ce spéculatif :

- se prétend supérieur aux formes antéprédicatives du spéculatif ;
- risque de se perdre en tant que tel, en tant que spéculatif, parce qu'il croit pouvoir briser la coappartenance d'un pur voir et d'un se regarder dans le miroir.

Cette forme de spéculatif est la *théorie*. Cet homme qui brise l'uniformité de la relation, ou le système de relations anthropo-cosmo-logiques et qui tire toutes les conséquences de l'objectivation (par nomination) du *monde* comme ordre, est privé, tout au début, d'une spécularité avec ce monde. Le *kosmotheoros* a déjà saisi l'aliénation par rapport au monde (d'où le rire de la servante de Thrace) et la perte de l'image en retour de lui-même. Tout au début, comme peut-être à la fin, le *kosmotheoros* est « personne » [*outis*]. En tant que tel, il se pose déjà comme observateur détaché, anonyme.

La *théorie* ne s'avère alors être que la stabilisation d'une anomalie par rapport au *monde*, lequel n'est plus vécu comme tel mais écarté, pour la première fois, d'un sujet qui s'écarte lui-même du *monde*. En s'écartant du monde, ce sujet gagne, pour la première fois, une position excédante, non située, « absolue ». Cette tentative de métamorphose présuppose tout d'abord la métamorphose de l'objet lui-même d'une telle *théorie*, tout comme la prise de position excentrée change les termes de la relation anthropo-cosmo-logique. Cela consiste alors à regarder le monde comme un objet, comme objectivable : il ne s'agit point de quelque chose d'innocent ou d'anodin. Penser le monde comme objectivable est un acte révolutionnaire, l'acte, le geste de fondation de la science. Il transforme le *monde*, à son tour, en *nature* (*physis*)[7] et l'ordonne à un principe impersonnel conforme à l'impersonnalité du regard qu'il incarne.

L'histoire de la *nature* appartient à l'histoire de la *théorie*, parce qu'elle est décidée par la *théorie* elle-même. Car la *théorie* détermine l'émergence de la *nature* comme objectivation du *monde* en en faisant l'objet d'une science (*épistème*). Mais la *nature*, à son tour, justement comme processus d'objectivation, détermine l'émergence de l'ontologie. C'est uniquement dans le complexe métathéorique des trois horizons, celui du *monde*, celui de la *nature* (avec son épistème et ensuite ses *épistèmaï*) et celui de l'*étant* [ὄν], et dans leur stabilisation, que l'on peut penser une métaphysique comme « histoire positive », manifeste, de la *théorie* elle-même. Mais on peut en même temps, au sein de ce complexe et de ses dialectiques, penser son dépassement historique et structurel – c'est-à-dire métathéorique.

LES PLANS (DES) DIALECTIQUES

Qu'est-ce que la fondation de la métaphysique dans toute sa puissance ? N'est-elle pas la (tentative de) stabilisation des trois horizons ouverts par la *théorie*, pour en faire une structure solide à l'intérieur de laquelle on peut fixer et conduire la *pratique* du savoir ? Si la fondation de la métaphysique n'est que cette stabilisation des horizons pourquoi serait-elle alors à dépasser (ou aurait-elle été dépassée) du point de vue historique et structurel, à savoir métathéorique ? Parce que, tout simplement, il s'agit d'une tentative inaccomplie et, en dernière instance,

7 Dorénavant « *nature* » (en italiques) est à prendre au sens généalogique et spéculatif de « *physis* ».

illégitime, forcée – sans que cela soit à juger de façon négative. Elle est une tentative illégitime et inaccomplie parce qu'elle est orientée à fixer, à normer la structure des trois dimensions – ou des trois horizons – quant à leur dynamique propre, parce qu'il s'agit d'une tentative de réduction, de normalisation (de la) dialectique, de cristallisation conceptuelle.

La dynamique générative propre du *monde* comme monde-de-la-vie n'est pas celle de l'horizon des théories, ou des formes d'*épistémè*, tout comme la dynamique générative de ces dernières n'est guère assimilable à la dynamique qui se laisse saisir comme « histoire de l'ontologie ». Ce que la métaphysique, par sa fondation et son institution, veut fixer, stabiliser, abrite en soi une (double) dialectique, qui est la dialectique qui s'institue :

- tout d'abord entre les horizons qu'on prétendrait avoir fixé par leur structure générale, en vue de la fondation ultime [*Letztbegründung*]
- et, ensuite, entre l'image des trois horizons, stérilisée par ce projet métaphysique d'un côté et le plan dialectique du réel, de leurs dynamiques génératives propres de l'autre.

LA PREMIÈRE DIALECTIQUE

Ce résidu germinal de chaoticité que l'on pensait avoir refoulé par la nomination et la définition d'un *monde* comme structure modulaire stabilisée, ce point aveugle qui génère la prise de position excentrique, l'anomalie du *kosmotheôros*, demeure actif. Il se manifeste par l'activité même de sublimation théorique, par laquelle la *théorie* ouvre et explore l'horizon de la science à l'intérieur duquel seul peut se donner quelque chose comme une *nature*. L'activité générative et exploratoire (sublime) de la science n'est pas capable de renfermer, de contrôler celle du *monde*, et doit s'en détacher. De façon exactement spéculaire, le *monde* – lequel pour se penser, et pour pouvoir même se nommer, avait dû transformer son point aveugle de chaoticité dans l'anomalie de la *théorie* – se trouve dans l'impossibilité la plus radicale de contrôler, de stabiliser le processus génératif de la science.

Face à elle, la *science* trouve l'opacité du monde humain ambiant dont la texture est un processus en hybridation continue parmi des dimensions de l'humain qui ne se laissent pas conceptualiser, tout en tendant à des nouvelles formes de stabilisation, d'*ethos*. Face à lui, le *monde* trouve un processus nécessaire d'éloignement de la science de la dimension de la vie, qu'il ne peut qu'identifier comme abstraction, perte de réalité, hyper-formalisation. Comme les éléments cosmogoniques avaient perdu consistance dans l'instauration « positive » du *monde*, la dynamique humaine du *monde* est dépouillée de sa consistance anthropologique pour devenir une *nature* impersonnelle, faite objet d'*épistémè*. En ce sens toutes les doléances sur l'éloignement de la science du monde-de-la-vie non seulement n'ont pas de sens telles qu'elles sont répétées, mais oublient (ou ne considèrent pas assez en profondeur) les généalogies spéculatives – c'est-à-dire la *théorie* elle-même.

Que l'*épistème* s'éloigne du monde de la vie appartient à sa nécessité intrinsèque. Sur cette dialectique, au sein de cette tension, s'en installe une autre, tout à fait essentielle, à savoir celle entre la *nature* et l'*étant* [ὄν]. Au sein du projet métaphysique, la réduction (inaccomplissable) du *monde* à la science (qui voudrait culminer dans le délire positiviste d'une construction logique du monde) se couple à celle de la *nature* et de la science elle-même à la logique de l'*étant* [ὄν]. Elles sont irréductibles à la logique de l'*étant* [ὄν] exactement comme le *monde* l'est à la *nature* et vice-versa. Pour que le projet de transformation de la *théorie* en système de savoir soit accompli, la *nature* – et par conséquent la science, qui en fait l'objet d'un discours ni mythique ni social, ni pratique ni politique mais scientifique (fondé sur l'indication d'invariants et de covariants structurels) – doit à son tour être réduite à la logique de l'*étant* [ὄν][8] .

La *théorie* se retrouve pour ainsi dire renfermée, emprisonnée entre deux formes de dialectique. Elles sont intrinsèques, nécessaires à son développement, à son accomplissement, à sa transformation, à sa métamorphose de position excentrique en horizon pour un système de savoir. D'un côté, la *science* doit rendre compte, selon sa logique proliférante, inflationniste, d'un *monde*, d'un ordre (mondain) dont elle épuise le caractère anthropologique et qu'elle perd, méconnait nécessairement, en le fixant comme *nature*. Mais

8 Pour la généalogie de la logique de l'ὄν et, de façon exactement spéculaire, son dépassement historique et structurel, *Cf. infra* Chap. VIII, *Sur la métaontologie. La mathesis des modèles ontologiques*, p. 169 *sqq*.

d'un autre côté, la science doit voir la *nature* se fixer à un niveau plus haut, ou plus fondamental, c'est-à-dire à celui de la logique de l'*étant* [ὄν]. Cela apparait inévitable, afin que les invariants et les covariants qu'elle décrit ne soient plus un autre des récits plausibles, des images parlées (*eidola*)[9], mais la saisie de la structure elle-même de l'apparaître.

La science se pose alors comme l'essence de liaison entre la logique de l'*étant* [ὄν] et le *monde*. Car la science ne peut que fixer par ses structures, et par la transformation du *monde* en *nature*, la mobilité, la fluctuativité de ce dernier en en réduisant la plénitude et la richesse phénoménologique dans un objet, structurellement transfiguré. La science n'est donc, selon le schème qui voudrait lui imposer la métaphysique, que le passage nécessaire à la *théorie* pour se transformer (ou se concrétiser) dans le projet unitaire du savoir. Elle est le moyen de passer du statut encore incertain de la toute première prise de position excentrique par rapport au *monde* au statut de système de savoir. Il serait impossible, par conséquent, de trouver une forme de métaphysique (même amorcée ou recherchée comme « future ») ou un système de savoir qui puisse prétendre pouvoir se passer de la double liaison dialectique et constitutive du projet métaphysique. Dans l'ignorance d'une telle forme de dialectique entre *monde* et *nature* d'un côté et *nature* et logique de l'*étant* [ὄν] de l'autre, une telle forme de métaphysique ou un tel projet de système de savoir serait estropié dès sa conception[10].

9 *Cf.* Platon, *Soph.*, 234c. Tout jugement sur la nécessité intrinsèque de la métamorphose et de l'accomplissement de la *theôria* en métaphysique, ainsi que les critiques « axiologiques » à la métaphysique ne font que superposer à un processus (qui se fait par gestes théoriques, donc par des brisures de symétries, par bifurcations) une clef de lecture extrinsèque. Par cette clef de lecture on ne veut que confirmer une « interprétation » de ce que l'on pense déjà savoir. Tout comme il n'y a rien de strictement nécessaire dans l'institution (ou dans la généalogie) de la *theôria*, ou dans son achèvement/accomplissement dans/par la métaphysique, il n'y a rien de bon ou de mauvais à y chercher, si l'on veut chercher et non pas « prêcher » une vérité déjà acceptée par ailleurs. L'analyse d'un tel processus, du point de vue du spéculatif et de ses formes, consiste uniquement à en individuer la genèse et en fixer les raisons de son éclatement, de son dépassement historique et structurel, pour saisir la nature spéculative de son « résidu », c'est-à-dire le palindrome qui se présente sous la forme du projet de « théorie de formes de théorie ».

10 Le fait que puissent se donner des formes de philosophie ou même des formes de pensée tout court qui essayent de côtoyer ou de refouler ce plexus dialectique ne met pas en discussion le plexus lui-même comme invariante du projet métaphysique en tant que tel. Cela peut éventuellement mettre en discussion le rapport plus ou moins critique que ces formes de philosophie ou de pensée prétendent entretenir à l'égard de toute forme de métaphysique comme projet d'un système de savoir en tant que tel.

Toutefois d'autres questions apparaissent lorsqu'on pose à son tour la question de la possibilité de penser un système de savoir, ou une *théorie*, en son sens accompli, indépendamment du projet métaphysique. Qu'est-ce qu'il arrive lorsqu'on partage le spéculatif de la *théorie* – avec ses dialectiques intrinsèques – du projet métaphysique ? Ce partage se présente-t-il comme quelque chose d'arbitraire ou n'est-il pas plutôt à considérer comme essentiellement dépendant du complexe et de la relation entre les dialectiques intrinsèques à la *théorie* et le projet métaphysique lui-même ?

LA DEUXIÈME DIALECTIQUE

Qu'est-ce qu'il arrive lorsque les trois dimensions, notamment la dimension de la science – par laquelle l'accomplissement de la *théorie* devrait passer – et celle du monde, sont libérées, ou plutôt se libèrent par elles-mêmes du projet métaphysique ? Elles se libèrent tout d'abord de la construction selon laquelle on devrait cristalliser, figer le *monde*, l'ordre vécu dans l'expérience humaine (ou souvent demandé par l'expérience humaine), dans un objet de discours, la *nature*, uniquement pour ensuite trouver cette « image cristallisée » légitimée par la logique de l'*étant* [ὄν].

De facto, selon ce présupposé, la science ne devrait que transférer une certaine idée (cristallisée) d'ordre à la logique de l'*étant* [ὄν] pour accomplir la transformation de la *théorie* en métaphysique, en système de savoir. Sa « dynamique générative » (d'invariants et covariants) ne devrait jouer aucun rôle autonome, réellement productif, significatif dans la vie intime de la *théorie*. Il ne s'agit pas ici de faire l'éloge de la science – pourvu que, dans et par ses dynamiques génératives, elle en demeure précisément « une » – ni d'en critiquer les succès ou les bienfaits. Il ne s'agit pas non plus de critiquer le couronnement du projet métaphysique au sens galiléo-cartésien comme fixation de l'ordre et de la mesure (épistémiques) dans le projet de la *mathesis universalis*.

Le couplage métaphysique entre *ordo et mensura* d'un côté et l'ontologie de l'*objectum purum et simplex* de l'autre[11], qui scelle la métaphysique

11 Il faut bien remarquer que si par « mesure » on n'entend pas seulement l'étendue (tridimensionnelle), parce que la métaphysique cartésienne ouvre à la mesurabilité de paramètres

moderne sous la forme de *mathesis universalis*, représente – indépendamment des variations radicales de l'*épistème* entre l'époque ancienne et la modernité – la forme la plus haute de radicalisation de l'instance fondatrice du projet métaphysique en tant que tel. Ce projet redessine un *monde* épuisé dans sa réalité (phénoménologique et) anthropologique protéiforme, cristallisé dans une idée de nature pensée selon l'*ordre et la mesure*, dont l'essence et la connaissance se trouvent fondées métaphysiquement, en dernière instance, par une ontologie grise et par un Dieu qui en ordonne les lois. Ici d'un côté la double dialectique intrinsèque est étouffée par le système, de l'autre elle éclate sur un autre plan dialectique. Par ce déplacement, elle montre comment et à quel point la construction dans laquelle on essaye de ramener les trois horizons avec leurs dynamiques génératives propres est inconsistante. Le chaotique se révèle, métathéoriquement, sur le plan des modèles, c'est-à-dire sur le plan de la science.

La cristallisation du monde dans une idée réglée sur l'ordre et la mesure occulte la complexité des processus de formation de ce même monde tout comme la science, asservie à démontrer l'ordre et la mesure, occulte une *nature* qui ne se soumet pas, ni ne peut se soumettre entièrement, à l'idée de l'ordre et à l'ontologie du simple. Ces manifestations de la *nature* – que l'on marginalise et/ou exclut de la *mathesis* avec l'appellation de « natures composées », soumises au régime des « représentations complexes » (Foucault, 1966, 132) que l'on définit bruit, *noise* – transfèrent la dialectique ailleurs. En ce sens la logique d'un *« objectum purum et simplex »* vient sceller un *monde* qui n'est plus tel, qui est devenu son image pâle, un cocon vide. Née pour en promouvoir l'essor, elle ne donne, à la fin de son développement, que l'image d'une science déprisée, épuisée de toute la richesse de *sa* dynamique générative propre. À la fin de ce projet majestueux, qui a perdu entretemps son caractère de rupture, même les mathématiques (ne) sont devenues (que) l'image cristallisée de la physique, ordonnées à la physique, sans même pouvoir par-là afficher leur nature résiduelle propre et librement générative.

---

qui ne sont pas de l'ordre de l'étendue, l'*ordre* n'est pas non plus nécessairement l'ordre déterministe mais le modèle qui met ensemble les paramètres et qui permet de passer d'un paramètre à l'autre, ou le méta-modèle qui permet de passer de façon ordonnée d'un modèle à l'autre selon une topologie fixe. La *mathesis* comme *mathesis* de l'*objectum purum et simplex* n'est donc pas premièrement (ou directement) ancrée à une idée de réel mais à une structure fixe, réglée, de modèles.

Toutefois, le fait que le projet métaphysique de la *théorie* présente, dans la radicalisation de la fixation des trois horizons, une image du monde [*Weltbild*] absolument figée, idéalisée, mais en même temps aussi aliénée, n'empêche pas aux dynamiques génératives propres aux horizons du *monde* et de la science (et aussi de la logique de l'ὄν) de proliférer. Elles se transforment de façon tellement massive qu'elles laissent émerger un second plan dialectique. Selon cette duplication d'un autre plan dialectique, ce ne sont plus les dimensions du plexus qui se trouvent seulement dans une dialectique mutuelle. À présent le projet métaphysique en tant que tel se trouve face à l'image réelle de la dialectique intrinsèque à la *théorie*, cette image que l'on avait essayé de refouler au profit d'une stabilisation a-dialectique aseptisée. C'est la dialectique elle-même selon laquelle cette image aseptisée se retrouve face à la dynamique générative propre, réelle, de chaque horizon.

La dynamique générative propre, réelle, non domesticable par le projet métaphysique des trois horizons commence à révéler le *monde* et la science (et par là, la *nature*) selon leur processus vivants, historiques, proliférant dans leurs multi-dimensionnalités. À mesure qu'il y a réduction de la dialectique intrinsèque des horizons à l'intérieur du projet métaphysique, pour en faire des espaces normés, leur dialectique réelle « se transfère », et elle se déplace d'autant plus par rapport à ce projet métaphysique, lequel n'a plus aucune prise sur elle. Le projet métaphysique selon lequel on prétendait dessiner un savoir systématique complet par la transformation des horizons du *monde* et de la *nature* en espaces normés, et par la réduction de leurs dialectiques, déchire la *théorie* plutôt qu'il ne l'accomplit. Ces horizons se transfèrent en dehors du projet métaphysique lui-même et celui-ci peut uniquement en garder un simulacre figé comme garantie (illusoire) de la primauté perdue d'une science vénérée.

L'ouverture du second plan dialectique rétablit non seulement la spatialité ouverte des horizons, mais vide en même temps l'espace fermé du projet métaphysique en en montrant la nature de simulacre d'une normativité qui *expulse le réel* (non seulement du *kósmos* mais aussi de l'*épistème*). Toutefois dans sa subsistance en dehors du projet métaphysique, le second plan dialectique ne démontre pas seulement l'inconsistance du projet métaphysique, mais il déchire aussi le voile d'illusion d'une *théorie* encore naïve qui prétendait s'accomplir sans passer par la négativité récursive du réel. Selon ce rêve, elle pouvait subsister sans le spéculatif, elle pouvait le transformer dans la vision détachée, non située (et épistémiquement structurée) d'un *kosmotheôros.*

Plus la *théorie* essaie de se détacher de cette immanence, de s'immuniser de la relativisation constante au sein du spéculatif, plus ses dialectiques spéculatives se déplacent, ou bien à partir de ce qui est fixé dans et par les résultats négatifs de l'*épistème* (négatifs par rapport à la normativité de la métaphysique), ou bien à partir du *monde* lui-même. Le second plan s'institue non plus comme dialectique entre *monde* et *nature* mais comme dialectique entre *ordre* et *désordre.* Le *monde* aussi bien que la *nature,* dans leurs générativités propres, réelles, convergent sur une *science* qui n'est plus faussement ordonnée à sublimer un *monde* dans une ontologie fixe. Cette même science en révèle les générativités comme dimensions autres, justement parce que, pour le *monde* aussi bien que pour la *nature,* s'instituant entre l'ordre et le désordre.

La *théorie,* dans sa toute première tentative d'accomplissement comme métaphysique, est déchirée entre le projet métaphysique de *science première* et le second plan dialectique. Elle se retrouve figée dans l'expression mystérieuse, inquiétante (parce qu'apparemment paradoxale) d'un palindrome. Elle peut saisir, par le prisme de l'*épistème,* ce seuil comme l'objet d'une autre forme de vision, mais uniquement à partir de ce palindrome : théorie de formes de théorie.

LE PALINDROME

Ce palindrome parle d'un double, affirme le redoublement de la vision théorique, par laquelle elle se fait objet et sujet sans pour autant pouvoir s'absolutiser dans un asymptote métaphysique (soit-il une *noêsis noêseos* ou une intuition intellectuelle). La « théorie de formes de théorie » n'est que la trace de ce redoublement problématique qui s'étale sur les – et se laisse comprendre uniquement à partir des – plans dialectiques qui émergent de l'archéologie de la *theôria.* Ce palindrome s'est manifesté pour ce qu'il est, du point de vue spéculatif, à savoir un seuil – le seuil sur lequel la *théorie* se voit placée, le dehors dans lequel elle est expulsée à partir de l'instauration du second plan dialectique. À ce point on peut comprendre pourquoi le dernier projet de *mathesis universalis* se manifeste tout d'abord, en dehors de la métaphysique, sous cette forme, par une revendication de « neutralité métaphysique ».

Ce palindrome spéculatif qui affirme la possibilité d'une *mathesis universalis*, affirme en même temps le redoublement de la *théorie* par le biais de la dimension générative de la science. Désormais dans l'impossibilité de pouvoir forcer la science au sein d'une normativité, il ouvre aux possibilités idéales de ses formations, le champ des possibles (de ses formations théoriques possibles). Pour faire cela, la *mathesis* s'affirme tout d'abord comme redoublement de la *théorie* par une analogie, parce qu'il s'agit de tenir ensemble, d'explorer, par induction spéculative, avec le regard, le champ des possibles (comme concrétions génératives de la science) sans par là vouloir atteindre une configuration a-temporelle, a-située. Il s'agit d'une analogie qui se place – tout comme le palindrome – dans l'absurde, d'une analogie qui a intégré l'absurdité de l'absence d'un fondement (et d'une fondation) ultime.

Le palindrome spéculatif qui affirme la *mathesis* comme métathéorie dit : comme nous pouvons penser et construire toute une multiplicité d'espaces (multiplicités/variétés) au sein de laquelle l'espace tridimensionnel euclidien n'est qu'*une forme d'espace*, ainsi nous pouvons penser (la construction de) une multiplicité de théories dont les théories existantes ne sont que des instanciations particulières. Une fois cette image sublime portée à la lumière du jour, il apparaît alors que la forme axiomatique qu'une telle métathéorie pouvait aussi prendre, c'est-à-dire l'image d'une axiomatique syntaxique pure et complète, n'est que l'image extrêmement sublimée et raffinée de cette métaphysique du « sujet philosophique » perdu à jamais dans le monde des ombres[12].

Ce qui reste, à la lumière du jour, sur le seuil d'une situation incertaine, est un rapport brisé, un « métathéorique » orphelin, apatride. Le *méta-* de ce « métathéorique » est incertain parce que c'est le *méta-* d'un écart,

12 Ce n'est pas par hasard que cette analogie ressort lors de la crise des fondements des mathématiques – c'est-à-dire au moment même de l'auto-soustraction des mathématiques de la logique de l'ὄν. Paolo Zellini, historien des mathématiques, a justement défini et analysé la phase de la crise des fondements comme « la rébellion du nombre ». (Zellini, 1997). Cela, bien loin de nous chasser d'un paradis, a laissé ressortir la générativité incontrôlable, non domesticable, et extrêmement productive, de toute forme d'*épistème* (y comprise celle des mathématiques), sa rébellion envers une normativité supérieure.

d'une vision, qui n'a plus d'objet ni (peut encore avoir) la physionomie d'une structure logique syntaxique et déductive complète. Cette vision doit regagner la possibilité de se mettre en relation avec un objet, avec ses mêmes concrétions. Comme premier pas, l'analogie ouvre l'espace des formations théoriques possibles, c'est-à-dire projette l'horizon à l'intérieur duquel on peut faire droit à la générativité épistémique (en en faisant quelque chose de plus que des dépouilles historiques). Par là, elle confère une nouvelle dimension aux formes du *monde* et de la *nature* fixées par cette générativité sans par là exiger qu'elles doivent être ramenées nécessairement à l'ordre : l'ordre humain, l'ordre physique ou pire l'ordre ontologique.

Le second plan dialectique est désormais un horizon de vision, cet horizon dans lequel, déliée de toute normativité idéale (c'est-à-dire métaphysique) d'un projet de construction tout comme de toute facticité, la *théorie* doit justement arriver à se saisir, à se regarder dans le miroir de ses propres concrétions. Il s'agit d'un horizon métathéorique, parce que ce n'est qu'au sein de cet horizon que peuvent se montrer en soi et à partir de soi des formes, des cristallisations ou des stabilisations possibles de la générativité épistémique.

L'EN SOI DES STRUCTURES

Toutefois, si l'horizon métathéorique – à savoir l'horizon d'une *mathesis* métathéorique – s'ouvre non pas sur des cristallisations (seulement) effectives, sur des stabilisations réelles, mais sur des possibles, le refrain que l'on oppose à la pensée pure – ou qu'elle, encore incertaine, s'oppose à elle-même – est qu'ici la *théorie* se dé-réalise, perd contact avec la réalité. De quelle réalité s'agirait-il ? La pensée pure, sur le seuil entre le monde des ombres et l'horizon d'une *mathesis* encore incertaine, d'une métathéorie orpheline, est-elle en position de faire appel, ou de pouvoir avoir recours à quelque chose comme « la réalité » ? Ne risque-t-elle pas de s'accrocher à un simple simulacre du réel, tel qu'il était présenté par cette métaphysique désormais vidée, une fois pour toutes, de la normativité sur ses contenus ?

À quoi s'accrocherait précisément la pensée pure ? À cette réalité du *monde* et de la *nature* dont les générativités se sont libérées de la forme métaphysique de *théorie* pour donner lieu à l'émergence du second plan dialectique ? À celle des perceptions sensorielles ? À celle des formes de réalité conseillée par les innombrables versions d'un prétendu « nouveau réalisme » ? Non, ici il n'y a pas de réel auquel faire appel, parce qu'il s'agit de la prétendue « réalité » d'une *science* qui s'est libérée de l'idée sclérotique que s'en était faite la métaphysique, c'est-à-dire comme stabilisation définitive, par la logique de l'ὄν, des formes du *monde* et de la *nature*[13]. *Quelle pourrait être la réalité d'une telle science ?* Quelle serait la « chose même » de cette *science* (qui s'est) libérée de la normativité du projet métaphysique, libérée, désolidarisée des formes effectives du *monde* et de la *nature*, lesquelles uniquement par le biais de cette *science* peuvent se montrer théoriquement comme telles ? Autant on fait appel à la réalité par rapport à la science – aussi bien la réalité qu'elle devrait « décrire », fixer, que celle qu'elle devrait montrer d'elle-même – d'autant plus celle-ci se libère de ces contraintes pour s'instituer dans le champ du possible.

Ce possible, comme « en soi », révèle la première condition négative d'une métathéorie non-métaphysique. Il révèle la condition par laquelle s'affirment les deux indépendances des formations, des concrétions possibles d'une *théorie*. Liée indissolublement à l'*épistème* pour pouvoir se saisir, elle reconnaît comme ses objets *ni des faits ni des normes* (comme principes métaphysiques non immanents à l'*épistème* elle-même). Qu'est-ce que donc cet « en soi » au-delà de la double négativité ? Dans cette situation de difficulté, le jeu de la question et de la réponse (apparemment) naïves aide à cerner cet « en soi » par rapport à sa négativité, à ses négativités, mais aussi à sa positivité intuitive.

On pourrait demander : « Où sont les théories ? » (c'est-à-dire « comment peut-on y avoir accès ? »). La réponse ne pourrait qu'être : « Partout ! » Dans cette mise en scène, qui anticipe la scène (quinéenne) de la question ontologique – parce que cette dernière se laisse mettre en scène justement par rapport à une théorie, à des théories (ontologiques) – apparaît l'aporie d'une inversion fautive. Une telle inversion consiste à vouloir mettre en avant un réel, un accès à quelque chose, sans même avoir posé

13 En ce sens *le réel de* la science s'est déjà montré, et précisément comme défaut de prise de la conceptualité métaphysique au niveau des formations théoriques elles-mêmes.

la question de la consistance d'une telle théorie du réel[14]. C'est somme toute comme si l'on demandait ce qu'il y a à manger avant même de s'être questionné s'il était possible d'entrer dans le garde-manger. Et pourtant, la question et la réponse dans leur naïveté (apparente) ouvrent le regard sur la chose même d'une métathéorie, la double impossibilité (facticité/normativité) de l'objet lui-même d'une métathéorie en dehors du projet métaphysique.

Toutefois, elles montrent aussi une autre double impossibilité : l'impossibilité de pouvoir indiquer une modalité d'accès et l'impossibilité de nier l'existence des théories elles-mêmes. Qui pourrait nier « le fait » qu'*il y a des théories* – tout en admettant que tout le monde n'est pas capable d'en indiquer une ? Qui pourrait en revanche dire, ou imposer, où il faudrait les chercher ? Le titre général d'intuition d'un objet □MT n'est à ce point que le titre d'une aporie ou, si l'on veut, du croisement de deux impossibilités, l'*infinitésimal* sur lequel se fixe ou qui fixe la saisie des objets d'une métathéorie. D'un côté, on pourrait bissecter à l'infini ce que l'on a appris sur les sciences, c'est-à-dire à partir des résidus pédagogiques et scolaires de la métaphysique éparpillés dans notre culture scientifique (et dans son langage). De l'autre, on pourrait composer au sein des sciences (ou en se plaçant au sein de la dynamique générative factuelle de telle ou telle autre pratique épistémique) ses concrétions factices. Dans les deux cas, on ne trouvera jamais quelque chose comme l'indication de notes caractéristiques assez générales et compréhensives d'une forme de théorie en tant que telle.

Le sujet à la recherche de quelque chose comme une « théorie » pourrait admettre ces grands blocs de sciences dont on nous a parlé dans nos apprentissages scolaires, ou aussi son analogue préjudiciel dont on parle souvent en philosophie mais dont on ne sait en fait parler. Toutefois, une fois qu'il a mis la main sur ces blocs, il découvre qu'il se sont *de facto* déjà dissouts, ont pris d'autres formes, en ne lui laissant qu'une prise vide. Car justement la science se déplace constamment par rapport à l'espace clos – et idéel – d'une architectonique ou d'une taxinomie quelconque. Il pourrait alors prendre en main les microéléments qu'il trouve dans la pratique de telle ou telle autre dynamique générative de la science

14 En ce sens, l'idée elle-même que le réel est quelque chose dont on puisse parler uniquement sur la base d'*une* théorie de l'accès est illusoire. On pourrait commencer plutôt par parler du réel à partir de l'échec d'une théorie unique de l'accès.

en essayant de les composer, de les bricoler, dans l'espoir d'arriver à la saisie de l'être *théorique* de ce qu'il a en mains. Cependant, même si l'on procède par ces deux séries d'approximations convergentes, on ne peut jamais affirmer « ceci est une théorie » ou « il s'agit de la partie x de la théorie y », « il s'agit là de l'incommensurabilité entre la théorie a et b », etc. Il ne pourrait jamais l'affirmer avec la certitude de la saisie immédiate, donc intuitive, d'une objectité bien définie, l'objectité qui se manifeste justement au sein de l'horizon métathéorique. Et pourtant il s'agit « ici » précisément d'une saisie immédiate, certes contextuellement située. Elle se réalise pour toute relation à une théorie effective, une saisie dans laquelle opèrent tout de même des cadres (de constitution) de l'objectité comme opérant justement au sein de l'horizon métathéorique.

Ce sont précisément ces cadres, qui ne sont pas saisis dans la saisie, qui peuvent par conséquent être fixés spéculativement comme la « chose même » de la *mathesis* métathéorique et d'une métathéorie non-métaphysique. Le fait de se situer non pas dans le contexte d'une pratique – c'est-à-dire au sein de la dynamique générative d'une forme de savoir (que l'on serait incapable de reconnaître comme telle indépendamment du cadre de constitution de l'objectité en question) – mais au sein de l'horizon métathéorique, implique que cet « ε », ce seuil, le moment imperceptible de l'intuition, s'articule selon un cadre. La constitution d'un tel cadre n'est pas explicable de façon génétique, en recourant à l'expérience d'un sujet métathéorique comme tel[15].

L'intuition doit suivre une sorte de grammaire formelle purement structurelle. Cette grammaire se manifeste à l'intérieur de celui qui était le second plan dialectique (qui est devenu, qui a été reconnu par la pensée pure comme horizon métathéorique), libéré de la normativité du projet métaphysique par la factualité de la générativité réelle de

15 Qu'une phénoménologie (statique et génétique), associée éventuellement à des études neurocognitives, puisse articuler un côté de l'approximation, cela ne peut qu'être un *desideratum*, et s'avère être une tâche d'importance décisive pour toute approche à l'analyse des pratiques scientifiques. Toutefois, ici, on devrait faire un pas au-delà, pourvu que ce pas ne soit pas analytiquement incommensurable justement parce que, dans l'espace 'imaginaire' d'une phénoménologie cognitive de la saisie des théories comme saisie intuitive d'une objectité, il n'y a pas que le factice ou le génétiquement sédimenté mais le possible d'une variation. Au niveau de la possibilité de variation de la (forme de la) théorie, ce qui arrive à chaque pas suspendu dans la générativité de la science, les cadres de constitution métathéorique sont vidés de leur possibilité de constituer la saisie et deviennent « autre ». Cet « autre » est précisément ce qui échappe à toute analytique cognitive.

ses dimensions et *libre* de la facticité au sein du projet d'une *mathesis* non-métaphysique. Au sein de cet horizon, c'est la forme des formations possibles, à savoir la variation possible d'une forme quelconque de savoir, d'un « en soi », qui devient l'objet du métathéorique en tant que tel.

L'en-soi n'est pas hypostase, mais l'invariant nécessaire d'une saisie sur la base de la conception duquel on doit « imaginer » la formation des théories dans l'espace des possibles.

LOGICA IMAGINATIONIS : LA FORME POSSIBLE D'UNE THÉORIE

À ce point, cet effort d'imagination auquel la pensée pure avait pu échapper lorsqu'elle avait puisé tout simplement une forme de modélisation dans l'horizon actuel du savoir, de façon simplement factuelle, sans aucune « déduction spéculative[16] », s'avère être à présent nécessaire. Pourquoi donc l'intuition d'un objet □MT, la saisie purement contextuelle et pourtant immédiate d'un « quelque chose » d'en soi, indépendant de nos existences singulières, quelque chose comme une « formation théorique » demande, *in fine*, pour être pensée comme élément d'une *mathesis* métathéorique, un moment ultérieur ? Car elle demande précisément un acte radical d'imagination, pour que sa saisie rentre de plein droit au sein d'une forme de savoir, d'une *mathesis* non-métaphysique.

16 Par « déduction spéculative » on entend tout simplement ici l'explication de la façon par laquelle un élément introduit, activé dans une démarche quelconque de la pensée, se laisse saisir comme passage nécessaire du parcours que la pensée pure doit accomplir pour atteindre sa dimension spéculative. Le fait que l'on puisse juger une telle forme de « déduction » comme dérisoire, dépend tout simplement d'orientations métaphilosophiques essentiellement arbitraires déjà suspendues par l'*elenchos* métaphilosophique. La déduction « spéculative » concerne cet élément en particulier, de ce passage bien déterminé qui est la modélisation des objets □MT par graphes. Elle signifie tout simplement l'explication de la nécessité intrinsèque, du point de vue du complexe argumentatif, pour que la pensée pure puisse atteindre la dimension spéculative de la *mathesis* sans présupposer un geste arbitraire comme l'adoption d'une forme de modélisation plutôt qu'une autre, ou tout simplement comme le choix de modéliser. Elle doit finalement fournir une réponse à la question : quelle méthode de mise en forme des formations génératives de la science peut structurer une *mathesis* métathéorique non métaphysique ?

Que donne de surcroit le passage par la *logica imaginationis* – l'application de l'imagination à une logique des variations – qui n'était pas *pré-figuré* auparavant ? Que donne-t-il, plus précisément, ce passage par rapport à cette forme déficitaire de métathéorie qui était le projet métaphysique et qui n'est pas contenu dans la simple saisie intuitive (car elle, par elle-même, n'est que l'asymptote entre deux séries convergentes d'approximation) ? Il donne précisément une forme de stabilité, c'est-à-dire la visibilité au *quid* de l'intuition qui n'est pas, d'un autre côté, une forme caractérisée de façon normative. Mais cette forme n'était-elle pas déjà comme « inscrite » dans l'intuition d'un autre objet □MT ? Non, du moins selon la possibilité d'une saisie claire et communicable d'une morphologie structurelle, c'est-à-dire d'indiquer une forme variable, et de construire sur la base de la variabilité la possibilité de cette même forme. De la *logica imaginationis* au sein de la recherche d'une *mathesis* métathéorique dépend précisément la possibilité d'aboutir à une grammaire de l'expérience métathéorique. Cette grammaire ouvre la possibilité de structurer, au-delà du seuil d'une idée, notre expérience du savoir en dehors des ombres de la métaphysique.

Toutefois, comment la pensée peut-elle rendre visible ce qui par lui-même ne l'est pas, tout en étant saisi de façon immédiate, comme un en-soi ? Comment est-il possible de « penser visuellement » la cristallisation d'une forme de savoir, sinon à partir d'un acte radical d'imagination et par la variation de ses résultats ? Prenons alors le *quid* d'une saisie intuitive à l'intérieur de l'horizon métathéorique ou tout simplement dans un contexte épistémique quelconque.

Imaginons que nous en puissions en isoler les termes, ces termes qui se manifestent indépendamment d'une axiomatique unique. Ces termes se laissent *eo ipso* mettre en relation en vertu de leur dépendance locale à d'autres termes. *Imaginons* que nous arrivions à les mettre en relation.

La construction de cette relation, dans laquelle les termes sont des nœuds de relations, donne un graphe (qui est la forme *descriptive et non normative* d'une structure topologique).

Imaginons que cette « image », ce modèle topologique reconstitué à partir de ce que nous avons saisi, fixe exactement la structure de ce complexe théorique, sa forme, au moment t_x de sa dynamique générative. Cette image est l'*eidos* de cette forme de *théorie* à un moment précis de sa saisie, et elle est issue de la modélisation topologique, comme graphe, de l'intuition de l'objet lui-même. Cette image, ce modèle ou *eidos*, qui fixe la dynamique générative de cette cristallisation de la *théorie*, d'une forme de théorie, la fixe à un instant précis de son évolution (ou de son involution, de sa disparition). Cela n'exclut pas, implique en revanche, que l'on puisse penser un instant précédent discret tout comme un instant successif discret[17]. Cet instant, cette fixation, en appartenant à la même dynamique générative, donnerait lieu à une autre configuration du graphe. La série des images de ce graphe est ce que l'on peut appeler le *logos* de l'objet □MT, l'ensemble de ses modifications structurelles qui peuvent être à chaque fois modélisées topologiquement dans un *eidos*. *Eidos*, en ce sens, attribué à l'objet □MT, n'est pas une essence immobile. Il représente la fixation structurelle d'une phase génétique, laquelle, pour être pensée avec plus de précision, demande un effort ultérieur d'imagination. Pour arriver à donner « forme », *Gestalt*, à cette dynamique, *imaginons* quelles modifications peuvent intervenir entre deux *eidê* de l'objet.

Imaginons qu'à un instant t_n, un nœud soit lié à un autre et qu'il n'ait pas d'autre lien. L'activité proliférative de cette forme de savoir fait ainsi que, à un instant t_{n+1}, ce nœud est mis en relation avec d'autres termes qui n'appartiennent pas à la structure de l'objet. Elle fait aussi ainsi que, justement, par cette mise en relation, ces termes en deviennent des nœuds à leur tour. L'objet s'élargit. On peut même *imaginer* un processus inverse, parce que l'élargissement de l'objet (c'est-à-dire d'une forme de *théorie*) n'est pas quelque chose d'inscrit normativement dans l'objet comme son essence. Rien ne dit, sinon des préjugés métaphysiques, qu'une forme de savoir doit nécessairement s'élargir. On peut *imaginer* que ce processus d'élargissement advienne à chaque instant du *logos* pour plusieurs nœuds à la fois (en vertu de la multi-dimensionnalité de la recherche) comme on peut *imaginer* le processus inverse.

Imaginons maintenant que ce ne soient pas les nœuds qui subissent un incrément mais les liens. Pourrions-nous *imaginer* un processus inverse pour les liens, le nombre des nœuds demeurant stable ? Dans le premier cas, nous pourrions parler d'une fibration structurelle, dans l'autre d'une dé-fibration structurelle de l'objet □MT, donc de la théorie ou d'un complexe de théories. *Imaginons* par ailleurs que, toujours sur

---

17 Car une telle évolution et/ou involution procèdent par des événements entre des objets □MT ou, si l'on veut, par des événements discursifs, des énoncés (Foucault).

la base de son activité proliférative, ce qui était un nœud s'avère être une structure de nœuds et de liens, liens que certains de ces nœuds désormais entretiennent non seulement vers l'extérieur de ce qui était le périmètre *imaginaire* du nœud mais également vers son intérieur. Le nœud, comme élément atomique de l'objet □MT, est devenu un objet □MT en lui-même (un sous-graphe) partie d'un objet □MT plus vaste. On pourrait appeler cette dynamique « clusterisation », « granularisation ». On pourrait *imaginer* également le processus inverse, à savoir qu'un sous-graphe de nœuds – en vertu d'un processus de simplification du savoir, par exemple l'introduction d'une loi ou d'un principe au lieu de plusieurs – se transforme en un seul nœud. Dans ce cas on parlerait de « de-cluserisation » de l'objet □MT.

L'HORIZON MÉTATHÉORIQUE ET SES OBJETS

Imaginons ensuite qu'un objet □MT comme tel, et saisi comme une seule unité, s'agrège avec un autre objet □MT par l'institution d'un ou de plusieurs nouveaux liens à la fois, non plus internes – comme dans la fibration – mais externes. *Imaginons* que ce qui était pensé comme deux objets □MT devienne une unité plus compréhensive[18] laquelle, à son tour, laisse émerger des nouveaux phénomènes d'élargissement, de fibration, de « clusterisation » etc. On appellerait ce phénomène « agrégation des objets □MT ». On pourrait également imaginer le processus inverse, à savoir qu'un macro-objet □MT, en subissant des processus de « dé-clusterisation », de de-fibration etc. se partage en deux ou même en plusieurs objets □MT. On appellerait ce phénomène fragmentation ou parcellisation d'un seul ou de plusieurs objet □MT.

Si, par l'imagination et par les variations appliquées à sa structure topologique, on a pu penser les premières formes possibles de générativité de la *théorie*, si l'on a pu également penser la dynamique dans et par laquelle on peut saisir la genèse d'un objet □MT à partir d'un autre, ou la fusion de deux objets, on peut imaginer aussi que le savoir, toutes

18 Un exemple historique pourrait être l'unification de la théorie de la lumière et du magnétisme par Maxwell ou la naissance de l'ethnobotanique.

les formes de cristallisation de la *théorie*, se disposent à l'intérieur de cet horizon et interagissent selon leurs dynamiques propres. On peut imaginer et ensuite décrire toute une variété de proliférations des objets □MT qui se génèrent à partir d'autres, qui se fusionnent, qui s'entremêlent, qui s'organisent selon des macro-complexes, selon différents types de relation, de liens, qui auront leurs morphologies typiques.

S'ouvre alors devant nous un espace nouveau, un horizon, qui est celui de la *théorie*, dans lequel la pensée pure s'est donnée les moyens, par l'imagination et la variation, de saisir des objectités, des relations, des événements, des processus qui permettent de décrire, de façon locale, suivant la même grammaire de modélisation, la dynamique du savoir. Nous avons affaire justement à un « monde », à un horizon d'objets, de relations, de causalités, d'effets, d'évolutions qui naît dans un espace imaginaire, l'espace de la *mathesis* métathéorique. Cet espace n'est toutefois pas l'espace d'une *phantasia* libre, au sein duquel la variation puisse être pensée comme purement arbitraire. La modélisation sert justement de grammaire, de condition normative non pas de l'objet lui-même mais de la « mise en image » (et aussi de la conception) de son intuition.

L'horizon métathéorique se place donc dans une démarche descriptive rigoureuse, c'est-à-dire dans une interaction entre saisie, exploration du savoir et modélisation, laquelle a acquis la forme d'une mathématique bien précise (la topologie des graphes). C'est cette mathématique qui donne la possibilité de faire de la grammaire « imaginaire » une grammaire « réelle » au sens où, aujourd'hui, cette modélisation se transforme en interface visuelle et tactile qui permet de faire l'expérience de cet horizon et permet d'explorer les structures au sein de leurs évolutions. Imaginons alors pouvoir non seulement penser, mais également pouvoir toucher (par une interface adaptée à un écran tactile)[19] ces objets qui, jusqu'à un passé récent, n'étaient que de phantasmes, des ombres. Entre l'imagination et cette forme d'expérience presque charnelle se place justement la tâche d'une *mathesis* métathéorique.

19 Il suffit, encore une fois, d'imaginer la même interface que l'on peut voir déjà implémenté aux « réseaux de recherche », *research networks* (quelque chose de très proche des objets □MT) appliquée et adaptée aux objets □MT eux-mêmes. *Cf.* http://max-planck-research-networks.net/ (dernière consultation 31.12.2020).

THÈSES SUR LA *MATHESIS* MÉTATHÉORIQUE

1. Toute dynamique du savoir se développe à partir d'une référence d'un sujet – dans une forme spécifique d'auto-référence hybride, que l'on peut définir comme disposition théorique – à des structures.

2. Le sujet théorique saisit la structure à laquelle il se réfère comme quelque chose, comme objet parmi d'autres objets (du même genre) susceptibles de saisie.

3. Ces objets sont eux aussi des structures théoriques, c'est-à-dire appartiennent à la même région objectale, ou ontologie régionale.

4. L'ouverture du champ de ces objectités est définie comme horizon métathéorique, à savoir comme horizon à l'intérieur duquel elles peuvent être uniquement saisies.

   4.1 L'horizon métathéorique est une ouverture purement contextuelle, qui dépend de l'expérience du sujet disposé théorétiquement, c'est-à-dire d'une sédimentation et d'un acquis réitéré d'outils cognitifs [*cognitive skills*].

   4.2 Cette ouverture n'est pas entièrement déstructurée, car la sédimentation de l'expérience, d'avoir affaire à des objectités de ce genre, préfigure un système d'orientation mais aussi et avant tout d'identification des *quid* qui se manifestent au sein de cet horizon.

   4.3 L'horizon métathéorique a, comme tout horizon, une topologie, et, comme tout terrain d'expérience, une géodésie.

   4.4 Pour cette raison, la structure de l'horizon métathéorique comme système de potentialités pré-tracées n'est pas un espace clos ni le lieu d'une normativité sur-ordonnée (métaphysique).

   4.5 À l'intérieur de l'horizon métathéorique il est impossible de penser ou d'instituer une forme quelconque d'architectonique du savoir.

5. Ce qui se manifeste au sein de l'horizon métathéorique est défini tout simplement comme objet □MT.

   N.B. : l'opérateur est à prendre comme un opérateur modal-contextuel : objet □MT est un objet qui se manifeste *nécessairement au sein* de l'horizon métathéorique.

5.1 L'objet □MT est l'objet d'une saisie immédiate, au sens déictique du

a) « ceci est (la théorie) x ou y » ou
b) « ceci est (la structure théorique) m ou n ».

5.2 La saisie immédiate de l'objet □MT est une saisie intuitive, raison pour laquelle on peut parler d'une intuition de l'objet □MT.
5.3 L'objet saisi de façon intuitive – indépendamment des erreurs d'identification (c'est-à-dire des moments doxiques) ou de reconnaissance et de tout support et/ou notation signitive matériels – est saisi comme un « en soi » indépendant de toute capacité créatrice ou constructive du sujet cognitif individuel.
5.4 L'intuition de l'objet □MT est informelle, c'est-à-dire qu'elle n'a pas de structure *gestaltique* au sein de laquelle on puisse individuer les moments structurels de objet □MT saisi.
5.5 Pour fournir un statut de visibilité à la saisie informelle, la *mathesis* métathéorique doit procéder à une modélisation.
5.6 Cette modélisation doit pouvoir rendre la générativité de cet objet □MT comme forme d'une théorie mais en même temps sa structure (sa morphologie structurelle).

6. La modélisation de l'objet □MT consiste à le penser comme un graphe évolutif (dynamique).

6.1 Le graphe est à prendre ici comme la représentation topologique modulaire formée par des nœuds et des liens (chemins) entre ces nœuds.
6.2 En considérant l'objet □MT comme quelque chose d'évolutif, la configuration particulière d'un graphe comme modélisation, fixe la structure de l'objet à un certain instant de son évolution.
6.3 On appellera cette correspondance *eidos* de l'objet □MT.
6.4 On appellera l'ensemble ou une partie des moments du graphe (à savoir l'ensemble ou une phase de son évolution) *logos* de l'objet □MT

7. Par des variations imaginatives sur la structure élémentaire d'un graphe-*eidos*, on peut définir les premières formes de modification structurelle de l'objet □MT au sein de son *logos*.

8. Si l'on prend un graphe quelconque, pris comme *eidos* d'un objet □MT on peut penser, par variation :

   8.1 que, pour chaque nœud, peuvent s'instituer des liens avec d'autres termes ou avec d'autres objets □MT qui n'appartiennent pas à l'objet, de telle façon que l'on puisse parler d'un élargissement ou d'un incrément quantitatif de l'objet lui-même ;
   8.2 que, étant donnée la structure selon un *eidos*, les liens entre nœuds s'incrémentent, de telle façon que l'on peut parler d'une fibration structurelle de l'objet □MT ;
   8.3 qu'un nœud, selon un certain *eidos*, se spécifie et devienne à son tour un sous-graphe, en entraînant une reconfiguration structurelle des liens qui l'attachaient aux sous-nœuds qui en ressortent, phénomène que l'on peut appeler « clusterisation » ou « granularisation » de l'objet ;
   8.4 que des objets □MT entraînent un processus d'agrégation ;
   8.5 qu'il y ait, pour chacun des processus et pour certains d'autres qui seront trouvés par la taxinomie des formes d'*eidos*, le processus inverse.

9. Si l'on élargit la variation imaginative de la relation entre objets □MT à plusieurs objets, on peut obtenir l'idée d'une dimension méta-théorique parfaitement modélisable, avec ses dynamiques propres, une dimension du savoir étalée dans l'espace et dans le temps.

   9.1 Du point de vue de la saisie génétique on peut penser isoler et viser, donc explorer un objet □MT à un certain moment de son évolution et en explorer en même temps les rapports de voisinage ou de tangence, les interactions etc. avec d'autres objets □MT.
   9.2 On peut saisir l'*eidos* d'une forme de savoir dans son état actuel, en explorer la structure accomplie etc.
   9.3 On peut se servir de la saisie de l'*eidos* actuel de façon euristique, pour imaginer et anticiper des modifications ou d'autres rapports possibles (avec les modifications qu'ils entrainent) d'un objet ou d'un complexe d'objets □MT. La fixation de ces modifications peut servir de fil conducteur pour de nouvelles issues théoriques et épistémiques[20].

---

20 Pour ce qui concerne la fonction euristique du *graph modeling*, *cf.* Iacopini – Milojevic – Latora (2018).

a) Cette grammaire de la vision s'avère être utile – aussi bien du point de vue purement descriptif que du point de vue euristique, en présence de complexes d'objets □MT particulièrement étendus, c'est-à-dire dans le cas de ce que l'on appelle aujourd'hui « trans-disciplinarité ».
b) La grammaire de modélisation métathéorique et la *mathesis* qui la rend possible et pertinente est la seule méthode d'accès non aléatoire aux pratiques et aux savoirs transdisciplinaires.

10. La définition de la *mathesis* métathéorique s'articule en cinq tâches principales :

10.1 Pousser à sa définition maximale la variation imaginative afin d'atteindre le nombre le plus large possible de morphologies.
10.2 Développer par conséquent une taxinomie suffisamment exhaustive, du point de vue de la modélisation :

a) des nœuds (c'est-à-dire des termes qui peuvent intervenir à titre d'élément constitutif au sein d'un objet □MT) ;
b) des liens qui subsistent ou interviennent entre les nœuds dans les processus de fibration ou de clustérisation ou bien dans l'institution des complexes d'objets □MT ;
c) des morphologies des objets □MT ;
d) des transformations des objets □MT ;
e) de leurs relations.

10.3 Reformuler et clarifier à nouveau la première modélisation obtenue (sur la base de la simple variation imaginative sur la structure d'un graphe) à l'aune d'outils topologiques exactes. Cela équivaut à dire : traduire et reformuler la grammaire métathéorique dans le langage du *graph modeling*.
10.4 Formuler une méthode de structuration sur la base de la *mathesis* métathéorique de la nature et des cadres, tout comme des potentialités de la transdisciplinarité.
10.5 Penser la *mathesis* métathéorique du point de vue de ses finalités pédagogiques.

L'IDÉE DE LA *MATHESIS* MÉTATHÉORIQUE

L'idée de *mathesis* métathéorique est le premier pas que la pensée pure franchit dans la définition d'une perspective du savoir en dehors du régime métaphysique. Car selon ce régime et par ce « régime » le savoir aurait pu recevoir uniquement par ailleurs – à savoir par une pensée philosophique qui se prétend « normative » – son statut de « savoir » et sa forme propre et caractéristique pour s'élever au rang de science, d'*épistème.* Grace à ce premier pas, la pensée pure se libère du joug de la métaphysique qui l'empêchait d'explorer un horizon de formations de savoir qui n'ont plus et qui n'ont jamais pu avoir réellement – en dehors de ce préjugé, de cette illusion de normativité, de ce plan dialectique éclaté – une dynamique contrôlable, domesticable. Car ces formes, et la science en général, sont toujours restées à l'état sauvage, car autrement elles ne seraient point. À l'époque actuelle, dans laquelle le savoir prolifère à démesure, par des élargissements, par des fibrations massives et par tout un ensemble d'autres phénomènes métathéoriques, le fait de concevoir sa dynamique comme « normée » apparaît dépourvu de sens (une sorte de dérive nostalgique de la métaphysique). Par sa conception ouverte de la morphologie et de la dynamique de ses objets, la *mathesis* métathéorique saisit la vraie nature générative du savoir et se donne les moyens de saisir cette générativité par la modélisation.

Permettons donc un peu de temps à notre pensée de sortir hors du vieux monde (de la métaphysique)*, et pour en venir voir un autre tout nouveau, qui naît dans les espaces imaginaires* (de la dimension métathéorique). Il s'agit là précisément d'une vision, c'est-à-dire de la vision qui caractérise le savoir en tant que tel, dans sa dimension exploratoire. Là où la *doxa* conservatrice, qui se protège comme *endoxon*, ne voit qu'un amas d'unités indifférenciées ou tout simplement une spéculation vide, la vision du savoir voit le présent et l'avenir.

Imaginons alors que l'on ait développé dans tous ses détails la morphologie dynamique des objets □MT et que, à travers la modélisation par graphes [*graph modeling*], l'on puisse le traduire dans une interface graphique. Cette interface pourrait être constituée :

1. d'une telle façon dynamique que, avec un curseur, on pourrait saisir à chaque moment du *logos* d'un objet, un nœud ou tout autre élément d'un objet □MT et
2. de telle façon qu'elle serait liée à des bases croisées de données par un système d'ontologies (informatiques) grâce auxquelles, à chaque saisie d'un élément, on aurait accès à toute sorte de contenu documentaire relatif.

À chaque recherche on verra s'ouvrir devant nous, comme dans une vision, la dimension du savoir à un certain moment de son évolution et on pourra également l'explorer. En isolant un objet à un certain moment de son *logos*, un nœud ou un cluster, un complexe plus vaste d'objets □MT, on pourrait l'inspecter selon une sorte de kinesthésie, on pourrait changer de perspective ou accéder par un simple geste à toute forme de savoir, document, contenu relatif à ce *quid* au foyer de notre exploration.

LA NATURE SPÉCULATIVE DE LA *MATHESIS* MÉTATHÉORIQUE

« Mais c'est trop spéculatif, trop abstrait !...sauve qui peut ! ». *On entend déjà s'écrier ainsi un félon acheté par l'ennemi afin de dénoncer cet essai parce qu'on y parlerait de quelque chose dont on ne parle pas dans des « philosophies* mainstream » (mortes ou vivantes peu importe, l'important est que leurs thèses soient « vendables »). Car « vision », tout comme « spéculatif », *est le mot devant lequel chacun plus ou moins fuit, comme on détale devant un pestiféré.*

C'est en fait la situation, ou l'objection devant laquelle se trouve, ou pourrait se trouver, une telle pensée qui s'ouvre à l'horizon du savoir en dehors des catégories acceptées passivement par ceux qui prétendent savoir ce qu'est la philosophie et comment elle doit procéder, sauf à rester muet face à la demande de toute définition claire. Mais ici il n'y a pas de catégorisation philosophique qui tienne, parce que cette situation d'ouverture pure de la pensée à l'horizon du savoir s'est avérée possible uniquement grâce au chemin qu'elle a accompli.

Elle l'a accompli tout d'abord en développant systématiquement la connexion entre ses questions fondamentales. Ensuite, elle l'a accompli en développant, selon une autre idée de « spéculatif », ce qu'est, pour la pensée dénuée de toute fausse certitude, le contenu des formes des *mathesis* qui se sont rencontrées au sein de sa méditation. Un exemple pourrait être éclairant : pourquoi ne se dresse-t-on pas contre l'abstraction excessive que l'on donne *scientifiquement* à la question « qu'est-ce qu'une crise économique ? » ou « comment la matière se constitue-t-elle ? » alors que l'on prétend avoir bon droit de se scandaliser pour le « spéculatif » de la vision métathéorique purement descriptive et modélisatrice de la dynamique du savoir ?

En fait, le spéculatif associé à la nature abstraite d'une explication n'est que la connexion nécessaire de la factualité et des structures qui la laissent saisir avec la plus grande précision possible. La dynamique du savoir se laisse expliquer (mais pas déduire) et décrire (mais pas normer) au sein d'une perspective dans laquelle ce que nous « voyons » ne sont pas des amas de livres ni des bâtiments d'une académie mais la relation nécessaire d'une multiplicité hétérogène avec une structure invariante. Cette structure invariante n'est pas derrière le factuel mais *entre la vision et le factuel*, dans la mesure où c'est uniquement par l'invariance qu'elle décrit que l'on peut accéder, selon la perspective plus précise possible, à la « chose ».

Le métathéorique est déjà à l'œuvre dans l'ouverture au savoir et en détermine les saisies, les kinesthésies, les actes descriptifs. À chaque moment dans lequel l'on se prononce sur un rapport entre un élément théorique et un autre, peu importe leur caractérisation disciplinaire ou l'extension des objets en question, le métathéorique est à l'œuvre. La *mathesis* métathéorique porte au niveau de la conscience (de la pensée pure) cette grammaire tacite, non avouée, que toute critique d'une telle sorte de « spéculation » utilise nécessairement pour définir ce qu'il fait et comment il le fait ou il faudrait le faire. Une fois abandonnés les espaces fermés dans lesquels la métaphysique prétendait renfermer le savoir, mais dans lesquels elle n'en renfermait que l'ombre, la trace falsifiée qu'elle s'en faisait, le savoir s'ouvre à la pensée pure tel qu'il est, comme horizon de vision, et non plus « corpus », ou « édifice » ou construction architectonique.

Cette ouverture peut commencer à révéler le vrai sens du mot *en-kuklios-paideia*[21]. Ce sens était oublié et demeure constamment oublié à chaque fois que l'on prend l'approche métathéorique comme un point

21 *Cf.* infra Chap. X, *Mathesis* et *en-kuklios-paideia*, p. 230.

fixe (comme une métaphysique), détaché, dé-situé, ce qui en revanche contredit ou falsifie l'essence de la vision métathéorique comme ouverture à un horizon. En ce sens la falsification du concept de vision métathéorique ne peut que se coupler avec la falsification du spéculatif au sens d'une vision détachée (*view from nowhere*), point fixe nécessairement métaphysique, point irréel de considération du réel, en ce cas du réel et de l'effectivité de la dynamique du savoir.

Le spéculatif, au-delà des dichotomies théologiques et métaphysiques, *n'est que situé*, c'est-à-dire relatif, relatif à une prise de position, à une disposition, par lesquelles se manifeste cette coappartenance essentielle, structurelle entre l'ouverture thématique et de l'auto-référence de tout regard, de toute saisie de la pensée[22]. Bien loin d'être affaiblie par cette situativité, la pensée pure se sait par là, se saisit en retour et se comprend comme environnée d'un horizon de formations théoriques qu'il faut explorer et décrire. Car c'est uniquement à partir de cette situation (qui n'est pas un lieu fixe, préétabli par un ordre cosmique) et de la mémoire historique que la pensée pure garde en soi comme forme du dépassement de la métaphysique, que la demande de sens (articulée comme demande sur le savoir humain) peut s'accomplir dans une recherche, à savoir dans une exploration et dans un travail.

La prise de conscience de cette nature spéculative lui éviterait de tomber dans les potins vides de la métaphilosophie. Ce potins ne donnent lieu finalement qu'à des débats stériles : sur la nature exceptionnelle ou non exceptionnelle ou déchue de quelque chose comme la philosophie ; sur ce qu'une philosophie (restée emprisonnée sur le seuil du monde des ombres, incapable de saisir tout d'abord la nature spéculative de la pensée) devrait faire pour redevenir « importante » ; sur les courants, les traditions, les mélanges ou les patchworks possibles à mettre en place pour présenter un produit qui plaise à ceux qui dictent la ligne.

La philosophie a-t-elle ou non une position exceptionnelle dans le savoir ? Est-il possible de réconcilier philosophie analytique et continentale ? Le philosophe devrait-il rester bien assis sur son fauteuil ? Ces genres de questions, et les fleuves d'encre qu'ils font couler, montrent toute la misère d'une pensée qui n'a pas le courage de faire un pas en avant, ou de se mettre à la hauteur de sa tâche essentiellement spéculative. Le « spéculatif » – surtout si on le conçoit dans une de ses formes mutilées qui nous sont consignées par le passé ou par l'actualité – n'est point

22 *Cf. infra*, Chap. X, *Le spéculatif relatif*, p. 225.

une garantie de noblesse, un rang de dignité de la pensée. Il représente en revanche la forme élémentaire d'ouverture de la pensée elle-même au réel. C'est la forme de sa vie intime qui est spéculative.

La nature spéculative de la *mathesis* métathéorique ne fait rien d'autre, pour ainsi dire, que décliner cette ouverture par rapport à l'horizon au sein duquel se manifeste, au sein duquel vit, le savoir dans toutes ses formes. Son travail est celui d'amener à l'intelligibilité, au niveau de la conscience, l'inconscient de la complexité du savoir[23]. En ce sens, et uniquement en ce sens, on peut reconnaître l'exceptionnalité *privative* de la *mathesis* métathéorique : c'est-à-dire l'impossibilité que, par elle, la pensée pure puisse s'accommoder dans une définition de quelque chose comme « la philosophie » sans entrer en contact avec la vie et la dynamique du savoir, avec ses processus géodésiques, rhizomiques, en tout cas vivants. Peut-être son destin ou, si l'on veut, sa *nèmesis* est d'explorer et créer des outils pour explorer plutôt que se laisser renfermer dans une définition.

DE LA *MATHESIS* DE L'OBJET À LA *MATHESIS* DES THÉORIES

Bien loin de pouvoir penser que cette exploration ne soit pas périlleuse ou tout simplement exposée à des apories fondamentales, la pensée pure doit tout d'abord faire face à un mouvement essentiellement problématique, incertain. Il s'agit du mouvement représenté par la scission « spéculative » – dialectique – de son objet. Car ce qu'elle prétend être son objet, s'avère être quelque chose qui échappe à une caractérisation qui serait interne à une forme de savoir située entièrement au sein du second plan dialectique. Pour cette raison cette exploration et la construction des outils adaptés à la *mathesis* métathéorique s'avèrent être problématiques pour ne pas dire paradoxales.

23 C'est précisément la thèse de Foucault dans *La scène de la philosophie* (Foucault, 1994, p. 571) : « Je crois que le savoir dans nos sociétés est maintenant quelque chose de si large et de si complexe qu'il devient véritablement l'inconscient de nos sociétés. Nous ne savons pas ce que nous savons, nous ne savons pas quels sont les effets du savoir ; alors il me semble que l'intellectuel peut avoir ce rôle d'être celui qui transforme ce savoir qui règne comme l'inconscient de notre société en une conscience ».

Le concept qu'elle veut attribuer à la « chose », aux entités qu'elle rencontre dans son exploration ou qui tout simplement se montrent dans la pure ouverture de l'horizon métathéorique, échappe à une caractérisation interne à *une* forme de savoir positif. Une fois que les formes de savoir se sont libérées du lien métaphysique qui les renfermait au sein du premier plan dialectique, elle se sont placées sur celui qui s'est avéré être l'horizon métathéorique. À ce point on ne peut plus penser pouvoir sélectionner, pour ainsi dire, la forme d'objet d'*une* forme de savoir. On ne peut pas la choisir comme prototype universel de la connaissance, en instituant à nouveau à l'intérieur d'une horizontalité dépourvue de toute axiologie, une hiérarchie, si ce n'était que fonctionnelle (c'est-à-dire *locale*).

La *mathesis* de l'*objectum purum et simplex* de la métaphysique classique était fondée par le geste métonymique de choisir comme modèle l'objet pur et simple des mathématiques et d'en faire comme le prototype épistémique du savoir (et, par conséquent, de façon médiate, le prototype ontologique du réel). La *mathesis* métathéorique semble être désormais devenue une *mathesis* sans objet, tout simplement parce qu'elle ne peut plus recourir à un prototype d'objet qui soit universel. La *mathesis* métathéorique est-elle réellement une *mathesis* sans objet ? Ne s'agit-il pas d'une *contradictio in adjecto* ? Ne faudrait-il pas dire plutôt que la *mathesis* métathéorique est une *mathesis* dont l'objet est encore incertain mais certainement pas universel ? En quoi réside précisément cette incertitude ? Elle n'est certainement pas à attribuer à la structure topologique de sa modélisation ni aux formes de donnéité auxquelles cette forme donne une grammaire visuelle ! Où faudrait-il alors la chercher ? Dans l'idée de modèle.

L'idée de (modèle comme) graphe – et de modélisation selon cette forme – n'est pas à l'abri de toute issue métaphysique de substantialisation : elle paraît encore exposée à la possibilité d'une substantialisation, aussi bien de l'*épistème* (dans la forme de l'affirmation : « le savoir a en soi cette forme ! ») que du monde, qui se cristallise dans les formations de cette *épistème*[24]. Mais l'idée elle-même de modèle, et le recours à la modélisation, fait ainsi que la *mathesis* ne peut pas affirmer la forme du modèle comme une forme substantielle. La *mathesis* métathéorique serait alors incertaine justement parce que sa modélisation partage son voir de toute substantialité. Toutefois ce partage serait à penser comme

24 Cette tendance à l'hypostase d'une forme s'est manifestée dans un article qui a fait date, (Dipert, 1997) lequel affirme justement la structure du monde comme un graphe.

quelque chose de privatif uniquement du point de vue d'une pensée qui ne questionne pas, ou qui ne veut pas questionner, l'idée d'une saisie directe d'une « substance » ou d'une « réalité ». Pour une telle pensée la saisie irait de soi ! Il n'y a ici aucune substantialité (du savoir) à saisir mais uniquement un mouvement spéculatif qui a conduit le savoir à se libérer du plan métaphysique au sein duquel on prétendait le renfermer.

C'est dans ce mouvement – que la pensée pure, dans sa toute première ouverture à l'horizon métathéorique, ne pouvait que suivre – qu'il faut chercher l'incertitude de la *mathesis* métathéorique par rapport à son objet. Car l'objet de la *mathesis* métathéorique n'est pas uniquement à chercher à l'intérieur d'une forme de savoir (comme si l'objet était le graphe) emprisonné, domestiqué au sein d'un projet métaphysique. Cet objet se caractérise par ce mouvement lui-même d'institution et par l'instabilité des deux plans. D'un côté la vision métathéorique se donne des outils (pour penser un objet en le modélisant) en tenant un pied au sein du second plan dialectique, s'appuyant précisément sur une forme de savoir totalement libérée d'instances métaphysiques. De l'autre elle doit nécessairement encadrer cette forme invariante au sein d'une logique, ou d'une théorie, de l'objet, qui est la forme qui ne pouvait pas se libérer du joug du projet métaphysique, justement parce que liée essentiellement à un *logos* qui en empêchait la dialectique avec le *monde*.

Que sont ces objets □MT, pris au sein de leur *mathesis* ? Ne sont-ils pas un *hybride* entre une forme particulière de savoir et une onto-logie qui ne peut pas se libérer du joug de l'universalité (vide) de l'objet quelconque ? Ne sont-ils pas la concrétion de cette dialectique tout à fait particulière qui déplace le savoir au sein de son immanence et de ses processus rhizomiques, en laissant la logique de l'*ὄν* à protéger cette citadelle désormais vide qui était la métaphysique ? Selon cette hybridation, qui est l'hybridation nécessaire de la vision même au sein de l'horizon métathéorique, cette *mathesis* trouve en elle-même un creux, un saut dimensionnel. Ce saut fait ainsi que ce dont elle parle indique une complexion encore plus fondamentale à explorer pour son accomplissement. Tout comme la *mathesis* de la subjectivité devait s'ouvrir à la *mathesis* métathéorique pour penser son statut de savoir, la *mathesis* métathéorique s'ouvre à une autre dimension du spéculatif, à partir de laquelle on pourrait penser son statut de savoir, de *mathesis*.

SUR LA MÉTA-ONTOLOGIE

La *mathesis* des modèles ontologiques

LE POINT AVEUGLE DU MÉTATHÉORIQUE

L'ouverture de l'horizon métathéorique dépassait, en le comblant, le défaut théorique originaire de la *mathesis* de la subjectivité et définissait, pour la pensée pure, la perspective, l'avenir d'une dimension spéculative en dehors de la métaphysique. Cette ouverture apparaît à présent comme menacée par ce même passé dont elle pensait s'être libérée une fois pour toute. En fait, l'inaccomplissement de la dimension métathéorique, par l'amphibolie de son objet, paraît miner à la base, de son intérieur même, toute perspective d'instituer une dimension spéculative libre de la métaphysique. Il met même en doute la possibilité de penser le lien entre l'existentiel et l'épistémique en dehors de ses critères de normativité. Prise dans cette situation d'un futur qui s'annonce et d'un passé qui persiste à hanter son présent, la pensée pure doit trouver la force et le moyen de se libérer une fois pour toute de cette hantise en coupant le lien qui l'ancre encore à la jetée et l'empêche d'explorer son horizon. Mais elle doit tout d'abord trouver et définir ce lien dans sa clarté, pour qu'elle puisse finalement arriver à le couper !

Ce lien se trouve précisément au cœur même de la dimension métathéorique que la pensée pure prétend définir sans résidu conceptuel. Il se cache en profondeur parce qu'il est justement la trace du lien, de l'émergence des deux plans dialectiques, laquelle explique la nécessité elle-même du métathéorique en dehors de la métaphysique. En quel sens ce lien en représente-t-il la trace ? Pourquoi ce lien est-il si difficile à saisir et, tout d'abord, à reconnaître ? En fait, parce qu'il représente l'entremêlement même de ces deux plans au sein de la dimension métathéorique, caché dans la constitution de ses objets. C'est en effet l'objet métathéorique lui-même, dans sa consistance encore (nécessairement) amphibolique, qui incarne ce lien.

Car, en tant que fil conducteur d'une modélisation topologique, il se place à l'intérieur des savoirs pour en structurer une nouvelle vision (indépendante de toute normativité), mais il ne se place pas radicalement en dehors de tout discours métaphysique. Pour se constituer comme grammaire de vision, la *mathesis* métathéorique doit nécessairement recourir à ce qui appartient encore, malgré ses incréments remarquables[1], au plan métaphysique : l'ontologie ou théorie de l'objet. Car c'est uniquement en passant par la théorisation de l'objet qu'une *mathesis* métathéorique peut se concevoir comme telle, c'est-à-dire comme une *mathesis* qui peut expliquer les caractérisations logiques essentielles des objectités dont elle parle. Donc, si l'on regarde de plus près, plus qu'une amphibolie, l'objet □MT représente, pour la pensée pure qui cherche sa *mathesis*, quelque chose de bien plus dangereux, obscur et difficile à saisir. Il ne s'agit pas seulement d'osciller entre deux plans, mais de faire l'expérience d'un mouvement, d'un second mouvement qui n'a rien de similaire au premier.

Car ce mouvement, cette dynamique, ne consistent pas dans l'inversion – tout simplement commutative – d'un processus spatial, et notamment dans la révocation de l'institution du second plan dialectique à partir du premier. Il ne s'agit pas, il ne peut plus s'agir de revenir, pour la vision métathéorique, au sein de la métaphysique comme si de rien n'était, comme une sorte de *nostos*, d'aventure non commencée, d'une exploration uniquement rêvée. La singularité elle-même de l'institution d'une vision métathéorique fait ainsi qu'il n'y ait pas de retour possible de la pensée pure par rapport à sa recherche des formes, de la forme de la *mathesis*. Et à l'intérieur de cette institution, l'émergence de cette figure étrange comme l'objet □MT montre de fait comment les deux plans qui s'étaient désolidarisés, se croisent, s'entremêlent à nouveau dans un lieu étrange, dans une sorte de monstre topologique lequel, du point de vue logique ou spéculatif, n'aurait à première vue aucune raison d'exister.

C'est précisément sur ce point qu'une vision métaphysique et une vision métathéorique se rencontrent encore, tout simplement parce que

1 On ne fera pas l'erreur que l'on a déjà faite pour la logique (Kant, 1900, p. VIII), en affirmant qu'elle n'avait pas trouvé, et n'aurait plus trouvé, aucun incrément considérable mais uniquement des modifications de détail.

ce point est leur point d'intégration nécessaire. Car si la vision métathéorique demande nécessairement une catégorisation ontologique de ses objets, la vieille perspective métaphysique restée orpheline des formes de la science, demande, de son côté, une catégorisation métathéorique pour comprendre tout simplement en quel sens elle peut s'articuler avec la seule théorie résiduelle au sein de son horizon de discursivité : l'ontologie comme logique de l'*étant* [ὄν] ou théorie de l'objet. Deux questions se trouvent ici dans une relation de spécularité. La première,

– « quelle est la constitution objectale, donc ontologique, de l'objet □MT ? »

demeure exactement spéculaire à la seconde

– « quelle est le rôle de l'ontologie au sein de la métaphysique (pourvu qu'elle ait perdu sa normativité quant aux formes de la science) ? ».

Car si l'une est une question clairement ontologique, l'autre est une question clairement métathéorique. Toutes les deux concernent toutefois des figures qui se trouvent dans un plan qui ne semble pas admettre l'articulation de la réponse. Cette dynamique ne montre pas seulement le point aveugle de la métathéorie, mais s'avère être son plus haut danger.

LE REGARD DE MÉDUSE

La pensée pure devra voyager jusqu'au but de l'horizon, à côté des Hespérides, là où se cache ce monstre – cet être effrayant, fils de la Terre, c'est-à-dire de la stabilité, qui pétrifie tout ce dont son regard s'empare, qui le fige sous le nom d'objet, de *ὄν* – pour pouvoir se libérer de ce joug ancestral qui lie encore son entreprise au monde des ombres et pour ressaisir à nouveau sa dimension spéculative. Pour se protéger de ce regard pétrifiant, pour ne pas être figée et ramenée une fois pour toute à l'intérieur de ce monde des ombres duquel elle pensait s'être affranchie une fois pour toutes, la pensée pure peut uniquement tourner ce regard pétrifiant contre lui-même, en prenant conscience du rapport spéculatif subsistant entre l'ontologie et le métathéorique.

Toutefois, ce rapport spéculatif s'avère être tout à fait particulier, parce qu'il s'installe au sein d'une tension dialectique de détermination et de fondation ultime. Ce rapport spéculatif est en effet asymétrique. Car, si d'un côté il s'agirait d'un rapport (classique) de fondation, de l'autre il s'agit uniquement d'un rapport, d'un complément morpho-ontologique purement formel de clarté conceptuelle.

Si la pensée pure, qui tient à l'ontologie pour trouver la clarification ontologique ultime du sens de l'objet □MT *en tant qu'objet*, peut ne pas se laisser pétrifier, figer par son regard, c'est uniquement parce qu'elle tient à l'ontologie par le miroir de sa grammaire métathéorique. Par ce regard biaisé, spéculatif, ce que l'ontologie voudrait déterminer, figer, est à l'abri de cette immobilisation. En revanche, ce qu'elle arrive à figer en gardant à la perspective métathéorique, ce n'est qu'elle-même. À travers ce miroir, sur sa surface, elle ne peut que se regarder elle-même, se figer comme telle. Car, à la rencontre avec cette surface elle s'avère être elle aussi « objet », un « objet □MT » comme les autres, dépourvue de tout primat. Cela pour la simple raison que le primat – dans ce rapport de détermination illusoire – est quelque chose qui ne saurait pas sortir du plan (de l'horizon) de la métaphysique et qui ne peut point atteindre la pluralité des concrétions de l'*épistème*, qui s'est avérée être l'horizon métathéorique.

L'objet □MT – comme « en soi » d'une structure que la pensée pure modélise comme graphe et qu'elle pense dans son unité (aussi) par l'intermédiaire de prédicats ontologiques – n'est pas réabsorbé à l'intérieur du plan métaphysique. Il ne peut pas y être réabsorbé parce que il est *un modèle* de l'intuition, et une ontologie de l'objet □MT est uniquement l'ontologie d'un modèle par lequel on structure ou on visualise une intuition. L'ontologie d'un modèle est par définition défaillante, car elle se désavoue par elle-même comme fondation ultime ou légitimation ultime. En revanche la transformation du regard sur l'ontologie par le biais de la spécularité instituée, réalisée par le concept lui-même d'objet □MT, a pour la pensée pure un effet décisif. C'est l'effet d'une libération, libération de l'acception de l'ontologie comme un outil métaphysique ou comme le lien nécessaire qui devrait ramener toute pensée spéculative au sein de la métaphysique.

L'ontologie n'est désormais, dans l'aventure de la pensée pure à la recherche de sa dimension spéculative, qu'un objet □MT. Elle est investie par son même regard à travers le spéculatif du métathéorique lui-même, à savoir elle s'avère être une instanciation de l'objectité parmi d'autres. Elle est fixée par son regard même, elle est pour ainsi dire « pétrifiée » par son instinct originaire de devoir à tout prix s'emparer de la vie et d'en faire quelque chose de figé, de fixe, d'inanimé...donc de parfaitement maîtrisable. À présent elle est investie par un double regard, opéré par la pensée pure, un regard mobile, qui permet de la regarder, de la concevoir comme quelque chose – mais uniquement comme quelque chose saisi par le miroir de sa vision métathéorique. Ce double regard ne fait rien d'autre, pour ainsi dire, que de la relativiser comme « quelque chose » de bien défini : elle devient une théorie parmi d'autres, une théorie qui parle de l'objet selon ses propriétés formelles générales et selon ses spécifications, mais qui est tout de même une cristallisation de la *théorie* parmi d'autres.

L'IDOLE DE L'ÊTRE

Le chemin spéculatif de la pensée pure la conduit ainsi à l'intérieur d'une dimension nouvelle, inaperçue, parce que cachée en profondeur, dans les trames elles-mêmes de la métaphysique, des trames que l'on pouvait saisir uniquement là où se cachait l'élément essentiel et décisif pour sa constitution. Une fois descendue encore une fois dans les enfers où se cachait cet être mystérieux et terrifiant et en l'ayant enfin saisi par la ruse des regards croisés, à travers le spéculatif, la pensée pure peut regarder l'ontologie en face et voir ce qu'elle est, ou ce qu'elle a toujours été au sein de la métaphysique : une idole... vide comme la forme pure d'objet dont il parle. Cependant, à ce point, elle peut aussi reconstituer de façon plus perspicace la généalogie de la métaphysique qui s'était déjà esquissée par les autres généalogies. Elle peut s'apercevoir de la raison d'être de la constitution et de l'accomplissement du plan dialectique qui était celui de la métaphysique. Émerge ici le lien indissoluble qui lie la métaphysique à l'ontologie.

Car c'est uniquement en tant qu'assujettis à la logique de l'étant [ὄν], que l'horizon du *monde* et celui de la *nature* peuvent donner l'apparence de se laisser structurer une fois pour toutes. S'il y a une positivité de la métaphysique comme plan dialectique bien défini, pensée donc au sein d'une généalogie – donc d'une histoire – c'est parce que la force d'une logique (à l'apparence) supérieure, donne l'illusion de pouvoir faire de l'horizon fluctuant (bien que relativement stable) de l'existentiel et de l'horizon de la *nature* avec ses formes de savoir, quelque chose d'absolument stable, de saisissable et, par conséquent, de maîtrisable. Sans la reconstitution de la généalogie qui a conduit à l'institution du plan dialectique de la métaphysique, c'est-à-dire en dehors d'une approche spéculative qui puisse conduire la pensée à saisir cette trame, toute acceptation (dans l'usage comme dans le mésusage) ainsi que tout refus de l'ontologie apparaissent en définitive comme quelque chose d'extrêmement enfantin et comique[2].

LA SITUATION « ONTOLOGICO-PRIVATIVE »

Ce que la pensée pure saisit et doit ressaisir du point de vue spéculatif, ce sont des liens génétiques et des rapports structurels. Regardé à partir de l'horizon métathéorique et sur la base de la fixation spéculative de l'ontologie ou (et) théorie de l'objet, c'est-à-dire considéré à partir de la perte de normativité sur les formes/concrétions de la science, le lien structurel apparaît *de facto* comme suspendu, arraché de son activité. Mais en même temps, la dépendance structurelle apparaît double : une dépendance structurelle qui montre comment

- ontologie et métaphysique vont de pair avec
- l'hypothèse d'une fondation ultime du savoir de la part de la métaphysique.

---

2 Car tous sont aujourd'hui capables, en imitant les pères d'une tradition ou d'une autre, ou bien de manipuler – comme des saltimbanques – un langage onto-logique purement procédural sans y saisir ces liens, ou de refouler la tâche d'une pensée (spéculative) de l'ontologie en présentant un alibi quelconque.

Ce parallélisme anticipe d'ailleurs la tâche à venir de la pensée pure dans l'accomplissement de son parcours spéculatif.

La métaphysique dépend de l'ontologie pour figer dans une forme invariante les dimensions du monde phénoménal et leurs cristallisations théoriques. Comme tendance d'unification normative des formes des savoir et, par là, d'un *monde* qui se fixe dans ces formes, c'est-à-dire comme tentative de donation de sens *par* le savoir, la métaphysique ne peut qu'avoir recours à l'ontologie. Cette dernière – comme théorie de l'objet – demande toujours un complément, un geste métaphysique de clôture du champ théorique de son application normative pour fournir cette image d'un *monde* fixe et emprisonné dans les formes de savoir sur lesquelles elle impose, ou elle prétend imposer, sa normativité.

Toutefois, à regarder de plus près, une fois visée comme objet, l'ontologie s'avère être quelque chose qui – malgré son évolution et ses incréments « techniques » (par la logique que, de cet *étant* [ὄν], développe les catégories formelles fondamentales) – montre justement un invariant. Cet invariant est le fait de devoir nécessairement s'implémenter à la métaphysique (par un geste métaphysique) pour se présenter comme science première et/ou fondamentale. Vue à partir de la perspective méta-théorique, elle s'avère être affectée par une impossibilité constitutive, par une privation à la source. Cette impossibilité est justement la privation de la possibilité d'aboutir à une fondation ultime, à une structuration ultime du *monde* et de la science à l'intérieur du plan, de l'horizon de la métaphysique[3].

Une fois que l'expérience du *monde* et que la vie intime du savoir se sont libérées de cette prise, se sont soustraites à cette normativité, la situation privative de l'ontologie apparaît dans toute sa clarté et selon les formes diverses qu'elle assume (comme objet □MT) au sein de son *logos* comme seul résidu théorique au sein du champ de la métaphysique. Il serait donc oisif de se demander comme il a pu être possible de penser finalement que le *monde* et la science, la dynamique du monde et la vie du savoir, auraient pu se laisser domestiquer par cette normativité. Car cela relève de la désillusion d'un projet inabouti. Mais où serions-nous

3 Une telle privation à la source est à double entente. Car si elle laisse d'un coté l'ontologie subsister comme outil de connaissance, un outil extrêmement important (il suffit de considérer le rôle de l'ontologie pour l'essor et pour le développement de la théorie de l'information), de l'autre elle la prive de sa potentialité de fondation ultime.

sans cet inaboutissement et sans ce projet ? Il faudrait plutôt se demander, dans la perspective de la recherche d'une *mathesis* et de sa dimension spéculative propre, quel est (quel était) précisément cet élément qui minait ce projet dans ses fondations. Cet élément était/est une question, ou – dans la duplicité qui caractérise toute question, et notamment toute question fondamentale – une demande, la forme que prend la demande de sens au sein de la métaphysique.

Car le projet était en fait la tentative de répondre à une question, mais *de facto* à une demande, la demande de sens dont la métaphysique s'était faite l'illusion d'être la dépositaire parce que dépositaire de réponses à des questions fondamentales. Le fait que la question, dans sa forme originaire, aristotélicienne, se manifeste dans sa forme « τί τὸ ὄν; » uniquement après que se soit manifesté quelque chose comme une « ontologie » (ou comme une « théorie de l'objet » ou une « science de l'étant en tant qu'étant ») ne doit guère étonner. C'est uniquement à partir de la sédimentation des premières formes de pensée orientées vers quelque chose comme la fondation d'une métaphysique sur la logique de l'étant [ὄν], que l'on peut commencer à comprendre la physionomie métathéorique d'un tel complexe. Au sein de sa phylogenèse, c'est-à-dire au sein du *logos* de cet objet □MT, tout comme dans l'euristique tout à fait particulière du parcours spéculatif de la *mathesis*, la demande anime le mouvement mais se manifeste après coup, sous la forme d'une demande théorique, d'une simple question.

Ce que le parcours euristique et spéculatif rencontre, notamment du point de vue structurel, n'est tout d'abord qu'un objet □MT. Ce « premier » est justement le résidu d'une dynamique d'épuisement à l'intérieur du plan, de l'horizon du projet métaphysique. La *mathesis* de la subjectivité s'ouvrait à la *mathesis* métathéorique dans le mouvement nécessaire d'un accomplissement tout comme cette dernière s'ouvre au rapport avec le résidu ontologique de la métaphysique.

C'est ce résidu qui apparaît le premier au sein de ce parcours, tandis que – dans la toute première forme de méditation – la question était, comme demande de primauté d'une vision inatteignable par la seule approche existentielle et par la seule approche métathéorique, ce qui laissait apercevoir le passage à une autre dimension. C'est donc dans sa mémoire, ou dans l'anamnèse de sa toute première forme de méditation, que la pensée pure, en procédant à la fixation des étapes de son chemin spéculatif, peut reconnaître un lien « vertical » auparavant inaperçu. Il s'agit du lien vertical entre le niveau des structures et le niveau sur lequel se plaçait, de façon presque inévitable, son premier acheminement.

Ce lien s'établit apparemment sur la base d'une inversion de la phénoménologie des figures des deux chemins : tout d'abord la question, ensuite le lien structurel entre ontologie et métaphysique. Mais ce même lien montre maintenant la voie sur laquelle la pensée pure peut s'acheminer au sein cette nouvelle dimension. Car le lien « vertical » entre le plan de la méditation et le plan des structures montre exactement le défaut constitutif, la situation privative de l'ontologie – c'est-à-dire d'une logique « métaphysique » de l'ὄν – mais en même temps il indique là où il faut chercher le passage pour cette dimension.

Le seuil de cette dimension est justement le mouvement intrinsèque de la question qui se montre en même temps comme « expérience-de-chose » [*Sacherfahrung*] et comme « objet □MT ». Car si la question se montre à l'apparence comme une composante, comme une partie d'un objet □MT – à savoir comme question « centrale » de l'ontologie dans son développement historique – elle ne peut que se montrer encore et *a fortiori* comme « expérience-de-chose ». Cette duplicité, cette mobilité extrême se radicalise dès que l'on remarque que, du point de vue du parcours spéculatif, le fait de se montrer comme « chose d'expérience » (métathéorique), comme un nœud structurel essentiel dans l'évolution de l'ontologie, se transforme (ou se révèle à nouveau) soudain comme expérience-de-chose, c'est-à-dire comme question. Considérée tout d'abord comme demande, et par là comme question, elle s'avère être encore une autre concrétion de l'expérience de l'absence d'un sens, d'une stabilisation ultime.

Elle s'avère expérience de l'absence de sens précisément à partir de la perspective métaphysique d'un instinct de fixation de la fluctuativité du monde et de la tendance proliférative de la science dans un terme unique (et, à partir d'un certain moment de son *logos*, univoque). Ce qu'elle révèle dans cette phénoménologie étrange, ou dans cet entremêlement de deux « phénoménologies » clignotantes, est un lien bien plus profond avec la métaphysique, inscrit dans sa polysémie – c'est-à-dire dans la polysémie de son questionner.

Le fait de rester sur le seuil de la considération simplement métathéorique (et de considérer la question uniquement comme un élément théorique quelconque) tout comme le fait de vouloir se tenir uniquement à la spécularité entre demande existentielle de sens et sa déclinaison ontologique, témoigne d'une incapacité ou tout simplement de l'angoisse de suivre cette dynamique spéculative au-delà de ce seuil pour découvrir ce qu'il y aurait de l'autre côté, une fois le cap franchi. Y aurait-il peut-être, au-delà de ce seuil, quelque chose de plus fondamental, c'est-à-dire quelque chose de l'ordre d'un fondement ultime ?

L'IMPOSSIBILITÉ D'UNE ONTOLOGIE FONDAMENTALE

Bien que la pensée pure se soit libérée, grâce à sa toute première forme de méditation et au chemin spéculatif qu'elle est en train d'accomplir, de l'emprise de la métaphysique, on pourrait encore avoir espérer qu'au-delà de ce seuil se trouve ou puisse se trouver quelque chose comme un fondement ultime. Cet « ultime » ne serait alors que le point d'appui et de stabilisation définitive de la géométrie variable des plans et des dimensions du spéculatif lui-même. Ce point d'appui, la promesse d'aboutir à une forme, bien qu'ultérieure, de stabilisation, s'annonce dans une expression qui résonne souvent dans ces situations incertaines de passage : *ontologie fondamentale.* Si la pensée pure n'avait pas accompli le but de son chemin qui l'a amenée jusqu'ici, cette expression pourrait paraître encore fascinante, pourrait paraître encore l'indice d'une radicalité philosophique extrême, d'une pensée qui dépasse les formes de relativisme – un relativisme intentionnellement présenté comme déstructuré, sans *eidos* – pour établir à nouveau la force de la vérité.

Une telle pensée philosophique qui se prétend « radicale », qui fait semblant de faire route encore une fois vers Élée (qui se trouverait juste derrière l'horizon) semble ne pas vouloir s'avouer que dans ce lieu, qu'elle a déjà visité, il n'y a que des ruines – des ruines d'un passé glorieux et noble, certes, mais tout de même des ruines. La pensée pure ne peut plus, en revanche, se dire, se raconter l'histoire selon laquelle il y aurait un énoncé intuitivement vrai, pour soi et en soi, qui tient ensemble toute sorte de saisie, toute sorte de visée, comme si cet énoncé était la clé pour accéder au fondement ultime. Même dans ses formes plus raffinées, une pensée métaphysique s'oppose radicalement à cette autre forme de pensée de la *mathesis*, justement par le fait d'avoir recours, de devoir nécessairement avoir recours à un « ultime ». Cet « ultime » comme terme de fondation, est ce qui marque nécessairement une distance, un écart entre la connaissance et un « originaire ». Et une forme quelconque de philosophie devrait donc se présenter comme le dépassement de cet écart.

Toutefois, cette idée d'un retard constitutif par rapport à l'origine, conçue par une forme ou une autre de pensée métaphysique (qu'elle veuille se l'avouer ou non) doit s'inscrire dans une démarche démonstrative. Et une telle démarche se trouve posée face à des « décisions » théoriques à prendre pour arriver finalement à dire quelque chose de signifiant sur cet « ultime » qu'elle postule. Cet inévitable « devoir donner forme » à ce postulat théorique se trouve déjà face à une alternative insurmontable. C'est précisément à partir de ce moment, de cette sortie du « tacite », de l'implicite, que cette pensée de l'*ultime* s'expose en même temps au regard d'une pensée spéculative. Cette dernière ne peut qu'en démasquer tous les présupposés, en les considérant plutôt comme conditions d'impossibilité de toute fondation ultime de l'ontologie. Car ces conditions, comme conditions d'impossibilité, n'émergent qu'à partir d'un regard autre, un regard libéré du plan de la métaphysique, qui est transformé en *mathesis* métathéorique, capable de fixer cet objet □MT dans ses dynamiques propres.

La première alternative face à laquelle se trouve cette ontologie, qui se veut transformer en fondamentale, montre déjà en fait qu'une seule voie est effectivement praticable. Car une ontologie qui prétend se transformer en « fondamentale » doit pouvoir caractériser l'objet de son hypostase, c'est-à-dire tout d'abord le nommer et, éventuellement, le caractériser par rapport à d'autres concepts, ne serait-ce que de façon « négative » (*via negationis*). Conçu du point de vue de la *mathesis* métathéorique, cela équivaut à dire que le fondement ultime, pour sortir de l'implicite, doit être un nœud de la structure de l'objet □MT « ontologie » ou « théorie de l'objet », un nœud qui se laisse caractériser nécessairement dans une topologie par ses liens. Si ce n'est pas le cas, si l'ontologie veut se présenter comme fondamentale uniquement par la mimique (assez typique, hélas) de la « mise en abîme », elle devient un parler à vide, déstructuré.

Elle s'avère être un discours vacillant, lequel, dans le meilleur des cas, peut donner l'apparence d'une édification spirituelle et, dans le pire, donne lieu à une litanie (bibliographique) infinie qui répète, comme un mantra, l'impossibilité de dire l'originaire, l'ultime.

Ce qui intéresse le parcours spéculatif de la pensée pure vers la définition de sa *mathesis* sont en revanche les conditions structurelles d'impossibilité qui ressortent de la radicalisation de la posture métaphysique du point de vue de la recherche d'une ontologie fondamentale. C'est justement en voulant se radicaliser, en voulant devenir fondamentale et omni-compréhensive, que la logique de l'*étant* [ὄν] s'avère être le seuil qui ouvre à la pensée pure l'autre dimension qui subsiste au-delà de toute logique métaphysique de détermination de l'*étant* [ὄν].

Le regard spéculatif aperçoit en fait, à la base de cette radicalisation, la relation immédiate, mais nécessaire, de l'ontologie qui se veut fondamentale au présupposé de la détermination complète de la classe du « quelque chose », selon des prédicats formels. Il y aperçoit tout d'abord une double relation ou une double forme de relation. L'une concerne l'*eidos* actuel de l'objet □MT, dans lequel le présupposé doit avoir un emplacement bien défini avec des liens de fondation traçables à l'intérieur de la topologie de l'objet. L'autre concerne le *logos* de l'objet □MT, à savoir la dépendance génétique (pourvue qu'elle soit entièrement traçable) entre la pensée et l'être comme premier moment d'apparition nucléaire d'une ontologie qui se prétendait d'abord comme « fondamentale ». En regardant cette double relation, la pensée pure s'aperçoit du fait que le présupposé – qui demeurait implicite dans la toute première institution de l'ontologie comme savoir fondamental – n'ambitionne pas seulement à une détermination *formelle* complète mais à une détermination complète tout court.

Selon ce présupposé : *Tout ce qui tombe dans le domaine du « quelque chose » [Etwas] doit être ontologiquement déterminable.* La nature holiste du présupposé ressort justement du lien structurel qui lie, depuis sa fondation, l'ontologie au plan de la métaphysique. C'est uniquement en le considérant comme partie d'un objet □MT que le présupposé sur lequel prétend se fonder la radicalisation de l'ontologie fondamentale[4] montre sa dynamique, et à ce point sa relation méréologique avec la théorie de l'objet (ou ontologie) s'avère être le seuil d'une autre dimension. Car,

4 Selon notre première formulation : « tout est définissable selon les caractéristiques du 'quelque chose' ».

pour s'avérer fondamentale, la théorie de l'objet (ou ontologie), objet □MT parmi d'autres,

1.1 ou bien affirme le présupposé de façon dogmatique, en en faisant un axiome, et elle ne peut pas montrer son caractère fondamental, mais uniquement son dogmatisme [TMO 1.1] ;
1.2 ou bien elle l'affirme comme fondé sur un autre élément [TMO 1.2] ;
1.3 ou bien encore elle affirme qu'il se fonde sur/par lui-même, qu'il est auto-évident [TMO 1.3][5].

Dans ce troisième cas [TMO 1.3], il arriverait quelque chose d'étrange, parce que dans le domaine absolument indifférencié du « quelque chose », de l'*Etwas*, la volonté de radicaliser l'ontologie comme fondamentale serait contrainte à admettre une proto-partition régionale, une proto-régionalisation. Toutefois une telle proto-partition (régionale) n'est pas du tout admise dans la généralité de la détermination formelle[6]. Dans le second cas [TMO 1.2], en revanche, la proposition (qui ne peut pas être retenue comme axiome) devrait trouver une fondation au sein de la structure réticulaire de l'objet □MT auquel elle appartient. Dans le cas où cela serait possible, la radicalisation de la théorie de l'objet (ou ontologie) en ontologie fondamentale devrait affirmer

2.1 ou bien, comme pour l'axiome, qu'elle est fondamentale, de façon dogmatique, c'est-à-dire par le fait d'être tout simplement logique de l'*étant* [ὄν] [TMO 2.1] ;
2.2 ou bien qu'elle trouve sa fondation ailleurs [TMO 2.2] ;
2.3 ou bien qu'elle se fonde par elle-même [TMO 2.3].

Dans ce dernier cas [TMO 2.3], la théorie de l'objet (ou ontologie) indiquerait qu'il y a deux domaines de fondation, l'un concernant le

5 On rencontre ici la première forme d'un trilemme qui est défini « trilemme de Münchhausen » (Albert, 1968, p. 15 *sqq.*), déjà connu comme « trilemme d'Agrippa ». Ce trilemme consiste à affirmer que toute tentative de fonder la connaissance tombe, de façon inévitable, ou bien dans une « assomption dogmatique », ou bien dans la « *regressio in infinitum* », ou bien dans la « circularité logique ». L'ontologie dans sa volonté de devenir « ontologie fondamentale » rencontrera trois formes ou stades différents de ce trilemme.

6 Le fait que « quelque chose » se fonde sur/par lui-même et que d'autres « quelque chose » se laissent tout simplement fonder, équivaut à introduire, dans le domaine de la formalité indifférenciée du « quelque chose », une partition non-formelle.

quelque chose avec les formes de régionalité qu'il montre à l'intérieur de la théorie de l'objet, et l'autre concernant quelque chose de transcendant (la détermination logico-formelle), qui se trouve en dehors : l'ontologie elle-même comme « autre objet ». C'est-à-dire qu'il se montrerait ici la toute première forme d'une transcendance par rapport aux déterminations logiques (formelles et/ou régionales) du « quelque chose ». Dans le second cas [TMO 2.2], la théorie de l'objet (ou ontologie) ne devrait que chercher sa fondation (son fondement) ailleurs, et elle se montrerait non seulement comme non fondamentale, mais demandant nécessairement son inscription au sein d'une perspective métathéorique. Car cet élément extérieur (de fondation) serait à concevoir comme un autre objet □MT mis dans quelque relation de fondation avec l'objet □MT (théorie de l'objet) en question.

Toutefois la métathéorie n'est pas quelque chose :

3.1 qui peut s'affirmer dogmatiquement [TMO 3.1] ;
3.2 ni prétendre à une fondation quelconque dans une autre théorie « extérieure » (il ne serait en effet qu'un morceau de métathéorie) [TMO 3.2] ;
3.3 ni se légitimer comme telle en tant qu'auto-évidente [TMO 3.3].

L'issue de ce mouvement inachevé de cette fondation ultime ne fait ainsi que renvoyer au mouvement spéculatif de la pensée pure qui l'a fixée comme « dimension du voir ».

NÉCESSITÉS ET BIFURCATIONS

Ce mouvement, de sa part, ne montre pas seulement qu'une métathéorie souveraine s'avère être impossible, si ce n'est que par le fait qu'elle admet une régionalité ontologique comme prototype non questionné et non susceptible de légitimation par une ontologie. Il montre aussi et surtout la façon par laquelle la prise de position excédentaire par rapport au plan de la métaphysique ouvre une nouvelle voie pour la définition de la dimension de la *mathesis*. Car justement l'écart de cette position excédentaire permet de reconnaitre comme quelque chose de nouveau ce que à première vue (pour une pensée métaphysique qui cherche encore une ontologie fondamentale) sont uniquement des conditions d'impossibilité. Elle permet non seulement de voir qu'une fondation ultime de la théorie de l'objet (ou ontologie) est impossible, mais aussi et surtout de prendre conscience des bifurcations qui interviennent tout au long du processus illusoire de fondation.

Ces processus s'enfonce dans un non-lieu et ses bifurcations montrent, *volens nolens*, les dimensions élémentaires et irréductibles de toute mise en question de l'*étant* [ὄν] dans sa généralité. C'est ça qu'apporte le parcours spéculatif par rapport à la toute première méditation de la pensée pure. Ceci se laisse uniquement saisir dans l'analyse structurelle du processus illusoire d'une fondation ultime de l'ontologie et de ses bifurcations. Ce qui était saisi simplement comme irréductible au sein de la méditation, à savoir les trois dimensions du questionnement de l'*étant* [ὄν] dans la question, s'avère être à présent un *plexus* structurellement nécessaire et inévitable. La polysémie de l'ὄν qui se manifestait dans la question s'avère être liée à une structure indépassable.

Le processus n'est pas une mimique improvisée par la pensée de la *mathesis*, ni par la pensée dans sa déclinaison métaphysique, mais il représente le processus nécessaire, inévitable, d'une pensée métaphysique qui essaye d'exister par l'affirmation (illusoire) de sa normativité sur les formes de savoir. Et cette dernière tentative ne peut qu'être liée à la seule « forme de savoir » qui demeure encore, comme résidu, à l'intérieur de son plan, de son horizon discursif : la théorie de l'objet (ou ontologie). La nécessité intrinsèque de l'irréductibilité des dimensions du questionnement est telle parce qu'elle n'est produite ni par la pensée pure qui recherche sa *mathesis* à partir de l'horizon métathéorique, ni par la pensée métaphysique qui essaye de radicaliser la théorie de l'objet (ou ontologie) comme dernière forme d'ancrage normatif.

Une telle nécessité intrinsèque, ni postulée ni simplement inférée à partir d'une polysémie, est *rencontrée* dans le processus et notamment dans le seul processus rationnel possible par lequel on pourrait chercher à ancrer une « forme de savoir » à un domaine d'objets. Le fait, à ce point, que cette « forme de savoir », pour être telle, doit s'ancrer au domaine de tous les objets, formulé de façon si simpliste, n'est pas pertinent du point de vue spéculatif. Il commence à le devenir lorsque l'on remarque qu'elle, en tant que « quelque chose » – précisément en tant que « forme de savoir » – tombe dans une situation d'imprédicativité. Mais une telle prise de conscience ne peut que ressortir d'une perspective métathéorique. Et c'est uniquement à partir de cette perspective que l'on peut également « observer » de quelle façon le projet métaphysique intrinsèquement illusoire de radicalisation de l'ontologie n'est toutefois pas construit de façon arbitraire. Il s'avère *de facto* être l'extension « naturelle » du projet d'ancrage de toute forme de savoir à un domaine d'objets : il en ressort de façon nécessaire. Pour être affirmée – de la part de la métaphysique – comme fondamentale, la théorie de l'objet (ou ontologie) doit se référer tout d'abord à un domaine d'objets justement en précisant, juste après, comment cet ancrage se légitime, à savoir par ses potentialités de détermination. Le fait d'affirmer que « tout est déterminable (et non seulement descriptible) selon les prédicats formels du 'quelque chose' » n'est alors que ce second passage nécessaire dans la démarche de transformation d'un *theôrein*, d'un regarder (qui pourrait être aussi tout simplement descriptif !) en « savoir fondamental ». Car il doit être fondamentalement normatif, normatif par rapport à un fondement ultime.

La dynamique structurelle d'après laquelle la formulation de cette proposition rencontre les trois stades différents du trilemme, est également intrinsèquement nécessaire. Dans le premier stade du trilemme, ou bien la proposition est dogmatiquement affirmée et transformée en axiome/postulat [TMO 1.1], ou bien elle trouve à son tour une fondation par quelque chose d'autre [TMO 1.2], ou encore elle se fonde par elle-même [TMO 1.3]. Or, le fait que – à partir de [TMO 1.3] – la démarche introduise une partition régionale primaire, originaire (bien que non nécessairement évidente) au sein de la généralité indifférenciée du « quelque chose », est également intrinsèquement nécessaire. Car, si l'on affirme qu'il y a d'un coté une multiplicité d'objets (tous sauf un) dont la compréhension est fondée par l'axiome et, de l'autre, l'axiome lui-même se fondant par lui-même, cela ne peut que faire apparaître une détermination régionale nécessairement externe à la détermination formelle générale du quelque chose.

Cependant cette partition régionale primaire s'avère nécessaire également lorsque l'on affirme que la proposition ne se fonde pas par elle-même ni est auto-évidente mais se laisse fonder par « quelque chose d'autre » [TMO 1.2]. Car, même dans l'absence d'une évidence logique, on a déjà introduit une partition régionale du genre « quelque chose » entre « déterminable de façon logico-formelle » d'un côté et une forme d'altérité (ontologico-régionale) de l'autre. On ne saurait pour le moment chercher cette forme d'altérité, cet autre, qu'à l'intérieur de la théorie de l'objet elle-même. Selon le même mouvement, la théorie de l'objet choisie par [TMO 1.2] dans la démarche de fondation « ultime », doit, pour fonder l'axiome,

- ou bien être affirmée de façon dogmatique comme élément de fondation [TMO 2.1]
- ou bien recourir à un autre terme (métathéorique) de fondation [TMO 2.2]
- ou bien se fonder par elle-même, comme absolument complète [TMO 2.3].

Ce fait est lui aussi un fait structurel nécessaire, inévitable, de la démarche de fondation. Ni l'ontologie, qui veut devenir fondamentale, ni la pensée métathéorique à la recherche de sa *mathesis*, ne peuvent inventer ces passages intrinsèques. L'une les subit, en se dissolvant progressivement comme fondation ultime, l'autre les observe, en pouvant justement en individuer les invariantes structurelles. L'émergence d'une articulation interne, structurelle, entre deux sens de l'*étant* [ὄν] (de l'objectité), l'un interne aux possibilités de détermination logique formelle et/ou régionale et l'autre externe – tout comme la partition originaire (donc « régionale ») des deux sens de la possibilité de détermination formelle – est un de ces faits structurels. Émerge par ce fait la toute première forme de transcendance. Car aussi bien dans [TMO 2.2] que dans [TMO 2.3] ce que l'on affirme est que quelque chose peut être fondé par l'extérieur, dans un mouvement métaphysique extra-ontologique de fondation. Si la théorie de l'objet demande sa fondation ailleurs, c'est-à-dire dans un autre élément (qui serait nécessairement inclus comme nœud dans un objet □MT ou un objet □MT à part entière)[7], le rapport de fondation est nécessairement extra-ontologique et implique une forme de transcendance.

7 Car, le fait d'*affirmer* que quelque chose comme « la théorie de l'objet (ou l'ontologie) se laisse fonder par x », soit-il la perception ou un opérateur de logique modale, implique la présupposition d'un lien métathéorique externe à la théorie elle-même, un lien vers un

Si dans [TMO 2.3] la théorie de l'objet (ou ontologie) – conçue nécessairement comme unité, comme objet, comme un tout – est affirmée comme se fondant par elle-même (on ne sait pas comment… par une sorte de cohérence interne émergente ?), alors le sens extra-ontologique de fondation émerge précisément dans la mesure où la théorie devrait s'externaliser comme fondement et se partager dans les deux rôles de fondement et fondé, ce qui réinjecte le sens (bien que plus faible) d'une transcendance extra-ontologique. Dans la première bifurcation, aussi bien dans [TMO 1.2] que dans [TMO 1.3] émerge de façon nécessaire l'articulation de l'*étant*, de l'ὄν, selon la formalité et la régionalité. Dans la seconde bifurcation, aussi bien dans [TMO 2.2] que dans [TMO 2.3], émerge de façon nécessaire l'articulation de l'ὄν selon une détermination *immanente* à la théorie de l'objet et une détermination *transcendante*.

Ce chemin de fondation ultime de l'ontologie, qui *bifurque* à deux reprises, montre que non seulement la proposition fondamentale de l'ontologie n'arrive pas à renfermer la détermination de l'*étant* [ὄν] au sein de la formalité mais aussi qu'elle, par cette démarche, introduit – par des apories dont elle ne peut pas révoquer la manifestation – trois sens différents de l'*étant* [ὄν] lui même. Or, la pensée pure ne doit pas, surtout pas, aller à la recherche des modalités, commencer à spéculer sur les modalités possibles d'une telle fondation. Ce n'est pas son affaire, ce n'est pas son histoire. Il lui suffit largement de savoir que la théorie de l'objet (ou ontologie) ne devient point, à tout jamais, science fondamentale. Il lui faut en revanche explorer ce champ qui s'ouvre au sein de cette dynamique inachevée de fondation ultime.

---

autre élément d'une théorie qui doit être considéré comme essentiel. La perception n'est pas la perception en acte mais la perception comme nœud d'une structure théorique, « la théorie de la perception ». Le fait d'*affirmer*, également, que « la théorie de l'objet (ou l'ontologie) se laisse fonder par x », soit-il la théorie de la connaissance, la logique modale, ou la théologie, implique une vision métathéorique qui n'a pas été questionnée auparavant en tant que telle et dont on pense pouvoir se servir pour esquisser une fondation.

LES COMPLEXES ONTOLOGIQUES

Qu'est-ce que la pensée pure peut tout d'abord voir à la fin de ce processus, qui a amené un simple seuil à éclater, à se dilater au point de faire émerger les dimensions irréductibles de l'*étant* [ὄν] comme coordonnées sémantiques essentielles d'un questionnement qui demeure dépourvu de toute possibilité de fondation ultime ? Elle peut tout d'abord prendre acte du fait de l'ouverture d'un espace thématique qui s'organise selon une structure, selon des sens. Ces « sens » sont à prendre comme des significations [*Bedeutungen*] mais, pour le questionnement, ils s'avèrent être aussi nécessairement des directions [*Richtungen*] de l'objectité en tant que telle, que ni la *mathesis* de la subjectivité, ni la *mathesis* méta-théorique pouvaient envisager. Cela définissait un défaut constitutif et intrinsèque des deux premières formes de *mathesis.*

Car la *mathesis* des formes de subjectivation nommait, sans pouvoir le saisir de façon pertinente, un complexe « ontologico-régional[8] ». Elle le définissait comme terme essentiel de la dynamique d'individuation des « points d'orientations saillants » de la contextualité d'une forme bien définie d'expérience. La *mathesis* métathéorique définissait de sa part un complexe métathéorique, lequel ne pouvait se définir, et saisir son horizon, qu'à partir de la notion de « champ d'objectités[9] ». Cependant un champ, un horizon, se caractérise justement par la spécificité objectale des « choses » [*Sachen*] qui s'y manifestent. Dans les deux cas, l'idée de régionalité ontologique et de ses implications ne pouvait être saisie comme claire et devait attendre qu'une partie du chemin spéculatif soit accomplie pour qu'elle soit visée de façon appropriée. À ce point du chemin, la pensée pure peut en revanche regarder au-delà du seuil, qui était aussi le seuil de ses limites intrinsèques, et apercevoir un double rapport qui est nécessairement spéculatif. Dans son ouverture à cet horizon, la pensée pure reconnaît quelque chose comme une unité thématique de fond, justement émergée à partir de l'échec de la tentative métaphysique d'aboutir à une ontologie fondamentale.

---

8 *Cf. supra* Chap. VI, *Thèses sur la mathesis métaégologique*, thèse 6, p. 120.
9 *Cf. supra* Chap. VII, *Thèses sur la mathesis métathéorique*, thèse 4, p. 158.

Cette unité thématique fondamentale s'esquisse à partir du fait que la pensée pure a pris conscience d'un lien structurel essentiel : le lien entre une forme de savoir et un domaine d'objets sur lequel elle exerce, pour ainsi dire, une forme de prise conceptuelle, et, éventuellement, une activité normative. Ce qui s'ouvre à la pensée pure dans son regard au sein de cet horizon ne sont alors que les formes de définition de l'objectité que toute forme de savoir doit nécessairement développer ou, dans la plupart des cas, présupposer tacitement. Ces formes de définition de l'objectité, ce sur quoi une forme de savoir formule ses affirmations (ou ses négations), son « objet thématique », ne peuvent alors que se structurer (au moins) selon les trois dimensions du questionnement, les trois coordonnées structurelles et irréductibles de l'objectité émergées par l'échec de la fondation ultime de l'ontologie.

Toutefois, comment est-il possible qu'à travers cette surface cristalline mais pas parfaitement transparente, la pensée pure puisse reconnaître une multiplicité de « choses » ? Qu'est-ce que sont précisément ces « choses » que la pensée pure saisit au-delà de ce seuil ? Apparaît ici une dynamique spéculative essentielle. Car ce que la pensée saisit ne sont que les reflets « ontologiques » des objets □MT, une sorte de transfiguration – à travers le prisme du questionnement ontologique – des composantes essentiellement ontologiques (c'est-à-dire des composantes ontologiques essentielles) des objets □MT. Ce que montre tout d'abord l'ouverture de l'espace au-delà du seuil, est la connexion spéculative essentielle entre les objets □MT et les objectités de ce nouvel horizon. Ces objets sont l'image en reflet des objets □MT mais, en même temps, ils sont quelque chose d'autre, de nouveau, précisément en vertu du fait qu'ils ne se laissent interroger qu'à partir de l'irréductibilité des coordonnées ontologiques.

C'est uniquement à partir de la position de la question et de l'ouverture de l'horizon méta-ontologique, par l'indication des coordonnées sémantiques-ontologiques irréductibles par lesquelles un tel questionnement peut s'articuler, que l'on peut regarder l'objet □MT, en retour, comme une forme de savoir qui – bien que de façon non nécessairement normative – contient une structure « ontologique », une composante ontologique. Il doit la contenir, indépendamment du type de savoir qu'il développe, justement parce qu'il est une forme de savoir… de quelque chose. Si toutefois chaque objet □MT ne peut que se référer à sa propre composante ontologique essentielle, ce qui était la singularité supposée d'une ontologie (fondamentale), s'est transformé. En vertu :

1. de la dilatation même de ce seuil en espace,
2. de son rémplissement à partir d'objectités typiques,

il ne s'avère plus être un quelque chose au sens objectal du terme, mais *un champ*. Il est plus précisément un horizon à l'intérieur duquel se montre quelque chose comme des « complexes ontologiques », dont la nature objectale relève tout d'abord de sa dimensionnalité propre, structurée par l'irréductibilité de ses dimensions (sémantiques). En ce sens, cette ouverture « thématique » s'avère être un horizon comme plan d'immanence plutôt qu'une transcendance absolue. Et ce qui reste de l'idole de l'être, qui devait être saisi par une ontologie fondamentale, n'est (pour ainsi dire) qu'une multiplicité de structures qui relèvent désormais d'une dynamique « autre », *nouvelle*, par rapport à celle de la fondation ultime.

La forme de ces « complexes » demeure toutefois encore incertaine, cachée par l'opacité du diaphragme qui sépare la pensée pure (qui demeure encore essentiellement métathéorique) et la dynamique propre à cet horizon, dont les objectités répondent à une toute autre dynamique. Cette dynamique propre demande à la *mathesis* de la pensée pure une autre exploration, précisément en direction d'une *mathesis* métaontologique. D'un côté, une telle *mathesis* ne serait rien d'autre que le contraire d'une ontologie fondamentale. D'un autre côté, une telle *mathesis* ne serait rien d'autre que l'image spéculaire d'une *mathesis* métathéorique, transformée par le prisme du questionnement métaontologique (bien que, *ex principio*, pas la seule image spéculaire possible).

Une telle spécularité implique néanmoins un changement radical de perspective, notamment du point de vue de la vision elle-même, de la *théorie*. Comment alors la pensée pure, qui fait expérience, pour la première fois, de quelque chose qui n'est pas un objet □MT mais quelque chose d'autre, une de ses composantes transfigurées en complexe ontologique, peut-elle se donner les moyens pour y construire une *mathesis* ? En quoi consisterait cette *mathesis* métaontologique ? Comment pourrait-elle se donner une prise sur l'objectité qui se manifeste à l'intérieur de l'horizon métaontologique ?

LES MODÈLES □MO

Quel serait précisément l'objet (l'objectité) sur lequel (sur laquelle) une telle *mathesis* pourrait avoir prise ? Sûrement pas une multiplicité éparse, éparpillée, de points – qui étaient les nœuds de l'objet □MT, correspondants à sa composante, à son complexe ontologique. Ces points, une fois sortis de leur structure topologique, demeurent une multiplicité non ordonnée, presque chaotique, de termes. Car l'ouverture de l'espace thématique propre à l'horizon métaontologique, en tant qu'ouverture thématique du questionnement méta-ontologique, ne peut pas reproduire passivement la structure du modèle □MO. La variété (taxinomique) des éléments qui constituent une forme de savoir, en vertu de son hétérogénéité, ne se laisse pas entièrement réduire à de seuls termes ontologiques.

L'écart qui subsiste entre la variété hétérogène des termes, des concepts, des pratiques, des protocoles qui constituent une forme de savoir et l'homogénéité thématique des termes d'un complexe ontologique ne laisse point subsister la forme de modélisation topologique par graphes. Il demande à trouver une autre forme, ou à retrouver, au sein de cet horizon, la forme appropriée pour *donner « forme »* à une telle multiplicité désordonnée, orpheline de la structure topologique qu'elle avait reçue, avec d'autres termes hétérogènes, au sein de la modélisation de l'objet □MT.

La multiplicité qui compose le complexe ontologique, une fois admise, saisie au sein de l'horizon métaontologique, est une multiplicité homogène certes, mais informe. Où la pensée pure peut-elle trouver une telle forme nouvelle ? Il faut qu'elle ressaisisse la dynamique même de l'ouverture de l'horizon méta-ontologique à partir de sa conscience renouvelée par l'échec de la fondation ultime de l'ontologie. Qu'est-ce que nous a montré cet échec ? *De facto* la diffraction du rayon thématique qui concernait (et qui concerne toujours nécessairement) le « quelque chose », l'*Etwas*, selon les coordonnées sémantiques nécessaires de la formalité, de la régionalité et de la transcendance. Ces trois dimensions ne sont pas seulement, ne sont plus les trois dimensions sur lesquelles s'arrête nécessairement la recherche d'une ontologie fondamentale mais les dimensions sur lesquelles se laissent tout aussi nécessairement ordonner les termes des complexes ontologiques encore suspendus dans cette situation d'absence de « forme ».

Car l'homogénéité indifférenciée des points se laisse inscrire dans un modèle qui articule l'homogénéité thématique des éléments du complexe ontologique selon la dimensionnalité typique de l'horizon (de tout questionnement) méta-ontologique : à savoir la dimension ontologico-formelle, la dimension ontologico-régionale et la dimension de la transcendance par rapport à la simple représentation logique de l'objectité, à savoir l'existence. En ce sens tout complexe ontologique d'un objet □MT, qui est une partie de l'objet lui-même, se laisse modéliser dans un espace à *au moins* trois dimensions[10]. En effet,

- si pour « parler de quelque chose » une forme de savoir doit nécessairement admettre (ou mobiliser) des prédicats onto-logico-formels ;
- si, pour « parler de quelque chose en particulier », cette même forme de savoir doit nécessairement admettre (ou mobiliser) des prédicats onto-logico-régionaux ;
- si enfin, pour « parler de cette chose en particulier comme de quelque chose d'existant », elle doit indiquer de quelle façon, au sein de l'horizon phénoménal, cette chose devrait être repérée, rencontrée, individuée, où elle se « réalise » (en deçà de tout seuil d'épistémologisation[11] ou de prise de position « expérimentale ») ;

si l'on admet tout cela, la structure algébrique de modélisation de cette multiplicité sera *au moins* de trois dimensions, c'est-à-dire un modèle □MO comme 3-espace (algébrique). Au sein de ce modèle, des valeurs

---

10 Le fait qu'un complexe ontologique se laisse modéliser dans un espace algébrique d'au moins trois dimensions ne doit pas susciter des perplexités concernant l'ouverture à des modèles possibles à plus de trois dimensions. Car on énonce ici uniquement la condition nécessaire du nombre élémentaire des dimensions ontologiques comme condition d'impossibilité d'une ontologie fondamentale et donc comme condition de possibilité d'une modélisation méta-ontologique descriptive et locale.

11 (Foucault, 1969, p. 252). Au sujet des seuils multiples décrits par Foucault, on pourrait dire que la grammaire métathéorique et son image spéculaire, comme modélisation métaontologique ne permettent pas seulement d'individuer ces seuils au sein d'un *logos*, mais de les rendre par la dynamique des variations de leurs modèles □MO. Si, par exemple, le seuil de positivité peut être reconnu comme l'émergence d'un modèle quelconque, même dépourvu de protocoles expérimentaux stables, le seuil d'épistémologisation se laisse penser comme la transformation d'un modèle □MO non précis en un autre par lesquels ces protocoles sont clairement définis et explicités. En ce sens, les dynamiques de franchissement de deux autres seuils (de scientificité et de formalisation) peuvent être caractérisées à l'intérieur du *logos* de l'objet □MT par le biais de son rapport avec le modèle □MO.

numériques seront assignées aux prédicats. Le modèle consisterait alors en un système organisé de points par une loi de composition qui s'applique aux éléments d'un espace topologique vectoriel.

THÈSES
SUR LA *MATHESIS* MÉTAONTOLOGIQUE

1. Toute forme de savoir, toute forme d'*épistémè*, parle de quelque chose en particulier et l'individue, le repère par des invariants (plus ou moins épistémologiquement ou expérimentalement rigoureux) au sein du monde phénoménal.
2. La *mathesis* métathéorique conçoit et modélise une forme quelconque de savoir selon une structure qui ordonne la complexité taxinomique de ses termes de façon topologique.
3. Le sous-ensemble structuré des nœuds de cette structure qui représentent le « quelque chose » – ou les formes du « quelque chose » dont parle cette forme de savoir – est son « complexe ontologique ».
4. Par l'ouverture de l'horizon métaontologique, ces complexes ontologiques deviennent un objet thématique d'enquête et de travail conceptuel autre par rapport aux objets □MT.
5. L'horizon métaontologique est l'horizon à l'intérieur duquel, par la dynamique spéculative du passage de la dimension métathéorique vers son au-delà, se montrent tout d'abord ces complexes ontologiques comme objets thématiques nécessairement pluriels.
   - 5.1 L'horizon méta-ontologique, en vertu de la dynamique de son ouverture et en vertu de la dynamique qui a déterminé l'échec de toute ontologie fondamentale, est la fixation irrévocable de la relativité ontologique[12].
   - 5.2 Par « méta-ontologique » il faut donc entendre uniquement l'ouverture thématique d'expérience (l'horizon) à l'intérieur

12 *Cf.* à ce sujet Ruphy (2013, p. 140-144).

de laquelle se montre une multiplicité [*Mannigfaltigkeit*] de complexes ontologiques.

5.3 Par « □MO » il faut entendre par conséquent « ce qui se donne à voir nécessairement à l'intérieur de l'horizon méta-ontologique ».

6. Le spectre de la projection d'un objet □MT au-delà du seuil de l'horizon métaontologique, c'est à dire le complexe ontologique, est l'ensemble de base des éléments qui constituent les objectités qui se laissent saisir à l'intérieur de cet horizon.

6.1 L'ensemble de base de ces objectités doit être conçu comme ensemble relatif à un objet □MT dans un certain moment de son évolution (*logos*), c'est-à-dire comme appartenant à une certaine configuration de son *eidos*.

6.2 Les ensembles de base d'une même objectité □MO, tout comme les « complexes ontologiques » d'un objet □MT, sont variables.

6.3 La variation de l'ensemble de base d'une objectité □MO entraîne une variation correspondante de son modèle.

7. Pour « observer », « mesurer » ces variations, il faut que l'ensemble de base devienne un objet, c'est-à-dire qu'il doit être modélisé – et par là assumer sa forme propre. Sa forme propre est à entendre comme « modèle □MO ».

8. Une telle mise en forme d'objet demande tout d'abord une taxinomie.

8.1 La taxinomie consiste à ordonner les éléments à première vue indifférenciés du complexe ontologique, de telle façon que :
- les termes ou les prédicats ontologico-formels (invariants et souvent implicites pour tout modèle ontologique) sont projetés sur le vecteur/axe 1 ;
- les termes ontologico-régionaux sont projetés sur le vecteur/axe 2 (ou sur plusieurs vecteurs, s'il s'agit du complexe ontologique d'un agrégat d'objets □MT) ;
- les termes relatifs aux pratiques ou aux protocoles d'individuation au sein du champ phénoménal sont projetés sur le vecteur/axe 3 (ou sur plusieurs vecteurs, s'il s'agit du complexe ontologique d'un agrégat d'objets □MT)[13].

13 Pour l'explication de cette pluralité *Cf. infra* Chap. IX, *Thèses sur la* mathesis *méta-méta-physique*, p. 218.

9. La *mathesis* métaontologique consiste en la modélisation des complexes ontologiques et dans l'étude de la dynamique des modèles □MO.
   9.1 Un modèle □MO est un espace vectoriel d'au moins trois dimensions.
   9.2 Sur cet espace, on met en relation les termes avec des opérateurs (opérateurs de composition ontologique).
   9.3 Les relations instituées par l'application de l'opérateur, par ex. $f^3{}_1$, ce seront au moins un triplet incluant au moins un élément de chaque vecteur.

10. La *mathesis* métaontologique travaille sur les modèles des complexes ontologiques des objets □MT et, comme telle, représente la fixation définitive et irrévocable d'une situation de relativité ontologique, aussi bien du point de vue synchronique que diachronique.
   10.1 Les modèles □MO d'une même forme de savoir sont constitutivement variables, c'est-à-dire qu'il n'y a pas, au sein d'une forme de savoir (c'est-à-dire d'un objets□MT), *une* ontologie fixe et définitive.
   10.2 Cela peut valoir *ex principio* aussi bien du point de vue synchronique que diachronique.

11. La *mathesis* métaontologique est purement descriptive, dépourvue d'un fondement ultime et constitutivement incapable de se présenter comme une super-ontologie, à savoir comme une ontologie d'ordre supérieur.

SUR LA MÉTA-MÉTAPHYSIQUE

La dimension de la *mathesis*

LA *MATHESIS* MÉTAONTOLOGIQUE ET LE RÉEL

La pensée pure s'est acheminée dans une dimension nouvelle, inaperçue. Au sein de cette dimension s'esquisse une dynamique de structures qui ne sont pas celles qui étaient à l'œuvre dans la *mathesis* métaégologique, ni celles qui sont à l'œuvre dans la *mathesis* métathéorique. Ces structures plurielles et pluralisées, bien qu'elles laissent expliquer des aspects fondamentaux et constitutifs des deux premières, ont aussi un effet négatif, destructeur, sur l'idée que l'on pouvait se faire, de façon encore métaphysique, de la *mathesis* dans ses formes. La *mathesis* métaontologique, par l'ouverture d'un espace à l'intérieur duquel les ontologies – saisies nécessairement comme modèles □MO – ne peuvent qu'être plurielles, dissout le rêve métaphysique d'une théorie souveraine du réel.

La relativité ontologique va de pair avec l'impossibilité la plus radicale d'une philosophie première conçue comme métaphysique, à savoir comme théorie du réel dans son unité, théorie fondamentale de tout le réel. De quoi la *mathesis*, qui s'esquisse dans et par la constitution de ses trois premières formes, serait-elle précisément la *mathesis* ? Car la réalité semble disparaître au sein de ses relativités et se dissoudre enfin, comme idée, dans la dernière de ces formes de relativité, c'est-à-dire la relativité nécessaire des modèles □MO. Cette forme radicalisée de relativité, qui se cristallise dans des modèles □MO, n'est que la trace ultime de l'épuisement du plan de la métaphysique, qui se voit dépouillée de sa dernière forme de savoir. Car la *mathesis* métaontologique n'est plus constitutivement liée à la métaphysique, dans la mesure où son horizon représente une forme de spatialité autre, non normée, ouverte, proliférative. Au sein de cet horizon la description et la modélisation brisent le rêve d'une logique – nécessairement moniste, unitaire, globale – de l'*étant* [ὄν].

Le plan de la métaphysique apparaît désormais dépouillé aussi de l'ontologie comme détermination ultime de tout ce qui peut se manifester au sein du monde phénoménal et être saisi de façon épistémique (dans une forme de savoir). Ce qui demeure au sein du plan de la métaphysique, n'est que le silence et le paysage spectral, bien qu'émouvant, des ruines des grandes formes de pensée spéculative du passé. Au milieu de ce silence résonne l'écho d'une question : « qu'est-ce que (le) réel[1] ? ».

MÉTAONTOLOGIE ET MÉTAPHYSIQUE

L'institution de l'horizon méta-ontologique à partir de la situation spéculative typique de la *mathesis* métathéorique et de la duplicité (duplication) des plans dialectiques, reconfigure ultérieurement, et radicalement, la dimensionnalité de la *mathesis*. Une telle institution laisse le plan de la métaphysique dépourvu de tout « contenu ». Comme nous l'avons dit, ce qui se manifeste à l'intérieur de ce plan, vidé de tout son potentiel spéculatif, ce sont les ruines des systèmes métaphysiques du passé (comme une sorte de trace de cet épuisement). Ce qui y résonne est une question, la demande de sens dans sa forme *apparemment* la plus pauvre et dépourvue de force spéculative : « qu'est-ce que (le) réel ? ». Le fait qu'à l'intérieur de ce plan il y ait des « renouveaux », des renouveaux de la métaphysique comme des renouveaux du « réalisme », ne doit pas intéresser la pensée pure à la recherche de la *mathesis*, parce qu'il s'agit de phénomènes essentiellement de société, qui n'ont rien à voir avec le savoir. Plutôt que de se concentrer sur ces phénomènes pittoresques, ce qui est décisif pour la pensée pure est de saisir encore, et de façon pertinente, les rapports structurels, ces mêmes rapports qui se sont manifestés à partir de la prise de conscience de la relativité constitutive des modèles □MO.

1 Si l'on voulait reformuler la demande au sens de la mémoire spéculative d'une telle dissolution, on pourrait la reformuler comme « qu'est-ce que *alors* (le) réel ? »

La nouvelle configuration spéculative, qui a amené l'ontologie à se transformer en une dimension de relativité constitutive en dehors du champ de la métaphysique, par l'impossibilité autant constitutive de pouvoir aboutir à une fondation ultime, entraîne des effets destructeurs pour la métaphysique. Cependant, ces effets se répercutent sur le sens lui-même de réalité que la métaphysique conservait et nourrissait traditionnellement comme sa tâche principale. La question sur le réel – la question du réalisme[2] – est liée à une double entente à la métaphysique et, par là, à l'ontologie. Car c'est uniquement en libérant l'espace de l'*étant* [ὄν] qu'on libère le questionnement sur le réel, justement en en suspendant le lien de dépendance de la métaphysique.

L'affirmation selon laquelle la métaphysique n'est rien d'autre qu'une théorie du réel s'avère alors une affirmation aussi banale qu'inexplorée du point de vue spéculatif. Son sens spéculatif émerge uniquement à partir du dépassement de la métaphysique elle-même, de son au-delà, de son « méta- ». Car la métaphysique peut subsister comme « théorie du réel » seulement à partir *d'une, et d'une seule* ontologie, d'un prototype d'objectité implémenté à un seul protocole d'individuation. Lorsque non seulement les « genres » du réel se diversifient mais également se libèrent de l'holisme intrinsèque du prototype auquel ils sont soumis, la métaphysique perd alors son pouvoir de détermination, son contrôle tyrannique sur la manifestation.

S'il n'y a d'ontologie (singulière) qu'au sein de la métaphysique, il n'y a pas de métaphysique possible en situation de relativité ontologique. Cette relativité, à penser justement comme dimension de prolifération des modèles □MO, ne se laisse pas renfermer intégralement dans une structure de genres. L'institution de l'horizon méta-ontologique fait éclater de façon cette fois définitive le plan de la métaphysique pour donner lieu à une double ouverture : l'ouverture au réel par son questionnement – c'est-à-dire l'ouverture du questionnement du réel épurée de toute trace de normativité métaphysique – et l'ouverture de l'horizon phénoménal lui-même.

Le réaliste avisé pourrait à ce point soulever une objection tout à fait légitime, selon laquelle la notion de phénomène ou de monde

2 Fine (2001) propose la distinction entre un réalisme faible (pour nous celui d'un modèle ontologique sans protocole d'individuation) et un réalisme fort, celui de la prédication d'existence dans le monde (pour nous celui d'un protocole d'individuation).

phénoménal serait affectée par une polarité strictement métaphysique de type platoniste[3]. À cette objection on peut justement et seulement opposer le mouvement spéculatif complexe qui a amené à l'épuisement le champ de la métaphysique, laquelle occultait la relation au réel et au phénoménal en la renfermant dans le schème d'une ontologie moniste. Si le « réel » du réaliste ouvert par et ouvert au questionnement est libéré de la dichotomie essence/apparence – laquelle ressort à son tour de la liaison entre ontologie et métaphysique par laquelle on pouvait affirmer qu'il n'y avait qu'*un seul réel* ontologiquement constitué – le monde phénoménal n'est pas par là effacé du réalisme.

Il se présente en revanche comme le résidu le mouvement spéculatif de libération du questionnement lui-même, comme ce qui reste – et dont on ne peut pas se libérer – une fois que la dernière illusion de la métaphysique a été démasquée. La pensée qui se croit capable de questionner le réel sans se soucier du résidu spéculatif du « phénoménal » (parce qu'il est tout simplement « corrélatif ») ou celle qui se croit capable de parler du phénomène sans questionner le réel (parce que tout simplement relevant d'une disposition théorique naïve), est une pensée de l'illusion. Ainsi il est insensé de parler d'un/du réel comme ce qui se manifesterait tout simplement en soi à la rencontre de la pensée. De façon exactement spéculaire, il n'y a pas de sens à parler d'un monde phénoménal qui s'ouvrirait à partir d'un acte de décision, si radical qu'il soit, de suspension des croyances.

Le réel qui se laisserait saisir à partir d'une typologie bien définie de proposition (même « ancestrale ») est un non-sens, une boutade, tout comme le monde phénoménal qui s'ouvrirait à partir d'une décision ou d'un événement[4]. Le « réel » tout comme le « monde phénoménal » sortent du non-sens uniquement comme termes spéculaires d'un résultat. Il s'avèrent être deux résidus spéculaires d'une déconstruction, le *terminus ad quem* d'une prédisposition du champ thématique qui ressort nécessairement d'un mouvement spéculatif[5]. Ces deux issues, prises

3 *Cf.* à ce sujet Benoist (2016, p. 37).

4 En ce sens cette *épochè* germinale du sens (des formations de sens [*Sinngestaltungen*]) qui se présentait face à la complexité du réel et de l'existence sous la forme de la question « Que/qui suis-je ? » devait accomplir tout le parcours spéculatif de la méditation et de la définition structurelle des formes de *mathesis* pour aboutir à une saisie de la prégnance de l'idée de monde phénoménal lequel serait libéré par cette « suspension ».

5 En ce sens il paraît que tout réalisme minimal est minimal en apparence, car il présuppose une approche spéculative maximale, bien que non métaphysique, pour définir selon quel cas le réel, singulier, se laisse rencontrer.

singulièrement, s'avèrent toutefois être illusoires. L'une parce que tout simplement *locale* – car *un* réel devrait nécessairement se manifester dans une telle proposition ou dans un tel énoncé (un dinosaure, un atome etc.). L'autre parce que tout simplement *globale* – car l'acte de suspension de toutes les fausses croyances ne pourrait qu'investir le monde phénoménal *in toto*.

Cependant, dans leur caractère illusoire, elles ne font finalement que montrer, dans la spécularité avec la demande, qu'il y a un plan structurel et un mouvement spéculatif encore inexploré. La duplicité intentionnelle, la bifurcation essentielle de la question montre non seulement une ouverture mais également une topologie d'ouverture du questionner dans et par laquelle se manifeste l'impasse de la métaphysique.

LA TROISIÈME DIALECTIQUE

La topologie thématique de l'ouverture de la demande (donc de façon tout à fait indépendante d'une prise de position « philosophique ») montre *eo ipso* la dialectique résiduelle de la métaphysique, par laquelle la métaphysique est affectée une fois qu'elle a perdu sa prise sur l'ontologie. Désormais la métaphysique ne peut que subir la coexistence des positions originairement contenues dans et tenues ensemble par la question. Une position « doxique » globale, concernant le monde phénoménal, et une position « doxique » singulière, concernant ce qui au sein de l'horizon de l'apparaître peut être défini comme réel, se tiennent dans un jeu de spécularité.

La description structurelle de cette troisième (forme de) dialectique, dialectique résiduelle, sera – pour la pensée pure – ce qui lui ouvre l'espace de sa *mathesis* par l'ouverture de l'horizon méta-métaphysique. Car si la métaphysique doit répondre à la question, elle doit également suivre son mouvement intrinsèque et ce mouvement lui-même institue finalement la dialectique de son dépassement vers un autre horizon. Cette forme de dialectique s'institue à partir d'une position doxique ou proto-doxique qui se partage (dans la protohèse-G et la protothèse-p) pour ouvrir ensuite, à proprement parler, le mouvement de dépassement.

La pensée pure, dans la considération de sa toute première méditation, voit que dans la dynamique de la question « qu'est-ce que (le) réel ? » il y a quelque chose de plus profond, inaperçu, structurel. Si la dynamique de la demande s'arrêtait tout simplement à cette bifurcation essentielle, comme forme intrinsèque d'équivocité, la pensée pure ne pourrait que répéter ce qu'elle a découvert dans sa toute première méditation, sans arriver à définir la possibilité structurelle de sa *mathesis*. La bifurcation doxique, ou proto-doxique – entre *un* réel qui est posé comme existant et *le* réel, qui est lui aussi posé comme existant (car, autrement, on ne pourrait pas demander une définition dans la forme du « qu'est-ce que ») – s'avère entremêlée au plan dialectique entre réalité et phénoménalité. Cet entremêlement montre *de facto* que les deux notions de « monde phénoménal » et de « apparaître » (d'apparence) d'un côté, et les deux autres de « réalité » et de « réel » de l'autre, sont essentiellement liées à la métaphysique. Tout réalisme et phénoménalisme qui ne soient pas libérés de la métaphysique subissent cet entremêlement par leurs apories, sans pouvoir y apercevoir la nécessité intrinsèque du questionner.

Les deux positions doxiques ou proto-doxiques (protothèse-G et prothèse-p) implicites dans la question, contiennent nécessairement un recours à l'apparence et à un universel. Pour affirmer la nature du réel, lient le réel lui-même à son (double) contraire. La position doxique globale demande en fait « qu'est-ce que *le* réel ? » uniquement sur la base d'un écart, tacitement présupposé, entre le réel et l'apparaitre, un glissement imperceptible mais décisif. Le réel s'écarte de l'apparaitre dans la présupposition qu'il y a quelque chose comme un résidu d'apparaître qui serait nécessairement exclu du réel pour que le réel soit saisi comme tel.

Toutefois, une telle exclusion ne peut que se légitimer à partir de la construction du réel comme système de *realia*. Pour échapper à l'apparaitre, à l'holisme d'un monde phénoménal, la métaphysique tacite dans le réalisme, doit présupposer qu'il y a, sur la base de la présupposition de l'existence de *realia*, un critère qui puisse les identifier et les structurer[6]. Mais cette double présupposition ne peut que s'imposer en indiquant le vide d'une objectité, un universel. Cet universel est censé contenir un critère d'individuation et de sélection pour la construction

6 S'ils persistent comme déstructurés – ou s'ils sont affirmés comme pouvant persister sans structuration – on n'a à faire alors à rien d'autre qu'à une ontologie inflationniste, un discours sans prétention de prise épistémique.

du réel à partir des phénoménalités qui se laissent voir, mais qui ne se laissent pas *toutes* individuer par un protocole.

Le critère du réel est général (parce que non instancié) et particulier à la fois, *un* critère, et son oscillation fixe la dimension du réel comme double, couplée à la notion d'apparence d'un côté et à celle d'universalité de l'autre. Car sans présupposition de l'existence d'un critère singulier d'identification du réel, le réel indiqué dans la position doxique globale ne peut s'affirmer en tant que tel, c'est-à-dire en tant que réel *global*. Ce réel global toutefois, comme stabilisation demandée, se fonde également sur la présupposition tacite, implicite, qu'il y ait un apparaître plus vaste contenant au moins un résidu par rapport au réel qui sera déterminé (qui serait à déterminer) de façon singulière, selon un critère pour construire l'image du réel global.

Par le mouvement intrinsèque à la question et à la tentative de réponse, la métaphysique a ouvert le champ phénoménal et a nécessairement réactivé la notion de critère d'individuation, de protocole, qui était l'élément des modèles □MO. Mais désormais les critères – c'est-à-dire les protocoles d'individuation comme dimensions des modèles □MO – se sont pluralisés. La métaphysique se suspend par là en vertu de l'impossibilité d'être ce qu'elle pouvait être, et se transforme en métaphysique « protocolaire ».

MÉTAMÉTAPHYSIQUE

Ce qu'était la métaphysique comme plan de discursivité, à l'intérieur duquel on prétendait avoir une prise univoque et fixe sur le réel et sur ses formes, se transforme elle-même. Elle devient métaphysique protocolaire, et se dissout donc comme « métaphysique », *regina scientiarum* (une reine déchue, une reine sans royaume, dont le royaume est désormais un désert). Elle se dissout dans et par ses pratiques. Ce que pourraient être ces pratiques, comme morceaux d'un monolithe éclaté sous la pression des dialectiques, la pensée pure peut arriver à le voir uniquement en suivant la dynamique structurelle et spéculative du dépassement de la métaphysique. Cette métaphysique n'est pas dépassée par une théorie d'ordre supérieur (ou le « méta- » serait à interpréter comme le « méta - »

de la mathématique ou de la logique)[7]. Elle est dépassée par quelque chose d'autre mais dans un horizon.

Tout comme pour les autres formes de *mathesis*, ce qui s'ouvre à la pensée pure est tout d'abord un horizon, lequel n'est plus un champ disciplinaire ni un espace clos mais une ouverture thématique. Cette ouverture thématique n'est pas un nouvel espace normé mais l'horizon même de la vie phénoménale – qui s'ouvrait dans toute sa complexité tout au début du chemin du questionner. Cette fois, cet horizon n'est pas tout simplement expériencé mais il est mis en rapport de spécularité avec les autres horizons structurés par les autres formes de *mathesis*.

L'horizon métamétaphysique est le monde phénoménal *rendu dans, restitué à son immanence* – cet horizon que désormais tout réalisme qui se prétend comme tel méconnait sous l'appellation de « corrélatif » – et conçu du point de vue spéculatif des formes de la *mathesis*. « Métamétaphysique » n'est donc rien de substantif au sens d'une *théorie* sur-ordonnée à la métaphysique (ou à la métaphysique et à l'ontologie). « Métamétaphysique » est l'horizon au sein duquel la pensée pure travaille pour ramener dans une vision d'ensemble (un *synopsis*), et dans un rapport de spécularité mutuelle, les formes de la *mathesis* qu'elle a précédemment fixées, pour faire de ces formes et du spéculatif qui en ressort une idée nouvelle de savoir. Pour ce faire, elle doit se placer au sein de l'horizon émergé par l'éclat du champ de la métaphysique et essayer de retisser une dimension à partir des *disiecta membra* de cet horizon et des formes de *mathesis* qui s'en tiennent à l'écart.

Ce travail commence justement à partir de la dernière figure sous laquelle la métaphysique est apparue avant de se dissoudre, celle d'une métaphysique protocolaire – ce qui est un *oxymoron*. Comment la métaphysique – *théorie souveraine, regina scientiarum* – pourrait-elle se rabaisser

7 En ce sens notre approche diverge de l'approche analytique. À ce sujet D. Manley (Chalmers – Manley – Wasserman, 2010, p. 1) à l'affirmation selon laquelle la métamétaphysique serait concernée par la fondation de la métaphysique, ajoute : « For the first 'meta', we are following the meaning of the prefix in 'meta-ethics' and 'meta-semantics' (i.e., foundational semantics) ». Or, si l'on lit attentivement les essais contenus dans le recueil (à l'exception, à notre avis, de celui de Fine (*op. cit.*), qui n'adopte point une démarche fondationaliste) il n'est pas clair si et où il serait possible d'obtenir un tel méta-niveau ni comment, dans cette démarche, interagissent la fondation de la métaphysique et la fondation de l'ontologie. C'est l'ontologie qui fonde la métaphysique au sens métamétaphysique du terme ou c'est bien la métamétaphysique que, en fondant la métaphysique, fonde l'ontologie ?

à un exercice d'analyse des protocoles d'individuations des formes de savoir ? Comment pourrait-on penser une telle métamorphose ? En effet, à bien y regarder, la métaphysique ne peut parvenir à être protocolaire, ne peut se présenter comme quelque chose qui maintient encore *une* prise sur le réel, qu'en se pluralisant. Mais *une* prise *pluralisée*, pour la métaphysique, est une contradiction !

Cette pluralisation tient ensemble désormais, dans une forme de spécularité, la dimension de la *mathesis* méta-ontologique et du monde phénoménal, dans la mesure où c'est uniquement à partir des modèles □MO que l'on peut reconnaitre comment une forme de savoir réclame sa prise sur le réel. Celle qui était la double ouverture vers *un* critère universel (c'est-à-dire *un* axe/dimension d'*un* modèle □MO) et le monde phénoménal, s'est avérée une spécularité bien plus complexe, justement à partir de la pluralisation des modèles. Face à cette première manifestation du complexe – qui n'est que l'image spéculaire de la dynamique complexe réelle du *monde* et du savoir, de l'*épistème* – la métaphysique ne peut que se dissoudre comme science souveraine. Elle doit devenir, en revanche, un travail qui tout d'abord fixe les formes de réalité, les *realia*, c'est-à-dire le travail d'inventorier les formes par lesquelles les savoirs individuent, au sein du monde phénoménal, leurs objets, leurs événements, leurs états de choses.

La métaphysique, devenue activité protocolaire, ne serait que l'activité de faire des comptes rendus des formes de phénoménalité décrites – au sein de l'horizon (méta-métaphysique) des phénomènes – par les pratiques scientifiques ou par toute pratique non scientifique chargée d'un statut théorique, à savoir d'un prise conceptuelle. Ce n'est pas par hasard que l'on trouve aujourd'hui une prolifération d'ontologies de « pratiques rationnelles » visant à décrire quelle est l'ontologie d'une approche au monde phénoménal ou d'une autre (de l'ontologie du cocktail à l'ontologie du téléphone portable jusqu'à l'ontologie de la mécanique quantique). Ce n'est pas non plus un hasard si l'on essaye de rassembler ces « ontologies » dans le projet, quelque peu comique, d'inventaire du monde.

On peut bien imaginer cette activité comme celle d'un cartographe patient qui se limite à représenter, dans les cadres des conventions cartographiques de son époque, des limites techniques et des connaissances ou découvertes géographiques, le monde. C'est une chose tout à fait sublime, si l'on pense par exemple à l'École de Sagrès, ou à Matteo Ricci et à sa mappemonde présentée à l'empereur dans la cité interdite, ou à tous les navigateurs de toutes les époques. Mais une telle cartographie n'est pas quelque chose qui pourrait satisfaire le *métaphysicien*. Il aurait difficulté à l'accepter, parce que justement une telle cartographie, une telle activité protocolaire, un tel « réalisme mitigé », *pro tempore*, ne peut jamais satisfaire l'instinct métaphysique d'une prise ultime, définitive. Une telle prise est une prise sur quelque chose qui s'est désormais avéré fluctuant, mobile, *structurellement* en devenir.

À ce point de son parcours, la pensée pure ne doit que suivre cet instinct de contrôle jusqu'à sa dissolution intégrale. Et cette dissolution est inévitable. Car la seule issue possible serait celle de « réduire », à savoir d'essayer de ramener les formes des phénoménalités individuées comme *realia*, décrites par cette activité protocolaire, à quelque chose de fixe. Cela serait possible ou bien par rapport – encore une fois – à quelque chose de transcendant l'immanence de l'horizon métamétaphysique, ou bien à quelque chose d'immanent, c'est-à-dire d'autres formes de *realia*. D'un côté s'ouvrirait la vision fascinante mais illusoire – et essentiellement inutile pour une description du réel – des mondes possibles, de l'autre un travail de réduction au cas par cas, s'agissant toujours de situations protocolaires.

La réduction se fait, se ferait par un travail d'association tout d'abord de termes, de nœuds d'un objet □MT (appelé, en pleine ignorance de la nature spéculative du métathéorique en tant que tel, « T_1 ») à un autre objet □MT (T_2), en régressant vers une considération métathéorique naïve, sans conscience de sa dynamique spéculative. Mais cela laisserait entièrement intacte la question du réel, en laissant croire tout simplement à des jeux formels entre deux théories, à des formalismes quelconques. La réduction devrait alors s'appuyer sur un découpage ontologique, qui pourrait être pertinent mais rien de plus qu'arbitraire, une sorte de hiérarchisation métaphysique (et méréologique) déguisée en programme scientifique (Oppenheim-Putnam, 1958). Un tel découpage devrait ignorer le fait qu'une telle hiérarchisation devrait se placer désormais au sein de l'horizon métaontologique, à l'intérieur duquel toute hiérarchie définitive est illusoire.

L'horizon métamétaphysique – qui inclut et reflète le mouvement spéculatif qui en a déterminé l'ouverture – dissout toute forme de réduction *globale* tout en laissant subsister des *réductions locales* (mais en ouvrant aux émergences). Justement en vertu de l'immanence qu'il institue pour que ce « réel » fantomatique soit fixé dans sa dimension propre, une réduction globale, complète, fixe, s'avère illusoire. L'horizon méta-métaphysique garde en lui, comme trace de l'institution de sa positivité spéculative, tous les processus réels qui ont épuisé la force normative illusoire du champ de la métaphysique. Il garde en lui la trace, la mémoire, le sédiment de tous ces processus complexes du *monde* et de la science qui se sont libérés de l'emprise de la logique de l'étant [ὄν] pour la laisser proliférer, à son tour, dans une dimension autre que celle de la normativité.

Ce passé se présente désormais spéculairement transfiguré sur le seuil d'une dimension pour laisser la pensée pure le ramener à une tâche unitaire. Cette tâche consiste à transfigurer les images spéculaires des tâches positives (mais illusoires) de la métaphysique : égologie, théorie souveraine, ontologie. Leurs images spéculaires, comme méta-égologie, méta-théorie et métaontologie, arrivent à saisir une dimension que ces premières ne pouvaient pas en vertu de la texture elle-même du réel.

LA SINGULARITÉ ET LE LABYRINTHE

Une telle « texture du réel » ne se dévoile pas à l'œil nu. Cette texture peut se laisser saisir, peut se laisser toucher du doigt uniquement à partir de la consistance de ces images spéculaires, à partir de leur épaisseur spéculative. Toute tentative de ramener le réel à *un* cadre, de l'enfermer dans *une* catégorie, échoue. Cet échec du « concept » de la métaphysique à capturer sa nature protéiforme, représente, du point de vue spéculatif, une telle consistance, une telle épaisseur. Au sein de la phylogénèse, la réduction impossible du *kósmos* à la *physis*, la fixation illusoire de la *physis* par une forme de savoir comme la logique de l'*étant* [ὄν] pour donner une définition fixe, stabilisée, du réel, échouent. Elles se reflètent dans leur négatif, comme image spéculaire qui est en même temps la dynamique spéculative d'une pensée. Cette pensée accomplit le chemin qui la mène de la demande de sens, le moment dans et par lequel se fixe la toute première désorientation de l'individu face à la complexité du réel, jusqu'au seuil à travers lequel ce réel se fixe dans sa complexité du point de vue spéculatif.

Sur ce seuil s'arrête toute tentative de réductionnisme de cette métaphysique protocolaire transformée en projet, qui voudrait faire du réel une sorte de pile des niveaux de réalité, décrits par des ontologies appartenant à des théories. Selon cette approche, elles devraient se laisser encore une fois discipliner par rapport à leur pouvoir d'explication onto-épistémique soumis à la logique des « parties constituantes ». Les particules élémentaires expliqueraient les atomes, les atomes expliqueraient les molécules, les molécules expliqueraient les cellules (et les tissus...et les phénotypes...et quoi d'autre ?), les cellules expliqueraient les organismes vivants multicellulaires, les organismes vivants multicellulaires expliqueraient les groupes sociaux, ceux-ci l'histoire, l'art, la religion (et quoi d'autre encore ?), dans un jeu de « transparence » parfaite (Oppenheim – Putnam, 1958, p. 9/10).

C'est la vision pathétique d'un réel pensé comme une poupée russe, figé dans le matériau mort d'*une* ontologie. C'est à cela que l'on arrive par le raffinement et le paroxysme scholastique de la pensée, que l'on pratique à la fin de la métaphysique ! C'est la tentative désormais grotesque et aveuglée de vouloir aplatir le réel au niveau du *simple* (tandis qu'il n'est en rien simple) en écrasant la différence et en la déqualifiant comme « bruit de fond ». C'est l'aveuglement d'une pensée qui ne sait pas non plus reconnaître le fond d'où provient ce bruit, à savoir les dimensions de l'existentiel (avec sa *mathesis*) et de l'épistémique (avec sa *mathesis*), à savoir l'horizon au sein duquel les formes du *monde* prolifèrent tout comme les formes de la science. Leurs proliférations montrent tout simplement que la singularité, la bifurcation, l'irréductible, ne peuvent être aplatis et réduits à la somme de leurs parties constituantes.

L'irréductible, la singularité qui se présente à la pensée pure comme forme négative de la positivité du réel, est la source mais en même temps (comme figure spéculative) l'issue de l'institution de ces dimensions et de leur prolifération libre, *réelle*. Car cet irréductible, cette singularité, peuvent se montrer uniquement là où s'est constituée la dimension spéculative. C'est ici que l'existentiel comme singularité de concrétion dans son monde et l'épistémique dans son horizon métathéorique ne sont plus soumis à une logique de l'étant [ὄν] et, par conséquent, laissent apparaître un réel qui n'est plus domesticable par une hiérarchie ontologique ultime mais impose son émergence dans et par la singularité.

La singularité – le fait de se soustraire à une prise conceptuelle intégrale – va de pair avec le spéculatif, qui laisse la pensée pure la reconnaître dans toute son épaisseur. L'épaisseur de la singularité « réelle » est une épaisseur spéculative ou n'est pas. L'épaisseur de cette singularité laisse découvrir, comme profondeur, les dimensions à l'intérieur desquelles, et les dynamiques par lesquelles elle peut se laisser comprendre, voir, toucher du doigt. En dépit de ce que voudrait faire le réductionnisme, la singularité n'est pas annulée – *ex-pliquée*, donc *aplatie* – par sa réduction méréologique[8].

Elle impose en revanche la métamorphose du regard, en inversant l'ordre de la priorité méréologique elle-même[9]. Car cette singularité, qui prolifère, qui se multiplie à foison partout, là où la pensée veut saisir le réel (dans l'existence, en physique, en biologie, en cosmologie, en économie, dans les phénomènes socio-politiques globaux), se laisse comprendre à partir d'un « tout » épistémique à l'intérieur duquel s'organisent les parties. On ne comprend pas la vie en la réduisant à l'anatomie de ses parties mortes, par le travail d'anatomisation « ontologique » *post-mortem* de ses parties, en essayant ensuite de leur redonner réalité – donc vie – par un *aleph* algorithmique linéaire.

La réalité s'est déjà déplacée, s'est déjà échappée et la pensée pure s'est éveillée de ce rêve – ou plutôt cauchemar – fait d'une linéarité reconstruite. La réalité de la vie – et dans un chiasme spéculatif tout à fait singulier – la vie intime du réel, sa dynamique, est ouverture et scandale, *skandalon* pour toute vision réductionniste, renfermée dans la recherche illusoire du simple, du linéaire, du plat. La réalité de la vie, comme pierre d'achoppement d'un tel parcours linéaire, engendre l'ouverture qui se laisse comprendre à partir d'une dynamique spéculative. Il suffit à la pensée pure de considérer, à ce point de son chemin, dans la dimension qui est la sienne, le vivant dans sa « singularité physique[10] ». L'analyse de cette singularité ouvre à sa complexité, à l'explosion combinatoire de tous ses éléments (placés à des niveaux différents d'organisation – ces mêmes niveaux qui devaient être aplatis par réduction) et à la fibration

8 Par réduction méréologique nous entendons la réduction de la réalité d'un phénomène à la réalité de ses parties constituantes.

9 Par priorité méréologique est à entendre la priorité conférée à un des deux termes de la relation méréologique fondamentale : tout-parties. Il y a essentiellement deux formes de priorité méréologique : celle du tout par rapport à ses parties, celle des parties par rapport au tout.

10 *Cf.* à ce sujet le travail essentiel de Bailly – Longo (2006, p. 103-186). Le lecteur pourra également trouver des longs travaux préparatoires à la pensée des « phénomènes complexes » (du point épistémologique, métathéorique et métaontologique) dans Fraisopi (2012).

de ces combinatoires dans des espaces émergents qui donnent lieu à des morphogenèses, des genèses de formes.

Considérée du point de vue spéculatif, cette singularité s'avère être une ouverture dans la mesure où elle se laisse expliquer uniquement par l'interaction dynamique spéculative des dimensions que la pensée pure a découvertes et explorées, dans lesquelles elle a pu définir ses formes de *mathesis*. Cette singularité laisse émerger des phénomènes qui se laissent comprendre uniquement à l'intérieur d'ontologies différentes et irréductibles, c'est-à-dire des modèles □MO pluriels, qui ne peuvent pas devenir un. Ces modèles □MO renvoient, à leur tour, comme images spéculaires, aux objets □MT dont certains de leurs éléments représentent les complexes ontologiques. Une telle singularité tient ensemble – comme figure d'un réel qui prolifère par milliards de singularités par seconde – concrétise, dans son « réel », plusieurs modèles □MO. Elle renvoie à une interaction d'objets □MT[11] qui convergent, doivent converger, dans et sur son explication. Cette dernière est une pratique, laquelle, comme activation d'un complexe d'objets □MT, se laisse inscrire dans une modularité de formes de vie et de subjectivation[12].

L'épaisseur spéculative du réel dans sa forme métonymique, la singularité du vivant, se montre, se laisse toucher non par une simple empirie déictique mais par l'entremêlement de multiplicités qui appartient à des formes différentes de *mathesis* : une multiplicité variable de plans d'explication, dans leurs interactions, représentent un complexe d'objets □MT. Ces objets, à leur tour, se reflètent dans une multiplicité variable de modèles □MO. Ces modèles, à leur tour, individuent – par leurs protocoles d'individuation – une multiplicité de portions (et/ou de chronotopies) de l'horizon phénoménal. Cet entremêlement de multiplicités n'est toutefois pas une vision idyllique de la pensée pure, dans laquelle elle peut se perdre à contempler on ne sait quoi. Il peut en revanche se transformer dans son naufrage définitif. Cet entremêlement la contraint tout d'abord à devoir dépasser ses propres représentations, les métaphores qu'elle s'est formées dans sa toute première méditation pour faire face à la désorientation par rapport à un réel protéiforme, incontrôlable, fuyant, incompréhensible, presque monstrueux.

11 *Cf.* Ellis (2004).

12 Car pour la saisie, la définition et l'évolution d'un tel complexe, en tant que complexe transdisciplinaire, l'intersubjectivité est déterminante, et par là émergent nouvelles formes d'autoréférence dans lesquelles s'enracine la *praxis* du savoir.

La métaphore du « miroir topologique » dépassait déjà une représentation simplement cartographique qui ne pouvait rendre compte de la singularité complexe du réel parce qu'elle donnait en revanche une image du réel, et de sa complexité, comme écartelé dans des portions éparpillées et étalées sur une surface plate. Mais elle demeurait néanmoins une métaphore. Cette métaphore doit être abandonnée une fois pour toutes lorsque l'on saisit la vraie nature des modèles □MO à partir de leur *mathesis*, qui indiquent une pluralité d'ontologies feuilletés, entremêlées[13]. Mais une telle pluralité se présente tout d'abord comme déterminée par la contradiction : d'un côté leur pluralisation, qui s'est montrée par la complexité (notamment de la vie), de l'autre leur concrétion, qui s'est montrée par la singularité (notamment du vivant).

LES *TOPOI* DU SAVOIR COMME *TOPOI* DE LA TRANSFORMATION

Le monde phénoménal au sein duquel cette singularité du complexe se montrerait, par la prolifération des chrono-topies[14] individuées par les modèles □MO et tenues ensembles par des singularités, s'avère être un *multiversum*. Ce *multiversum* est quelque chose qui échappe au pouvoir de représentation métaphorique pour se laisser saisir uniquement par la pensée de la *mathesis*. La pensée pure serait-elle finalement capable d'entreprendre cette dernière aventure et de se perdre dans le labyrinthe du monde phénoménal, tel qu'il s'est montré par la double relation des modèles □MO à leurs pluralisations et à leur concrétion ? Que trouverait-elle au fond du labyrinthe, un monstre, ou plutôt elle-même ? Se retrouverait-elle au sein d'un réel dans lequel et par lequel chrono-topies différentes se montrent entremêlées dans des singularités ?

Car ces *chrono-topies* prolifèrent étalées à travers des systèmes qui n'ont apparemment rien d'objectal, et ouvrent, par leurs spécularités avec une multiplicité de modèles □MO, à des complexes d'objets □MT (et, par

---

13 *Cf.* à ce sujet Ruphy (2013, p. 64-73).
14 *Cf.* Bailly – Longo, *loc. cit.*

là, à des formes de vie modulairement structurées)[15]. Quel serait le fil d'Ariane qui lui permettrait d'obtenir, à partir de ces multiplicités de multiplicités, une sorte de grammaire ultérieure de vision ?

Elle ne pourrait pas, comme Icare, voler haut avec ses ailes fragiles, vers le soleil d'une nouvelle métaphysique, mais elle devrait transformer sa vision pour habiter ce labyrinthe. Et elle ne peut transformer sa vision que dans une *vision* (une conception) *spéculative de la transformation.* Elle devrait arriver à voir, dans et par la spécularité des formes de la *mathesis* qu'elle a précédemment définies, de quelle façon *un* réel du monde phénoménal se laisse comprendre – malgré sa complexité protéiforme – et individuer tout de même comme singularité. Elle ne pourrait pas hausser les épaules en se disant que, finalement, comprendre le réel sur la base du scandale, de la rupture du complexe n'est pas si important. Car elle va retrouver cette complexité partout sur son chemin, partout là où il y a vie, donc aussi pensée de la vie, de la nature, de l'histoire, etc.

La seule possibilité serait d'arriver à voir la transformation intrinsèque du réel comme « complexe » autrement que par la vision myope de l'empirie déictique prescrite par un sensualisme ou par un simple protocole d'individuation. Ce simple protocole ne décrirait finalement qu'une petite portion du monde phénoménal et exclurait, de façon sélective, le complexe lui-même.

Tout n'est pas complexe mais le complexe suspend l'holisme naïf du simple. Comment l'empirie déictique pourrait-elle être telle, si elle devait chercher le réel d'une singularité en sautant d'une région à une autre sans aucune règle, sans aucun fil conducteur ? Ne donnerait-elle pas l'idée d'un enfant à la chasse aux papillons, qui échappent à son filet toujours trop large pour les capturer ? La singularité locale mais étendue, éparpillée, de la transformation d'un réel comme phénomène complexe ne se laisse pas pointer du doigt. Elle se laisse saisir dans un *topos* qui est de l'ordre de la spécularité entre formes de la *mathesis* et leurs structures. Cette singularité critique étendue demande le dépassement de la dichotomie entre épistémologie et ontologie, entre connaître et être. Elle se pose – s'impose, se donne à voir… ailleurs. Elle se donne à voir dans un *topos* qui résulte de la suspension de ce holisme selon lequel un schème

15 Que l'on pense, par exemple, à l'entremêlement des chrono-topies au sein du vivant ou au sein d'un écosystème (ou, au sein d'un même écosystème, entre les chronotopies de sous-systèmes biotiques et a-biotiques).

conceptuel projetterait la grille dans laquelle retrouver le réel au sein du monde phénoménal ou bien, à l'inverse, un réel imposerait d'activer ce schème. Cette singularité critique, locale mais étendue, se trouve dans le jeu de spécularité et des correspondances qu'une transformation, au sein d'une dimension de la *mathesis*, engendre sur les autres.

La singularité émerge à partir du travail de la vision sur les transformations locales des structures de l'horizon métathéorique (catégorie des objets □MT modélisés comme graphes). Ces dernières se reflètent – par des transformations au sein de l'horizon métaontologique (catégories des modèles □MO comme espaces algébriques topologiques) – au sein de l'horizon du monde phénoménal (catégories métriques des chrono-topies de l'individuation) ou à l'envers. Pour saisir le réel dans sa complexité, la pensée pure doit arriver à penser la transformation non seulement dans un espace métrique ou dans un cadre conceptuel mais également dans les *faisceaux* qui lient les transformations à travers des horizons différents de la *mathesis*, dans la fibration spéculative de ces horizons qui a lieu à partir du travail du regard lui-même. Ces faisceaux ne tiennent pas ensemble, très trivialement, des choses, mais des dimensions, et laissent toucher les transformations de ce réel protéiforme par leur fibration et par leur vibration.

Ce ne sont ni une métaphysique ni une épistémologie qui peuvent conférer à la réalité du monde phénoménal son visage, son épaisseur. Le sensible est là, mais sa réalité s'échappe à chaque fois que nous allons la toucher pour la saisir, non pas parce qu'elle s'échappe dans un autre « lieu », dans un schéma conceptuel ou dans un principe suprasensible. Elle s'enfonce dans les fibrations de son épaisseur, et cet aller toujours plus au fond [*zugrunde*], s'éparpiller dans d'autres espaces, dans les plis, dans le pliage de la « chose » est son mouvement spéculatif, sa transformation complexe. Ce mouvement ne peut pas, par conséquent, être saisi par l'aplatissement de son « réel » sur une image (schéma conceptuel), ou par sa compression dans un noyau (essence), parce que la « chose » est ici souvent autre qu'un « simple ».

La métaphysique ne peut qu'être en dernière instance une métaphysique du simple. De la même façon l'idée d'une charge de théorie (*top-down*) ou d'un réalisme de la sensibilité (*bottom-up*) sont des hypostases qui fonctionnent pour le « simple » et doivent fonctionnellement et spéculativement négliger le complexe. S'ils passent, dans une de deux directions, par *une* ontologie, c'est parce qu'ils le peuvent, grâce à l'effacement du complexe qu'on a mis en œuvre au préalable. Ils ont déjà du écarter la possibilité elle-même que ce réel qu'ils veulent saisir se transforme par et selon ses dimensions, donc par sa fibration. Et ces dimensions échappent à une modalité d'empirie déictique tout comme elles échappent à un schéma conceptuel.

C'est alors dans le pliage de ces dimensions, et non pas de la simple « matière », dans leurs variations spéculaires qu'il faut localement chercher ce réel, et la localité de ces transformations est leur *topos*. En ce sens la texture du réel – de la chose elle-même – n'est pas une chose que nous pouvons « inventer » ou « trouver » (selon les deux sens du verbe latin « invenio ») mais que *nous pouvons seulement mettre à jour patiemment, humblement en en faisant connaissance, la « découvrant » par le travail* de description spéculative de son *topos*. Il faut s'enfoncer dans son pliage, se mettre en situation de voir ce réel par le travail d'exploration des faisceaux qui en font une dynamique de transformations spéculative entre dimensions (de la *mathesis*).

Et voilà que, une fois arrivée au fond de ce labyrinthe, la pensée pure voit se dissoudre ce monstre fabuleux qui hante et dévore le futur. Ce monstre était ressorti de l'union, la race mêlée (*mixtum genus*) de l'idée d'une image (et d'un ordre) du monde – l'espoir d'une stabilisation métaphysique du *monde* par son partage du *chaos* – et l'idée d'une image de soi, d'une forme stabilisée, non erratique, d'existence, un visage de soi autant stabilisé que protégé de l'aléatoire.

Ce labyrinthe n'est donc plus la structure qui mène au centre de l'être mais il se révèle, pour la pensée pure, comme son destin. Un tel « destin » n'est nullement le sceau d'un déterminisme mais l'entremêlement entre ordre et chaos, stabilités et catastrophes, linéarités et bifurcations, qui est partout, constitutif, et qui fait l'épaisseur du réel par son pliage spéculatif[16]. Dans cette dimension, qui est celle d'un labyrinthe ouvert, multidimensionnel, au sein duquel notre existence se trouve, dans un réel qui se transforme dans/par ses *topoi*, l'action de la pensée pure (et de la vie) ne disparaît pas, elle change uniquement de sens.

Elle s'ouvre à l'exploration de l'horizon de la *mathesis*.

---

16 *Cf.* Borges (1999, p. 161) : « N'espère pas que la rigueur de ton chemin, qui obstinément bifurque sur un autre, qui obstinément bifurque sur un autre, puisse jamais finir. De fer est ton destin, comme ton juge ».

THÈSES SUR LA *MATHESIS* MÉTAMÉTAPHYSIQUE

I. Le réel et le complexe

1. Le réel est ce qui se laisse concevoir selon la bipolarité local/global, à savoir comme relation d'une singularité à la totalité des *realia.*

    1.1 Cette duplicité/équivocité de la conception fait ainsi que ni le simple acte déictique d'individuation (ceci) ni une définition générale de ce qui est réel ne sont suffisantes pour son individuation.

    1.2 Selon cette duplicité/équivocité une structure conceptuelle (l'usage de concepts ou d'un concept, d'un schéma conceptuel) n'est guère suffisante pour individuer un réel.

    1.3 Un réel se montre plutôt et premièrement par rapport à sa négativité.

    1.4 La négativité du réel est la situation par laquelle un ceci ne se laisse pas (ou pas entièrement) saisir par *un* schéma conceptuel, mais oppose une résistance à l'individuation, à savoir ouvre – par le défaut de prise, par son résidu – à un horizon d'autres prises conceptuelles (possibles).

2. La singularité du réel se laisse individuer dans un agencement de formes de *realia* dans et par laquelle on peut penser tout d'abord à une topographie et/ou cartographie de l'horizon phénoménal qui s'esquisse à partir des pratiques d'individuation.

    2.1 La correspondance entre structure théorique et singularité individuée subsiste uniquement à partir d'un *medium.*

    2.2 Ce *medium*, son modèle □MO, laisse individuer la singularité au sein de l'horizon phénoménal et le repérer à partir d'un certain contexte de pratique d'individuation.

3. Le monde phénoménal est l'horizon qui s'ouvre à partir de l'impossibilité d'une définition globale *a priori* du réel et qui s'articule selon la dialectique « prise/défaut de prise » d'une singularité comme « réelle ».

3.1 Cet horizon est l'espace de jeu des prises/défauts de prise de la part de structures conceptuelles d'un réel plutôt que d'un autre.
3.2 Le terme « phénoménal » n'est pas, n'est plus à entendre selon le couple « essence/apparence » mais au sens du résidu d'une prise et de l'espace ouvert pour d'autres prises/individuations possibles.

4. Il y a des singularités « réelles » qui ne se laissent pas individuer, dans un contexte de pratique bien déterminé, par la prise d'un seul schéma conceptuel déterminé (et donc de son modèle □MO).

4.1 Pour ces singularités, une prise conceptuelle (dans un contexte de pratique bien déterminé) équivaut en même temps aussi au défaut de prise de son caractère réel intégral ou global[17].
4.2 Pour ces singularités, on peut dire que le modèle □MO de la pratique implique nécessairement un résidu.
4.3 Ces singularités se placent à l'extérieur d'un domaine ontologique d'objectités décrit par un schéma conceptuel.

5. On peut définir ces singularités comme « phénomènes complexes ».

6. La singularité « réelle » saisie comme complexe – à savoir par la conscience du défaut constitutif d'une seule prise conceptuelle pour son individuation – est *nécessairement* à définir comme « phénomène complexe ».

6.1 En tant qu'individuation « en défaut de prise », en tant que singularité excédant un modèle ontologique, elle incorpore, singularise, instancie le jeu dialectique prise/défaut de prise qui caractérise le phénoménal en tant que tel.

7. Le complexe est ce qui synthétise le réel et le phénoménal.

8. En présence de « phénomènes complexes » on peut parler d'une individuation qui se localise au sein de plusieurs régions de l'horizon phénoménal, et qui se laisse fixer par plusieurs modèles □MO.

8.1 Cette individuation d'une singularité dont la réalité s'étale sur plusieurs régions/portions de l'horizon phénoménal, varie dans le temps et au sein de l'évolution diachronique du phénomène lui-même.

17 *Cf.* à ce sujet Ruphy (2013, p. 168-176).

8.2 L'individuation singulière/plurielle d'un phénomène complexe laisse émerger :

a. des chrono-topies différentes dans la synchronicité de sa saisie – selon ses niveaux (ou modules) d'organisation ;
b. des chrono-topies différentes dans la diachronicité de sa saisie – suivant ses évolutions/bifurcations/transformations.

9. Le « complexe » suspend l'idée d'un réel plat, simplement étalé sur un plan, parce qu'il :

– reproduit la bipolarité local/global au sein de la singularité « réelle » ;
– instancie la définition du réel et de son contraire, comme prise/défaut de prise d'un schéma conceptuel ;
– reproduit la nécessité d'agencer des formes de *realia* pour en fixer la singularité ;
– suspend l'unicité du modèle □MO comme *medium* entre un schéma conceptuel et une forme d'individuation (chrono-topie) ;
– suspend l'idée (la métaphore) d'une topographie/cartographie du réel comme seule forme de réalisme non-métaphysique.

10. Le complexe révèle l'horizon phénoménal comme une fibration de dimensions sur lesquelles s'étale la singularité réelle de certains phénomènes.

10.1 Cette fibration est à définir comme « *multiversum* ».

11. Le « complexe » fixe le réel, l'instancie, mais demande le passage à une autre dimension pour en considérer la réalité.

12. Cette dimension est celle la *mathesis* métamétaphysique.

II. La *mathesis* méta-métaphysique

1. L'horizon méta-métaphysique est l'horizon dans lequel la singularité réelle du monde phénoménal peut se comprendre à partir des dimensions de la *mathesis*.

1.1 Cet horizon s'ouvre à partir de la suspension de tout cadre (ou plan) métaphysique comme cadre (ou plan) de détermination du réel selon un critère (ontologique) unique et général.

1.2 Cette suspension ouvre à la relation spéculaire et spéculative avec l'horizon et la dimension méta-ontologique.

2. À l'intérieur de l'horizon méta-métaphysique se montrent les formes d'individuation d'un singulier réel.

2.1 La possibilité qu'un singulier réel puisse se montrer selon plusieurs formes d'individuation, à savoir selon plusieurs chrono-topies, implique que cet espace ne soit pas (plus) à penser comme une bi-dimensionnalité (comme une ontologie plate).

3. Cet horizon est par lui-même un *multi-versum* :

3.1 *Multiversum* est à entendre ici non comme une multiplicité de mondes ou comme une multiplicité unique de dimensions.
3.2 La nature non holiste de la *mathesis* méta-métaphysique impose que l'on puisse penser le *multiversum* comme multiplicité de chrono-topies relatives à une singularité phénoménale réelle et non comme un tout englobant.
3.3 Le *multiversum* est ici tout simplement, par rapport à la singularité, une multiplicité complexe de formes d'individuation.
3.4 Là où le singulier réel se laisse individuer par une seule chrono-topie, on pourra parler d'une région du monde phénoménal.

4. Cet horizon ouvre à la dimensionnalité spéculative des autres formes de *mathesis :*

4.1 à celle de la *mathesis* métaontologique, dans la mesure où l'individuation d'un réel, aussi bien simple que complexe, est un élément d'un modèle □MO ;
4.2 à celle de la *mathesis* métathéorique : par le rapport de spécularité institué par le modèle □MO, l'horizon de la *mathesis* métamétaphysique se met en relation avec la dimension de la *mathesis* métathéorique.

4.2.1 En présence d'une relation de spécularité – pour un certain *réel* – entre la dimension de la *mathesis* métathéorique et l'horizon métamétaphysique, on parlera d'une situation de *praxis* épistémique.

4.3 à celle de la *mathesis* métaégologique : par le rapport de spécularité institué par le modèle □MO, l'horizon de la *mathesis* métamétaphysique se met en relation avec la dimension de la *mathesis* métaégologique.

4.3.1 En présence d'une relation de spécularité – pour un certain *réel* – entre la dimension de la *mathesis* métathéorique et l'horizon métaégologique, on parlera d'une situation existentielle.

4.4 Pour la situation existentielle subsiste une relation (implicite et non-thématique) à une structure théorique tout comme pour une situation de *praxis* épistémique subsiste une relation (implicite et non-thématique) à une forme de subjectivation.

5. La *mathesis* méta-métaphysique consiste à penser les transformations qui interviennent dans l'expérience du réel aussi bien dans des situations simplement existentielles que dans des *praxeis* épistémiques que dans des formes conjointes.

5.1 Ces transformations ne sont pas à penser comme transformations de cette singularité-ci mais comme transformation de son modèle / de ses modèles □MO, qui laissent saisir la singularité comme telle.
5.2 Ces transformations sont toujours à penser comme locales, au sens de la localité-globalité.
5.3 Il n'y a pas de construction d'une image unitaire du monde.
5.4 On peut tout de même composer l'idée d'une transformation plus générale à partir du passage d'une échelle de localité/globalité plus restreinte à une localité/globalité plus élargie[18].

6. Selon les rapports de spécularité subsistants entre les différentes formes de *mathesis* :

6.1 on peut penser la transformation d'une forme d'ARH par rapport à la transformation d'un modèle □MO et à la transformation de l'expérience du/d'un réel ;

18 Que l'on prenne, par exemple, la transformation du vivant par rapport à la transformation de son écosystème, ou la transformation d'un système marchand clos par rapport à un système marchand ouvert, etc.

6.2 on peut penser la transformation d'un objet ou d'un complexe d'objets □MT par rapport à la transformation d'un modèle □MO et à la transformation de la connaissance du/d'un réel.

7. On peut penser les éléments d'une forme de *mathesis* comme une catégorie :

7.1 les objets □MT comme graphes (**Gr**) ;
7.2 les modèles □MO comme espaces topologiques (**Top**) ;
7.3 les chrono-topies comme espaces métriques (**Met**).

8. On peut penser et modéliser les transformations au sein d'un horizon de la *mathesis* comme morphismes :

8.1 au sein de l'horizon métathéorique, d'un objet □MT_1 à un objet □MT_2, comme morphismes entre *graphes ;*
8.2 au sein de l'horizon métaontologique, d'un modèle □MO_1 à un modèle □MO_2, comme morphismes entre *espaces topologiques ;*
8.3 au sein de l'horizon métamétaphysique comme morphismes entre *espaces métriques*.

9. Pour un réel complexe, il faut toujours penser la transformation (par exemple l'incrément de chrono-topies ou les variations des niveaux d'organisation) par rapport aux variations spéculaires de son modèle □MO et de son complexe □MT.

10. Les relations spéculaires des variations entre éléments des formes de *mathesis*, sont à penser comme un faisceau :

10.1 un faisceau lie les éléments d'un objet □MT aux éléments spéculaires de son modèle □MO et aux éléments spéculaires des chrono-topies.
10.2 Un faisceau lie les éléments d'une forme d'ARH aux éléments spéculaires de son modèle □MO et aux éléments spéculaires des chrono-topies.

11. Le *topos* est justement le lieu où s'instancient les transformations du réel/d'un réel comme lieu de relations spéculaires et transformations entre éléments des formes de la *mathesis*.

12. À partir du *topos* on peut penser une *mathesis* spéculative non-métaphysique comme *mathesis* des instabilités en tant que transformations.

DE LA PENSÉE SPÉCULATIVE

A knowledge still in transitu
W. James

LE RÉSIDU DE LA PHILOSOPHIE COMME MÉTAPHYSIQUE

La métaphysique a été, pour une grande partie de l'évolution de la philosophie, considérée comme la seule possibilité d'une pensée spéculative. Qu'est-ce qui reste de l'idée d'une pensée spéculative après la fin ou l'implosion de la métaphysique dans sa forme traditionnelle ? Qu'est-ce qui reste de l'idée d'une pensée spéculative après le nivellement du travail philosophique à des arguments techniques, qui n'ont plus rien à faire avec le mouvement du savoir en tant que tel ? Mais une autre question se pose au préalable : qu'est-ce qui resterait de la philosophie elle-même sans l'idée de spéculatif ? Ce qui reste alors de la philosophie dans cette situation et indépendamment de sa survie institutionnelle, est à proprement parler *un simple résidu* : la certitude qu'elle *représentait*, pour les hommes, l'illusion de recevoir, par la raison et par son travail patient, la réponse à leur demande de sens.

Le problème est que, pour se présenter comme la source de la réponse à la demande de sens, elle devait ou elle doit présupposer le sens d'une telle demande. C'est justement cette présupposition qui en caractérise la nature illusoire. À cette certitude critique ne correspond pas, toutefois, la lamentable litanie de la fin de la philosophie telle qu'elle a été présentée en répétant de façon obsessionnelle l'idée de philosophie comme simple « analyse du langage[1] ». Il ne faut pas une grande érudition ni

1 Il s'agit d'une thèse bien connue de Richard Rorty (1980). *Cf.* à ce sujet aussi Kim (1980) ; Skinner (1981). Contre ces approches, *cf.* Putnam (1990, p. 18-21). *Cf.* à ce sujet aussi

une grande intelligence pour comprendre qu'on ne peut qu'affirmer la fin de la philosophie à partir d'un horizon philosophique du discours, et donc en réfutant la thèse qu'on prétend affirmer[2].

La litanie de la fin de la philosophie, qui s'affirme pourtant (explicitement ou implicitement) dans plusieurs courants contemporaines, est affectée par la représentation temporelle (eschatologique ou téléologique) qu'on s'en fait aussi bien du côté de la science[3] que du côté d'une pensée anti-scientiste[4]. On fait comme si la fin de la philosophie telle qu'on prétend qu'elle soit ne puisse être que sa mort, dans l'ignorance la plus complète de ce qui caractérise la nature et, par conséquent, la nature humaine, d'où elle ressort comme épiphénomène : la métamorphose, l'hybridation, la transformation. Tout discours lamentable sur la fin de la philosophie comme mort ou dépassement volontaire de la philosophie est oiseux et ne consiste en rien de plus qu'à se répéter à l'infini dans une forme de narcissisme philosophique.

Or, toute autre chose est de prendre conscience de la mutation et de l'hybridation, de la finitude, de tout ce qui se manifeste, d'autant plus s'il relève de l'humain :

> le vostre cose tutte hanno lor morte, sí come voi, ma celasi in alcuna che dura molto…e le vite son corte (Alighieri, 1932, p. 583)[5].

Granger (1988, p. 188-196).

2 *Cf.* Aristoteles (2005, 93).

3 *Cf.* à ce sujet Hawking – Mlodinov (2011, p. 5) : « Traditionnellement, ce sont des questions de philosophie, mais la philosophie est morte. La philosophie n'a pas suivi les progrès de la science moderne, en particulier de la physique. Les scientifiques sont devenus les détenteurs du flambeau de la découverte dans notre quête de connaissances » [nous traduisons]. Le problème de cette thèse est que la mort de la philosophie, si cette expréssion est pourvue de sens, n'entraine nulle part la consigne des questions fondamentales à la science naturelle, laquelle heureusement en est immune. Si l'homme de science tâche de répondre à de telles questions, rentre dans l'horizon de la pensée pure en passant, et en s'arrêtant souvent, à la première et plus grossière forme de métaphysique. Donc l'analyse métaphilosophique de Hawking n'est pas à la hauteur, pour ce qui concerne la rigueur et la profondeur, de ses analyses en physique. *Amicus Plato sed magis amica veritas.* Si l'on voulait réellement s'enfoncer dans ce ton de *propagande*, à notre avis franchement oisive et déplacée, ou même de mauvais gout, ce serait mieux d'adopter la stratégie d'un autre physicien, Freeman Dyson. Dans son analyse tout simplement historique, il saisit la chose de façon plus brutale mais sans une présupposition implicite sur ce que la philosophie devrait dire : « [les philosophes contemporains] sont une triste bande de nains. Ils ont des pensées profondes et donnent des conférences savantes à un public académique, mais presque personne dans le monde n'écoute. Ils sont historiquement insignifiants ». (Dyson, 2012).

4 Par exemple de fin de la philosophie comme métaphysique (Heidegger, GA 14, p. 70-71).

5 « Toutes vos choses ont leur mort, tout comme vous ; mais cela est caché en certaines par leur longévité, et les vie sont courtes » [nous traduisons].

Finalement, le discours à vide sur la fin de la philosophie comme mort ou comme projet de dépassement est un discours dont le vide relève du présupposé d'une essence immuable. La conscience de la métamorphose est en revanche l'élargissement de l'horizon dans lequel on conçoit ce qui a été dépassé comme la dépouille d'un monde qui se défait continuellement des formes acquises et qui brise tout idole de l'absolu et du définitif. Dans le cas de la tendance innée de l'homme au savoir, l'élargissement de l'horizon de la pensée, implique que ce qui était tenu de façon narcissique comme la réponse savante à la demande de sens, n'est plus qu'un *fragment*.

L'ENTRÉE EN JEU DE LA COMPLEXITÉ

L'effondrement de ce moyen proportionnel qui était la philosophie *comme* métaphysique est attesté par l'incapacité de la philosophie elle-même à fixer la spécularité de l'existentiel et de l'épistémique d'une façon qui ne soit pas la simple répétition de concepts scientifiques ou de vieux concepts métaphysiques maladroitement déguisés. Cette spécularité, libérée du joug de la métaphysique, a pris le nom de *complexité*. Mais la complexité du réel et de nos temps ne paraît admettre aucune forme, comme si les savoirs n'avaient plus de prise sur un réel qui, en tout cas, les dépasse, dépasse leur besoin de « stabilité » et d'« ordre ».

La complexité des phénomènes se répercute sur la capacité de la pensée d'entrer en rapport de spécularité avec les savoirs, parce que ce qui émerge de la fixation des connaissances positives est qu'elles ne le sont qu'à l'intérieur d'une multitude de réseaux qui évoluent. L'acte de connaissance a été réinséré à l'intérieur du changement kaléidoscopique de ce système de réseaux élastiques « de connaissances, d'actions, rétroactions, émergences, bifurcations » (Morin, 2005, p. 22) qui peut être appelé, *non sans naïveté*, « le monde ». Car *ce qui était le monde* s'est avéré un tel système, dont la connaissance est un rouage, ou l'épiphénomène conscient. Cette réinsertion de la connaissance objective, positive, dans le monde, n'affaiblit pourtant guère son caractère de validité, mais en fait quelque chose d'extrêmement dynamique, fuyant. Elle est devenue tellement difficile à saisir et à pratiquer que l'homme – rabaissé à être producteur, vendeur ou acheteur de connaissances à bon marché – a renoncé à s'interroger sur le sens lui-même de ce qu'il appelait « connaissance », d'autant plus si elle prenait le nom extrêmement noble de *mathesis (universalis)*.

Face à l'émergence de la complexité, après la crise des fondements des sciences, quelques pionniers, dont il faut remarquer le courage et envers lesquels il faut être redevables, ont toutefois pensé que la solution était de s'opposer entièrement, comme dans une lutte de bandes sans quartier, à l'idée de *mathesis (universalis)*. Ils ont pensé pouvoir critiquer toute la rigueur systématique qui avait caractérisée la méthode galiléenne-cartésienne et la forme paradigmatique des sciences qui en était ressortie. Cet éblouissement face à la complexité du réel, cet enthousiasme, ont parfois conduit ces hommes à vouloir reformuler des méthodes sans pour autant pouvoir être méthodiques.

Car l'enthousiasme pour la grandeur des changements anthropologiques, politiques et scientifiques auxquels ils assistaient les empêchait de prendre le recul. Sans ce recul, ils ont perdu ainsi la possibilité d'assumer une position plus détachée pour entreprendre un vrai projet d'interrogation sur la forme de la *mathesis*, laquelle d'ailleurs était restée imbriquée et emprisonnée dans les recherches historiques (ou encore pire *antiquaires*) des philosophes. Toutefois, il ne faut pas reprocher à ces hommes le fait de ne pas avoir reconnu la tâche qui aujourd'hui s'impose, mais il faut en revanche l'assumer sur nous-mêmes.

LA PERTE DE PRIMAUTÉ ET LE SPÉCULATIF

Lorsque la complexité a atteint notre idée de savoir et s'est avérée comme la marque constitutive de la vie, lorsque la connaissance est insérée dans le système des réseaux sans qu'elle puisse se prétendre comme le dépositaire d'une primauté, d'une excédence, la possibilité de garder « l'ontologique » [*das Ontologische*] comme la prise ultime sur le réel se dissout. Autrement dit : la survie de l'ontologie comme discipline dépositaire de la pensée spéculative a une durée effectivement assez limitée après la fin de la métaphysique. Toutefois, nous ne devrions pas craindre cette issue : bien au contraire ! La saisie de l'ontologie comme le *défaut constitutif* d'une philosophie architectonique[6] ou encyclopédique[7] n'est pas à craindre, dans la mesure où c'est la saisie d'une illusion. Cette illusion affectait déjà depuis longtemps la pensée pure (ou spéculative) aussi bien dans son acceptation que dans son refus.

Toutefois, ce serait une illusion, rien de plus, de penser pouvoir se libérer de cette lourde tâche spéculative de la pensée en se disant que l'idée d'une philosophie première ou prôte épistème reste dépourvue de sens. Tout d'abord parce toute démarche qui allait ou qui irait en faveur ou contre une philosophie première, sans avoir dépassé l'ontologie dans une dimension méta-ontologique, ne pourrait alors qu'être dépourvue de sens, une lutte donquichottesque contre des moulins à vent. Ensuite, parce que l'émergence de la complexité, si elle suspend la métaphysique (ontologique) classique, elle ne révoque pas la nécessité de la recherche d'une *prôte épistème*, mais elle la renforce.

Lorsque la connaissance est insérée dans ce système des réseaux sans qu'elle puisse se prétendre comme le dépositaire d'une primauté, d'un excès, la tâche de la pensée pure change, tout comme change également la façon de concevoir le rapport entre la « science » des hommes et les réponses qu'elle peut donner à la demande de sens. Que devrait-on penser d'une science de la pensée pure au moment où elle laisse la prise sur l'être, qui était censé représenter la pierre de touche du défaut de sens de l'existence ? Et justement, ce qui était considéré, selon un fétichisme dissimulé, comme la pierre de touche n'est que la pierre d'achoppement d'une humanité qui, perdue dans sa boulimie de consommation de tout, n'arrive jamais à franchir le pas de la vraie démarche spéculative. Cette nouvelle tâche se configure justement comme une ouverture thématique entièrement différente, comme un travail dans lequel l'humanité ne se borne plus à inventorier le monde mais à développer une topographie de nouveaux territoires à explorer. Pour faire cela il nous a fallu définir justement une topologie multidimensionnelle de notre faire l'expérience [*Erfahren*] du réel.

La tentation de se défaire du poids de l'enquête spéculative dont il est question dans ce travail, tout simplement en étiquetant encore cette

6 *Cf.* à ce sujet Kant (1900, p. 860).

7 *Cf.* à ce sujet l'idée de savoir encyclopédique présenté dans les § 14-16 de *l'Encyclopédie des sciences philosophiques* d'Hegel (Hegel, 1969, VIII, p. 59-62).

démarche comme la tentative classique de la philosophie de fonder le savoir, est par conséquent l'issue fautive d'un malentendu. Car on a vu qu'il s'agit précisément du contraire, à savoir d'ouvrir une nouvelle interrogation des formes qui peut assumer la *mathesis* justement à partir de l'approche systématique du non-sens, de l'équivocité des questions (prétendues) fondamentales. Ce qui est radicalement différent et qui fait de cette approche non pas un système mais une exploration avisée, non naïve, l'ouverture d'autres champs de recherche.

Ce qui paraît impossible pour une pensée qui opère le doute uniquement sur les positions à prendre, toute renfermée dans le dogmatisme de sa propre affirmation sociale et institutionnelle, et de sa répétition à vide, est de gagner le *seuil critique absolu* d'une pensée spéculative – non métaphysique – qui acquière une vision nouvelle, quand l'image de la philosophie est affaiblie jusqu'à devenir transparente, translucide. Il ne s'agit pas de formes de non-sens comme celui la fin de la philosophie, mais du moment d'extrême tension du non-sens de la philosophie par rapport à la pensée d'une *mathesis* qui sache reconnaître la vie intime du savoir.

Voilà pourquoi *le* « métaphilosophique » [*das Metaphilosophische*] n'est pas une *super-philosophie* comme philosophie de deuxième niveau ni une *ultra-philosophie* comme résidu de la fin de la philosophie devenue désormais vide. Le « métaphilosophique » c'est un état, l'état spéculatif de la pensée qui ressort de l'acceptation (en quelque sorte) du non-sens objectal de la philosophie elle-même, au-delà des tendances illusoires d'élargissement. Ces tendances indiqueraient, comme issues possibles, une métathéorie de la philosophie ou une post-philosophie. Ces issues seraient à concevoir, dans le meilleur des cas, comme les issues d'un mouvement téléologique ou, dans le pire des cas, comme des produits à prix réduits à présenter sur le marché des idées (une philosophie « pop » diffusée par des courtes émissions radio et vidéo, par des vendeurs ou vendeuses à la une, arrogants et sûrs d'eux-mêmes).

À ce stade, sur ce seuil, cette nouvelle tâche se trouve également face à l'impossibilité de fondation du spéculatif sur la logique, et notamment sur la logique prédicative. En fait, l'instauration du spéculatif comme seuil critique extrême de la philosophie met en relief la soustraction du spéculatif à toute forme prédicative, conçue comme *la seule* qui puisse lui donner forme. Il s'agit ici de prendre bien conscience du fait que cette soustraction ne relève point du fait que le spéculatif soit extérieur à la logique ou à une forme de discours argumentatif absolument rigoureuse. Cependant, le spéculatif n'étant point la structure du réel, ou le moment par lequel la pensée saisit *la* structure du réel dans sa rationalité, on ne peut pas considérer cette correspondance entre la pensée et le réel comme à l'abri de toute rupture de cet isomorphisme que la métaphysique présupposait (et doit toujours présupposer). Cette correspondance doit être capable d'intégrer, par conséquent, toute sorte prolifération des formes : d'un côté, la prolifération des formes de la rationalité, de l'autre, la prolifération des formes du réel.

Le vrai du spéculatif c'est la saisie de l'isomorphisme, donc de la spécularité, dans sa *localité* aussi bien spatiale que diachronique, donc d'une multiplicité de spécularités et d'isomorphismes locaux. Pour cette raison le fait de penser le spéculatif équivaut à penser une situation structurellement *non réductible* à *une* forme logique quelconque. Soustraire le spéculatif à une structure logique équivaut à dépasser le délire selon lequel :

1. ou bien le réel est *docile*, adapté, coessentiel, à *une* forme logique ou mathématique quelconque (la forme sujet-prédicat, l'arithmétique du premier ordre, la théorie des ensembles, les opérateurs modaux etc.),
2. ou bien le rationnel consiste dans un contrôle normatif sur le développement inflationniste des logiques et sur la création de formes logiques en vue d'une normativité épistémique à venir.

LE SPÉCULATIF RELATIF

Soustraire le spéculatif à la/une structure prédicative, libérer l'espace dans lequel la spécularité peut assumer des géométries variables (dans des univers géométriques variables que nous avons appelé « *topoi* »), équivaut à le libérer finalement de la métaphysique dans laquelle il était imbriqué. Pris dans sa consistance ultime et élémentaire, le spéculatif n'est que la structure universelle par laquelle toute ouverture à un « thématique » donne une image en retour, nécessairement opaque, de ce qu'on pourrait appeler, non sans simplifier, le sujet du regard.

Le spéculatif est la coappartenance de l'ouverture thématique (dioptrique) et de l'autoréférence (catoptrique) de tout regard ou de toute saisie de la pensée orientée et horizontalement située. Cette coappartenance structurelle est le *vrai* qui révèle l'illusion du *mythe de l'intériorité*[8] et du *mythe du donné et du réel*[9]. Ils s'avèrent à ce point comme des fixations métaphysiques et comme tentatives de stabiliser (et rendre rigide, sûre) la géométrie variable de la spécularité, donc de la pensée en tant que telle. Au-delà des dérives mythiques, et plus en général de toute fixation de la pensée pour en faire le porte-parole d'une idée sclérosée de connaissance, subsiste essentiellement l'ouverture thématique de la pensée pure qui se reconnaît et s'identifie au moyen de son regard(é).

Toutefois, il faut le souligner, le spéculatif n'est pas, à ce niveau, l'apanage mystique de la pensée pure par opposition aux savoirs dans leur vie intime et autonome. Il est, en amont de toute dichotomie, le *structurel* qui caractérise toute pensée en tant que telle comme « ouverture ». C'est en ce sens que la pensée spéculative ne fait que regagner, au niveau des structures, l'état du spéculatif au-delà de son refoulement par les différentes formes de mythomanie métaphysique. De cela découle nécessairement que tout spéculatif, comme état, est *relatif*, parce qu'il est *situé*, il se situe dans un *topos*. Car il présuppose une perspective et une ouverture thématique perspective sur des objets à partir desquels on a une image opaque en retour, un réfléchissement imparfait. En tant que relatif, le spéculatif n'affaiblit pas la pensée pure. Au contraire, il la met à l'abri du délire du spectateur détaché (*viewing from nowhere*) lequel, en termes théoriques, équivaut à un spectateur non situé, dépourvu d'horizon, ce qui représente un contresens.

Le *spéculatif relatif* – qui est un spéculatif essentiellement horizontal (ou, si l'on veut, contextuel) – n'empêche pas toutefois d'aboutir progressivement à des formes de pensée dont la vue est dégagée et entièrement projetée à l'horizon, où les particularités factices ne disparaissent pas mais deviennent non-thématiques dans le regard lui-même. Or, le voyageur contemplant une mer de nuages [*Der Wanderer über dem Nebelmeer*] tout exactement comme le moine au bord de la mer [*Der Mönch am Meer*] sont *extrêmement* situés, malgré le fait que leur *spéculatif relatif* (leur situation spéculative relative) ne soit pas celui des expériences factices, quoique leur ouverture thématique ne donne pas la même image en retour.

8 La *mathesis* méta-égologique révèle justement l'illusion d'un tel mythe.

9 La *mathesis* méta-métaphysique révèle justement l'illusion d'un tel mythe.

Ce que l'on a pensé comme le spéculatif dans la métaphysique ou les acceptions que l'on donne à présent du spéculatif – aussi bien pour l'entendre de façon péjorative que pour en faire un signe de prestige de démarches absolument autoréférentielles – n'est que l'hypostase d'un choix subi et passivement accepté : le spéculatif est « regarder d'en haut », « vision détachée ». Ce choix implique la fausse dichotomie entre une pensée dé-située et une introspection (la pire des situations). Il s'agit d'une dichotomie théologique, entre une vision purement dioptrique, en perspective, d'un point surélevé [*prospicere de specula*], et une vision purement catoptrique et introspective [*videre per speculum*][10]. Cette idée du spéculatif n'est qu'une pièce de monnaie fausse avec une seule face, et qui, par conséquent, n'a aucune valeur. Elle n'est que l'issue d'une falsification (théologique).

Le spéculatif est en revanche les deux formes à la fois, et *nécessairement les deux formes à la fois*. En ce sens, l'affirmation d'une pensée spéculative – même excédentaire à des formes sclérosées de pensée philosophique – ne doit par là ni être réduite à une *vague pensée réflexive* ni à l'imposition au réel d'une forme logique qui le limite et l'encadre dans une forme assez naïve de conceptualisation. Tel est le cas de l'idée d'une proposition spéculative dans laquelle la réalité devrait se refléter, et qui devrait conférer sa structure à la succession des figures du mondain et du spirituel. C'est à partir de la négation d'une proposition – ou d'une forme logique quelconque – qui serait « spéculative » que s'ouvre la possibilité de penser le spéculatif de façon appropriée.

Toutefois, malgré la hauteur vertigineuse de la philosophie hégélienne et malgré sa prise de distance de l'idée d'une (forme de) proposition spéculative[11], sa logique et l'idée d'une méthode absolue ont été dépassés par cette même ruse de l'esprit qui a fait rompre à la pensée logique ses liens avec le monde ancien et a brisé la prétention d'un isomorphisme définitif entre *la* logique et *le* réel. Désormais, la dynamisation de la logique aristotélicienne/kantienne ou de l'ontologie traditionnelle sont clairement insuffisantes, aussi bien pour penser la logique elle-même que

---

10 Augustinus, *De trinitate libri quindecim*, XV, 8 : « Nos autem revelata facie gloriam Domini speculantes, in eamdem imaginem transformamur de gloria in gloriam, tamquam a Domini Spiritu (II Cor. III, 18). *Speculantes* dixit, per speculum videntes, non de specula prospicientes ».

11 *Cf.* à ce sujet la reprise critique du concept de « proposition spéculative », par Hegel lui-même dans la *Science de la logique* (Hegel, V, 1969, p. 93/94).

pour supporter la prétention d'un tel isomorphisme (père noble et oublié de toute les conceptions modernes d'une construction logique du monde).

Il n'y a par conséquent aucune possibilité de ramener le réel dans le cadre d'un spéculatif tout simplement « logique ». Il s'agit plutôt de penser la spécularité entre la connaissance logique de l'homme et ce qui émerge de l'application de cette connaissance logique aux systèmes de connaissance du monde, par lesquels l'homme reçoit une image en retour de son être.

LE SPÉCULATIF ET L'*ÉPISTÈME* AU-DELÀ DE L'ONTOLOGIE

Le spéculatif est par conséquent, tout d'abord, la disposition elle-même de l'*épistémè*, une disposition pré-philosophique qui anticipe toute tentative de conférer à ce spéculatif la forme demandée par une orientation philosophique particulière. Le spéculatif est la forme de l'épistémique elle-même en amont de toutes ses déclinaisons, il est la chose même de l'ouverture de la pensée au réel en amont des configurations philosophiques qui visent la fondation d'une science dans le réel ou bien dans la pensée. L'*épistémique* et l'*existentiel* sont nécessairement deux noms, deux catégories provisoires, pour deux moments différents de la même situation. Et cette situation, contrairement à ce qu'on pourrait croire, n'est pas la situation « ontologique », si par cela on entend un état-de-choses métaphysique ou quelque chose qui concerne, en tout cas, l'être.

Cette situation est essentiellement une ouverture : il s'agit de l'ouverture de la dimension existentielle de la vie, qui demande à l'épistémique une réponse à la demande de sens, une donation de sens. Si l'on pense que cette ouverture soit individuée dans une subjectivité, instituée par une forme (philosophiquement orientée) de subjectivité, ou qu'elle soit attribuée au sujet « par ailleurs », on a encore affaire à des hypothèses encore profondément philosophiques. En ce sens il a fallu arriver à penser une *mathesis* méta-égologique.

Ces hypothèses n'en saisissent pas non plus la nature métaphilosophique, en n'arrivant pas à saisir l'épistémique en tant que tel : si la science n'est qu'une horizontalité, cet épistémique sera à chercher dans sa dimension propre, avec ses objets et ses dynamiques propres. En ce sens il a fallu arriver à penser une *mathesis* métathéorique. L'ouverture de ces deux horizons et la définition de la forme de leur *mathesis* propre, suspend l'ontologie. Que l'on conçoive l'aiguille de la balance de l'identité entre la pensée et l'être penchée ou bien vers l'un (l'être) que vers l'autre (la pensée), on tombe dans la croyance fallacieuse. C'est la croyance fallacieuse de pouvoir réduire le mouvement spéculatif de la pensée pure à une orientation philosophique. Car on croit, au fond, que sa valeur puisse consister en une décision relative à (dictée par) des dichotomies (idéalisme vs. réalisme, connaître vs. être)[12].

Or, le spéculatif ne se laisse pas y *réduire*, il est quelque chose d'irréductible à cet acte d'orfèvre, romantique bien évidemment mais, d'un autre point de vue, aussi comique et nostalgique, consistant à mettre sur la balance d'un côté la connaissance et de l'autre l'être. C'est justement ceci le défaut qui affecte souvent le savoir tout aussi bien que l'individu dans son expérience, la prise de position « ontologique ». Une telle prise de position laisse penser, de façon tout à fait illusoire, qu'il serait possible de fixer toute la richesse et la complexité spéculative de la connaissance et de l'existence dans quelque chose d'ontologiquement individuel ou de construit par un esprit, dans une positivité.

La situation d'ouverture, c'est-à-dire le spéculatif, le rapport de spécularité de l'existentiel et de l'épistémique est en revanche une situation *privative* : c'est l'ouverture originaire d'un individu qui demande du sens, qui pose la question du sens de son existence, à laquelle il pense que le savoir pourrait, et devrait, répondre. C'est donc justement l'approche ontologique à la situation qui perd la richesse et la complexité spéculative de la situation elle-même.

Penser cette situation d'ouverture sous l'égide de l'ontologie équivaut finalement à occulter la « chose même » du réfléchissement de l'épistémique et de l'existentiel. L'*ontologique* – comme croyance dans le fait que le réfléchissement, l'équivocité de ce qui est pris (par provision) comme l'*épistémique* et l'*existentiel* puisse se résoudre en termes d'*être* ou de *savoir* – est le « vrai privatif », la synthèse et l'incrément intime du défaut de l'approche classique elle-même. Par là émerge encore, quoique

12 *Cf.* le fragment B 3 de Parménide : "*to gar auto noein estin te kai einai*" (Parménide, 1951, p. 231).

de façon sublimée, la nécessité de devoir *toucher*, posséder, avoir dans les mains, ingurgiter… pour vivre, et qui constitue la dispersion, dans cette illusion de concrétude, de la vie intime de chacun : et qui en fait, enfin, dans la plupart de cas, une poignée de sable.

MATHESIS ET *EN-KUKLIOS-PAIDEIA*

La recherche *pré-* et *méta*-philosophique sur les formes de la *mathesis* n'est alors que la situation primitive (et privative) d'une humanité qui laisse subsister sans scandale la spécularité entre la demande de sens et la multiplicité croissante des savoirs, des acquis scientifiques et des formes du réel qui y se fixent. Sans scandale signifie : sans vouloir en réduire l'espace à l'objet, sans vouloir réduire l'horizon de son voir à l'espace des « choses sous la main » (même si sublimées) pour satisfaire le besoin du moment. En ce sens, l'émergence de la complexité ne fait que renforcer le sentiment de détresse d'un esprit métaphysique encore ancré à la fausse croyance qu'il y a une réponse ultime à ses questions fondamentales.

En détruisant l'idole ontologique de la pierre de touche, comme idole d'une conception essentiellement fétichiste de la connaissance, l'émergence de la complexité des phénomènes détruit aussi l'idole existentielle (et narcissique) de l'identité et d'un Sens. Selon cette « fable du sens », ceci pourrait être donné. Il serait « donné », restitué, ou bien à l'issue de la systématisation d'une infinité de savoirs, à la façon d'une image du monde, ou bien par on ne sait quelle Révélation. L'émergence de la complexité fait tout simplement résonner le vide de l'idole de la connaissance humaine (ou de la Révélation) comme « réponse » ou comme « satisfaction » d'une demande qui concerne le sens même de l'être de l'individu ainsi que de l'humanité. En revanche, elle réactive l'idée de connaissance comme projet commun.

Face à ces changements, la pensée pure, spéculative ne peut alors que se limiter à développer une morphologie (et non une morphonomie) de la connaissance en régime de complexité, une morphologie de la *mathesis*, c'est-à-dire la fixation des structures invariantes des comportements du savoir, ses *topoi*. Cette morphologie permet aussi de composer l'histoire de ce même savoir comme quelque chose pourvu d'une dynamique bien définie quoique dépourvu de téléologie. *Et cela ne laisse point aboutir au relativisme.* Les connaissances en général ont un progrès relatif, et relativement clair. Ce qu'elles n'ont pas, c'est la représentation claire d'un accomplissement téléologique qui dicterait la direction du savoir humain en tant que tel. En ce sens, si l'insertion de la connaissance dans cette même complexité dont elle esquisse un décodage, brise l'idole théologique d'une Révélation de la vérité, si elle mortifie la tendance métaphysique d'une architectonique ou d'un système accompli du savoir, ne fait que mener à ses conséquences ultimes la tache d'une approche spéculative qui se situe en dehors de tout paradigme.

La recherche sur les formes (sur la forme) de la *mathesis* ne peut plus avoir en vue l'établissement d'un paradigme justement parce que le paradigme est tel lorsqu'on établit une forme de normativité de ce que le savoir *doit* être[13]. À ce point, l'objection du scepticisme réapparaît. Comment est-il possible d'avoir en vue une *mathesis* sans caractère de paradigme des savoirs particuliers ? Toutefois, on sait maintenant que cette objection ne fait que présupposer une forme de savoir dictée par la philosophie comme *la* forme du savoir, tandis qu'il ne s'agit pas de dicter, de prescrire, ou de refouler le savoir – lorsqu'on a pris conscience du fait qu'il ne se laisse jamais constitutivement prescrire une forme.

Ce n'est pas le fait de donner forme aux savoirs et les façonner dans une idole de Science Absolue qui confère à la pensée pure son excès par rapport à ce que l'on considère la grisaille des productions singulières. C'est en revanche le fait de fixer à la conscience la structure même de la spécularité ouverte entre l'*existentiel* et l'*épistémique* et d'y décrire les formes possibles de savoir qu'elle peut accueillir. En ce sens, au sens d'un « méta- » qui s'étale sur plusieurs plans d'immanence et non sur un seul, on peut commencer à parler de quelque chose comme d'une « connaissance philosophique », d'une « *mathesis* au second degré[14] ». C'est ainsi qu'on peut parler également d'un spéculatif, et d'une pensée spéculative, en dehors du narcissisme métaphysique.

La pensée spéculative en configurant une situation systématique de dépendance et de spécularité entre les questions fondamentales, révèle

---

13 *Cf.* à ce sujet Stengers (2007).

14 G.-G. Granger, *loc. cit.*

l'entremêlement des plans d'immanence sur lesquels (et par la spécularité desquels) la *mathesis* peut et doit s'articuler, peut et doit articuler son travail. Elle échappe donc, en vertu de l'enchaînement de ces questions et des plans d'immanence, à toute science positive en montrant, à nouveau mais de façon nouvelle, son caractère excédentaire. Ce caractère excédentaire réside précisément dans la construction qu'elle rend possible, le fait de libérer en même temps l'espace de la *paideia*, de la formation de l'individu et de la société, comme construction de la connaissance de ce dont il faut demander légitimation épistémique (et aux questions dont il faut donner réponse) et ce dont il ne faut pas[15].

La *paideia*, saisie du point de vue d'une pensée spéculative, n'est rien d'autre que l'horizon dans lequel la pensée pure s'ouvre, comme *mathesis*, aux formes possibles de savoir et à la complexité du monde phénoménal. Cette ouverture spéculative de la pensée pure équivaut donc processus qui restitue l'idée d'encyclopédie à son sens originaire comme préparation d'un terrain d'habitation de l'esprit humain, et d'éducation, qui n'appartient pas à la philosophie mais la dépasse *a parte ante*. Du point de vue spéculatif, l'idée elle-même de *en-kuklios-paideia*[16] s'avère une tautologie. Il s'agit uniquement de revenir à un regard, à une vision, qui puisse se concentrer sur des choses qui ne sont pas à la main ni à bon marché, dans le présent immédiat, simplement ici. Pour cette raison, dans la dimension spéculative non-métaphysique que nous

---

15 Une vieille traduction française (Paris, 1879) du passage d'Aristote rend « *apaideusia* » par « manque de lumières ». *Cf.* Aristote, *Métaphysique*, IV, 1006 a : « car c'est manquer de lumières que de ne pas discerner les choses qu'on doit chercher à démontrer, et celles qu'on ne doit pas démontrer du tout ». L'*apaideusia*, le manque de *paideia*, n'est point le manque de lumières ; elle est, comme déjà chez Platon, le fait de ne pas être éduqué, manque d'éducation (comme le rendent les nouveaux traducteurs). La *paideia* excède le fait d'avoir ou pas des lumières, une limite cognitive come le défaut « *secunda Petri* », parce que la *paideia* c'est quelque chose qui se projette, se construit, et peut être projetée, construite, uniquement à l'intérieur d'une dimension spéculative, qui conçoit le mouvement (et non pas le contenu) du savoir humain dans sa totalité, à partir justement de la demande de sens. Comme projet humain, la *paideia* n'est que l'ouverture d'un projet de savoir et de sa transmission.

16 Pour cette raison nous utilisons le mot grec « *enkyklios paideia* » plutôt que le mot courant "encyclopédie" (selon son acception moderne, qui la laisse entendre comme une réunion ou une somme de connaissances) ou le mot "Science universelle" (*scientia universalis*). Ces deux concepts présupposent d'un côté l'idée d'une telle réunion et, de l'autre, l'idée d'un monde, d'un *Uni*-vers. *Cf.* Budé (1508, p. 237) : « omnes disciplinas inter se conjunctionem rerum et communicationem habere, unde encyclopaedia dicta, quasi orbiculata disciplinarum series ».

avons essayé de décrire, l'*en-kuklios-paideia* n'est pas l'idéal d'un objet ou d'une collection, bref d'un *corpus* – idée soumise encore à l'idole de l'objet – mais d'un projet.

L'*en-kuklios-paideia*, comme horizontalité elle-même de la *mathesis* – comme ouverture thématique (structurelle et génétique) sur les formes de *mathesis* – ne relève pas de l'objet, c'est-à-dire qu'elle ne se laisse pas caractériser par le paradigme de l'objet, ni pour ce qui concerne la forme (le *corpus* qu'elle devrait devenir) ni la matière (c'est-à-dire les objets du monde qu'elle devrait inventorier).

Le cercle dans lequel s'inscrit la *paideia* est l'horizon du questionnement, et la *mathesis* est horizontale justement parce qu'elle échappe à la forme de la chose, à la possibilité d'une concrétion statique. Cela n'équivaut pas à répéter un *socratisme vide* comme exercice du questionner, comme *éthos* du questionner (ou pitié de la pensée[17]). Le questionner à certainement un *ethos* mais ce qui caractérise l'horizontalité de la *mathesis* n'est pas seulement un questionner, c'est la dimension spéculative qui s'instaure à partir de l'articulation et de la description structurelle de ces questions.

Au sein de cette dimension l'humanité se réfléchit dans son savoir et voit ce qu'elle peut savoir comme légitimement appartenant au savoir selon sa topologie tout à fait particulière. Ceci est le lieu, au sens cosmique du terme, du réfléchissement entre l'*épistémique* et l'*existentiel*, où se montrent les « besoins intellectuels universels de réflexion » et d'éducation des hommes. Une telle dimension dépasse et anticipe tout paradigme historique possible et ouvre, toujours de façon nouvelle, la perspective de la recherche humaine. Dans une telle dimension, l'humanité, nue, entrevoit, en perspective, ce qu'elle peut devenir.

17 Heidegger (GA 7, 2000, p. 36). *Cf.* également Derrida (1987, p. 24-25).

EN GUISE DE CONCLUSION

Plus ultra

Considerate la vostra semenza, fatti non foste a viver come bruti ma per seguir virtute e canoscenza (Alighieri, 1932, p. 214)[1].

Ce qu'on nous a dit, « la vérité vous rendra libres[2] » , doit être libéré à son tour de la prétention à pouvoir trouver cette vérité dans quelque chose, dans un visage ou dans un code mystérieux et ineffable (révélé à certains et non à certains autres, par une élection dont l'idée même est grossière, violente et fanatique). Cette conscience du rapport intime, *pré-* et *méta*-philosophique entre liberté et vérité redevient – comme il l'était à l'origine de l'exploration humaine – le viatique du séjour humain au sein de l'horizon des phénomènes. Mais en quoi consiste cette vérité, sinon se regarder dans un miroir tout en regardant l'horizon ? La dimension spéculative de la pensée retrouve, justement comme une épiphanie, ce « se regarder dans le miroir » comme l'ouverture originaire de chacun à ce qui se manifeste et en même temps comme la volonté d'exploration (commune : comment pourrait-il être autrement ?) de cet horizon. Et à nous guider dans cette exploration ce sera, comme toujours, l'*étoile polaire de l'esprit*[3].

1 « Considérez votre provenance ; vous n'avez pas été crées pour vivre comme des bêtes, mais pour suivre la vertu et la connaissance » [nous traduisons].

2 Évangile de Jean, 8, 32.

3 *Cf.* à ce sujet Hegel (1969, X, p. 415).

BIBLIOGRAPHIE

ALBERT, Hans, *Traktat über kritische Vernunft*, Tübingen, Mohr Siebeck, 1968.

APOSTEL, Leo, *De l'interrogation en tant qu'action.* In : Langue française, 52, 1981 : 22-43.

ARISTOTELES, *Protreptikos oder Einfuhrung zur Philosophie*, G. Schneeweiss (Hg.), Darmstadt, WBG, 2005.

ARISTOTE, *Aristotelis Opera*, edidit Academia Regia Borussica, Berlin, 1831-1870.

AUGUSTINUS HIPPONIENSIS, *Confessiones*, in Migne, Patrologia Latina, Vol. 32, Col. 0657-0868.

AUGUSTINUS HIPPONIENSIS, *De trinitate libri quindecim*, in Migne, Patrologia Latina, Vol. 42, Col. 0819-1098.

BAILLY, Francis – LONGO, Giuseppe, *Mathématiques et science de la nature. La singularité physique du vivant*, Paris, Hermann, 2006.

BALZER, Wolfgang – MOULINES, Ulises Carlos, *Structuralist Theory of Science*, Berlin, De Gruyter, 1996.

BALZER, Wolfgang – MOULINES, Ulises Carlos – SNEED, Joseph D., *An Architectonic for Science. The Structuralist Program*, Dordrecht, Springer, 1987.

BECKETT, Samuel, *Endgame*, London, MacMillan, 1964.

BENOIST, Jocelyn, *Logique du phénomène*, Paris, Hermann, 2016.

BERTANLAFFY, Ludwig von, *Allgemeine Systemtheorie. Wege zu einer Mathesis universalis.* In : Deutsche Universitätszeitung, 5/6, 1957, p. 8-12.

BORGES, Jorge Luis, *Œuvres complètes*, Paris, Gallimard 1999.

BUDAEUS Gulielmus [BUDÉ, Guillaume], *Annotationes in XXIV pandectarum libros*, Paris, 1508.

CAMUS, Albert, *Le mythe de Sisyphe*, Paris, Gallimard, 1942.

CARNAP, Rudolph, *Meaning and Necessity*, Chicago, University of Chicago Press, 1947.

CASSIRER, Ernst, *Versuch über den Menschen. Einführung in eine Philosophie der Kultur*, Hamburg, Meiner, 1996.

CHALMERS, David – MANLEY, David – WASSERMAN, Ryan, *Metametaphysics. New essays on the foundations of ontology*, Oxford, Clarendon Press, 2010.

DANTE ALIGHIERI, *Divina commedia*, Milano, Sonzogno, 1932.

DANTE ALIGHIERI, *Convivio*, Milano, Rizzoli, 1993.

De Buzon, Fréderic, *Mathesis universalis*, in Blay, M. – Halleux, R. (Ed.), *La science classique (XVI-XVIII siècle) : dictionnaire critique*, Paris, Flammarion, 1998, p. 610-621.

Deleuze, Gilles, *Dialogues*, Paris, Flammarion, 1996.

Deleuze, Gilles, *Qu'est-ce que la philosophie ?*, Paris, Les Éditions de Minuit, 1991.

Derrida, Jacques, *De l'esprit. Heidegger et la question*, Paris, Galilée, 1987.

Descartes, René, *Œuvres Complètes*, ed. Adam-Tannery (AT), Paris, Vrin, 1996, 11 Vol.

Descombes, Vincent, *Complément de sujet*, Paris, Gallimard, 2004.

Dipert, Randall R., *The Mathematical Structure of the World : The World as a Graph.* In : The Journal of Philosophy, 94, 1997 : 329-358.

Dyson, Freeman, *What Can You Really Know ?, Review of* J. Holt, *Why Does the World Exists ? : An Existential Detective Story*, The New York Review of Books, 8, 2012.

Ellis, Georges F. R., *True Complexity and its Associated Ontology*, in Barrow, J. – Davies, P. – Harper, C. Jr. (Eds.), *Science and Ultimate Reality : Quantum Theory, Cosmology, and Complexity*, Cambridge, Cambridge University Press, 2004, p. 607-636.

Fine, Kit, *The Question of Realism.* In : Philosophers' Imprint, 1, 2, 2001 : 1-30.

Fine, Kit, *The Question of Ontology*, in Chalmers, D.J. – Manley, D. – Wasserman, R. *Metametaphysic*s, p. 157-177.

Foucault, Michel, *Entretien avec Pierre Dumayet*, Juin 1966 [Archives de l'INA].

Foucault, Michel, *Dits et écrits*, Vol. III, Paris, Gallimard, 1994.

Foucault, Michel, *L'Archéologie du savoir*, Paris, Gallimard, 1969.

Foucault, Michel, *Les mots et les choses*, Paris, Gallimard, 1966.

Fraisopi, Fausto, *La complexité et les phénomènes*, Paris, Hermann, 2012.

Fraisopi, Fausto, *Philosophie und Frage. Untersuchungen über die Formen der Mathesis*, Freiburg i. B. – München, Alber, 2016.

Fraisopi, Fausto, *Von der Phänomenologie zur Mathesis der Subjektivität : Vieldimensionalität der Lebenswelt und Komplexität von Lebensformen.* In : *Interpretationes.* Studia Philosophica Europeana, VII (1), 2017 : 51-68.

French, Steven, *The Structure of the World. Metaphysics and Representation*, Oxford, Oxford University Press, 2014.

Gärdenfors, Peter, *Conceptual Spaces. The Geometry of Thought*, Cambridge (MA), The MIT Press, 2000.

Goethe, Johann Wolfgang, *Maximen und Reflexionen*, in *Werke*, Bd. XII, München, Beck, 2008[14].

Granger, Gilles-Gaston, *Pour la connaissance philosophique*, Paris, Odile Jacob, 1988.

Hawking, Stephen – Mlodinov, Leonhard, *The Grand Design*, London, Bantam Books, 2010.

HEGEL, Georg Wilhelm Friedrich, *Werke in 20. Bände*, Frankfurt a. M., Suhrkamp, 1969.

HEIDEGGER, Martin, *Gesamtausgabe* (GA), Frankfurt a. M., Klostermann, 1977-.

HEINZMANN, Gerard, *L'intuition epistémique*, Paris, Vrin, 2013.

HINTIKKA, Jaakko, *Inquiry as Inquiry : A Logic of Scientific Discovery*, Dordrecht, Springer, 1999.

HINTIKKA, Jaakko, *On The Logic Of An Interrogative Model Of Scientific Inquiry.* In : Synthese, 47, 1981 : 69-83.

HOOKER, Cliff (Ed.), *Philosophy of Complex Systems*, North-Holland, Elsevier, 2011.

HUSSERL, Edmund, *Erfahrung und Urteil*, Prag, Academia Verlagsbuchhandlung, 1939.

HUSSERL, Edmund, *Gesammelte Werke* (Hua), 42 B. de, Springer, Den Haag – Dordrecht – New York, 1950-.

IACOPINI, Iacopo – MILOJEVIC, Staša – LATORA, Vito., *Network Dynamics of Innovation Processes.* In : Physical Review Letters, 120, 048301 (2018).

JAMES, William, *Essays on Radical Empiricism*, Cambridge (MA), Harvard University Press, 1976.

KAHN, Charles H., *Essays on Being*, Oxford, Oxford University Press, 2012.

KANT, Immanuel, *Kritik der reinen Vernunft*, in *Immanuel Kants Gesammelte Schriften*, Berlin-Leipzig, 1900 sgg., 29 Bde., Bd. III (1787).

KIM, Jaegwon, *Rorty on the Possibility of Philosophy.* In : Journal of Philosophy, 77, 1980 : 588-597.

KLEENE, Stephen C., *Introduction to Metamathematics*, Amsterdam-NY, Elsevier, 1971.

LEIBNIZ, Gottfried Wilhelm, *De l'horizon de la doctrine humaine*, Paris, Vrin 1991.

LEIBNIZ, Gottfried Wilhelm, *Opuscules et fragments inédits*, Hildesheim – Zürich – New York, Olms, 1966.

LEIBNIZ, Gottfried Wilhelm, *Philosophische Schriften*, Hildesheim – Zürich – New York, Olms, 2016.

LEOPARDI, Giacomo, *Dialogo di Cristoforo Colombo e Pietro Gutierrez*, in *Opere Complete*, Firenze, Sansoni, 1929, p. 147/8.

MARION, Jean-Luc, *Étant donné. Essai d'une phénoménologie de la donation*, Paris, PUF, 1997.

MEINONG, Alexius, *Über Gegenstandstheorie – Selbstdarstellung*, Hamburg, Meiner, 1988.

MERLEAU-PONTY, Maurice, *Le visible et l'invisible*, Paris, Gallimard, 1964.

METZINGER, Thomas, *Being no one. The Self-Model Theory of Subjectivity*, Cambridge (MA), The MIT Press, 2003.

MITTELSTRASS, Jürgen, *The philosopher's conception of mathesis universalis from Descartes to Leibniz.* In : Annals of Science, 36, 1979 : 593-610.

MITTELSTRASS, Jürgen, *Transdisziplinarität – wissenschaftliche Zukunft und institutionelle Wirklichkeit*, Konstanzer Universitätsreden (214), 2003.

MORIN, Edgar, *Introduction à la pensée complèxe*, Paris, Seuil, 2005.

MORMANN, Thomas, *Categorial Structuralism*, in Balzer, W. – Moulines, U. C., *Structuralist Theory of Science*, cit., p. 265-286.

MORMANN, Thomas, *The Mereological Structure of Complex States of Affairs*. In : Synthese, 187, 2012, 403-418.

MOSER, Paul K., *Metaphilosophy*, in AUDI R. (Ed.), *Cambridge Dictionary of Philosophy*, Cambridge University Press, 2008, p. 561-562.

NICOLAI DE CUSA, *De venatione sapientiae*. In *Opera omnia*, Bd. 12, Hamburg, Meiner, 1982.

NIETZSCHE, Friedrich, *Sämtliche Werke*, Berlin – New York, De Gruyter, 1999[2].

OPPENHEIM, Paul – PUTNAM, Hilary, *Unity of Science as a Working Hypothesis*. In : Minnesota Studies on the Philosophy of Sciences, 1958 : 3-36.

PARMÉNIDE, *Fragmente*, in DIELS, H. – KRANZ W., *Die Fragmente der Vorsokratiker*, Berlin-Charlottenburg, Weidmannische Verlagsbuchhandlung, 1951[6].

PECKAUS, Volker, *Logik, Mathesis universalis und allgemeine Wissenschaft*, Berlin, Akademie Verlag, 1997.

PLATON, *Platonis Opera*, edidit J. Burnet, Oxford, Clarendon, 1900.

PRADELLE, Dominique, *Intution et idéalités. Phénoménologie des objets mathématiques*, Paris, PUF, 2020.

PRIGOGINE, Ilya – STENGERS, Isabelle, *La nouvelle alliance. Métamorphose de la science*, Paris, Gallimard, 1979.

PROUST, Marcel, *La Prisonnière*, Paris, Gallimard, 1925.

PUTNAM, Hilary, *Realism With Human Face*, Cambridge (MA), Harvard University Press, 1990.

QUINE, Willard van Orman, *From a logical point of view*, Cambridge (MA), Harvard University Press, 1964.

QUINE, Willard van Orman, *Ontological Relativity and Other Essays*, New York – London, Columbia University Press, 1969.

RABOUIN, David, *Mathesis universalis. L'idée de mathématique universelle de Aristote à Descartes*, Paris, PUF, 2009.

RIEMANN, Bernard, *Über die Hypothesen, welche der Geometrie zu Grunde liegen*, Berlin-Heidelberg, Springer, 2013.

RORTY, Richard, *Philosophy and the Mirror of Nature*, Princeton, Princeton University Press, 1980.

RUPHY, Stéphanie, *Pluralismes scientifiques. Enjeux épistémiques et métaphysiques*, Paris, Hermann, 2013.

RUSSELL, Bertrand, *Mysticism and Logic and Other Essays*, London, Allen & Unwin, 1917.

RUSSELL, Bertrand, *The Wisdom of the West*, London, Crescent Books, 1959.
SELLARS, Wilfrid, *Science, Perception and Reality*, New York, Ridgeview Publishing Company, 1963.
SKINNER, Quentin, *The End of Philosophy*. In : New York Times Review of Books, 23, 4, 1981 : 46-48.
SOPHOCLE, *Tragédies complètes*, Paris, Gallimard, 1967.
STEGMÜLLER, Wolfgang, *The Structuralist View of Theories : A Possible Analogue of the Bourbaki Programme in Physical Science*, Berlin-Heidelberg, Springer, 1979.
STEGMÜLLER, Wolfgang, *Theorienstrukturen und Theoriendynamik*, Berlin-Heidelberg, Springer, 2008[2].
STENGERS, Isabelle, *Perché non può esserci un paradigma della complessità ?*, in BOCCHI, G. – CERUTI M. (ed.), *La sfida della complessità*, Milano, Bruno Mondadori, 2007, p. 37-59.
VARZI, Achille, *On doing Ontology without Metaphysics*. In : Philosophical Perspectives, 25, 2011 : 407-423.
VERNANT, Jean-Pierre, *Les Origines de la Pensée grecque*, Paris, PUF, 1962.
WIDDOWS, Dominic, *Geometry and Meaning*, Stanford, Stanford University Press, 2004.
WIENER, Norbert, *Kybernetik*, München, Goldmann, 1963.
WITTGENSTEIN, Ludwig, *Philosophische Untersuchungen*, in *Werkausgabe*, I, Frankfurt a. M., Suhrkamp, 1969.
WITTGENSTEIN, Ludwig, *Tractatus Logico-Philosophicus*, in *Werkausgabe*, I, tr. fr. Paris, Gallimard, 1993.
ZELLINI, Paolo, *La ribellione del numero*, Milano, Adelphi, 1997[3].

INDEX NOMINUM

TABLE DES MATIÈRES

Achevé d'imprimer par Corlet,
Condé-en-Normandie (Calvados), en septembre 2021
N° d'impression : 172945 - dépôt légal : septembre 2021
Imprimé en France